다문화시대
문화를 넘어서
그리고 한국

다문화시대
문화를 넘어서
그리고 한국

이경윤 지음

이담 Books

지구촌 가족이 국경과 경계를 초월하여
동시에 한 장면을 바로 목격하고
그 자리에서 각기 다른 해석을 내리는⋯⋯

지구촌 가족이 국경과 경계를 초월하여 동시에 한 장면을 바로 목격하고 그 자리에서 각기 다른 해석을 내리는 무제한 속도의 세계화를 경험하고 있다. 그래서 21세기에는 '다른 문화'의 경계가 어디인지 또는 '다른 민족'은 누구인지 그 기준도, 범위도 불분명해지고 나아가 그 정의가 과연 무엇 때문에 중요한지조차 의심스러운 시대에 살고 있다. 이런 급속한 정보와 최신의 지식이 국가의 경쟁력을 좌우하는 시대에 한국은 2011년 9월 현재 체류외국인 수가 140만 명을 이미 넘어서고 있다.

그러나 아직도 다수의 한국인은 단일민족과 문화에 대한 자긍심과 판타지를 지니고 그것이 서로를 묶어주는 중요한 공동의식의 요소라고 생각하며 같은 영토 안에서 살고 있는데, 그것이 서로를 단결시키는 장점인 반면에 이유나 근거 없이 무차별적이고 배타적인 시선으로 타 문화와 외국인을 대한다면 단기적으로는 이미 유입되어 있는 외국인 근로자들을 통한 경쟁력 없는 3D업종의 산업체 생명을 몇 년 더 연장하는 것밖에 안 되며 또한 이미 한국남성과 결혼하여 농어촌이나 전국 구석구석 어딘가에 그들 사이에서 태어난 자녀를 돌보며 살아가고 있는 다문화가정 역시 시간이 지날수록 다수자와 피부색 혹은 문화가 다르다는 이유만으로 차별받고 무시당한다면, 그것은 전혀 다른 차원의 또 다른 사회문제에 봉착할 뿐이다. 싱가포르의 경우, 그들은 다른 아시아 국가들과 달리 일찍부터 다문화적·다민족적 상황을 국가의 정체성 강화에 활용하고 선전하는 수단으로 이용하여 산업구조 전반과 대학에서 외국인투자가와 뛰어난 전문적 인재를 적극적으로 유치하는 데 성공했고 그것은 결국 아시아를 넘어 세계에서도 경쟁력 있고 강한 나라로 자리매김하게 되었다. 싱가포르의 공용어는 영어이지만 중국어, 말레이어, 인도계 타밀어가 통용되고 종교 역시 중국의 불교, 도교, 인도의 힌두교, 말레이의 이슬람교, 유럽의 기독교가 혼재되어 있지만 각각 그들이 속한 민족 고유의 전통대로 믿고 생활하며 서로의 문화를 존중하고 지켜나간다. 물론 경제적 문제나 민족 간의 구별이 사회 안에서 표출되어 갈등요인이 되기도 한다. 그럴 때마다 어느 정도 문제를 최소화할 수 있었던 것은 정부의 융통성을 지닌 관리정책이 일관성 있게 그러나 강하게 작용했기 때문이다.

한국사회에서 일부 혹자는 아직 5%도 안 되는 체류외국인들을 위해 교육과 복지 혜택을 주는 것보다, 국내의 저소득층과 불우한 처지에 놓인 독거노인이나 장애인 그리고 소년소녀가장 등에 대한 지원이, 같은 국민으로서 더 당연하지 않은지 반문하며 다양한 불만을 기관과 정부에 표출하기도 한다. 그러나 이미 지구는 탈국경, 탈경계를 감행하며 측정하기 어려운 수많은 이동이 진행 중이며 그런 결과로 다문화는 어쩔 수 없는 시대적 흐름이고 거부할 수 없는 물결이다. 그래서 결국은 빨리 적응하고 오히려 그것에 맞게 다양한 준비와 체계를 갖추는 것만이 국가의 경쟁력을 키워서 세계를 향하는 대응자세에 자신감을 지닐 수 있는 것이다. 물론 여기서 입국한 목적과 기간이 끝난 불법체류자들 문제는 정부가 합법적이고 국가 이익에 맞는 합리적인 방식으로 철저히 관리해야 함을 간과해서는 안 된다. 국내에 거주하고 있는 합법적으로 체류 중인 외국인들과 불법으로 체류하는 외국인들 모두에게 정부의 관련 부처에서 현실성 있고 일관성 있는 방안을 제시하여 국민의 세금으로 연결되는 불필요하고 과도한 경비와 부담을 줄일 수 있도록 해야 될 것이다.

아울러 어차피 동시대를 같은 영역 안에서의 삶을 누리는 지구촌 가족이라면 차별적이고 배타적인 의식의 편견과 고정관념을 그대로 현실 속 내 이웃에게 실행하는 것보다 따뜻한 시선으로 그들을 이해하는 것이 레비나스(E. Levinas)가 강조하는 타자의 윤리적 측면으로 보더라도 타자의 존재를 통해 나의 존재가 변모하고 더불어 나의 유한성까지도 극복될 수 있다는 새로운 관점으로 사회구성원이 되는 것이 개별적인 자아와 그들이 모인 사회에 둘 다 바람직하게 도움을 줄 수 있을 것이고 그것은 결국 건강한 국가를 만드는 데 일조할 것이다.

그런 차원에서 시작한 이 연구는 3부로 나누어서 처음에는 낯선 '타자'를 바라보고 받아들이는 개체적인 자아의 정체성과 문화의 정체성을 근본적인 파헤침과 심층적 관찰을 하기 위한 방법론으로서

'다문화'라는 용어가 함의하는 의도와 일치하게 다학문 간의 접근을 활용하여 문학·철학·문화인류학·사회학·심리학·고고학 등에서 다루는 측면을 동시에 살펴보고자 했다.

그런 연유로 참고하는 문장과 단어는 원저자나 연구자가 속한 국가의 언어 그대로 인명 또는 문장을 밝히다 보니 불어가 많이 사용되었고 종종 영어 이외의 언어 역시 그대로 사용했다. 또한 2부와 3부에서는 한국사회가 당면한 다문화 현황과 결혼이주여성들의 문제를 다루고 결혼이주여성들이 정부와 기관으로부터 중복적인 혜택과 관리를 받는 것에 비해 상대적으로 많은 부분이 아직은 국민이 아니라서 그저 국경을 반복적으로 왕복하는 주변인으로 합리적이고 체계적인 관리나 혜택에서는 소홀한 그러나 국가의 산업과 경제적 측면으로는 절대적으로 중요한 영향을 미치는 외국인 근로자에 대한 현황과 문제를 다루고자 했다.

이 책이 나오기까지 여러 가지 어려움이 있었지만 직간접으로 용기와 격려를 주신 여러분들께 지면을 빌려 감사를 드린다. 지치지 않는 열정과 사랑으로 새로운 도전에 늘 용기를 주시는 심리학계의 어른이신 김인자 총장님, 다양한 방법으로 문화에 대한 관점을 연구하고 고찰할 수 있도록 연구 자세를 가르쳐 주신 조병준 교수님, 한국사회 속에서 다문화에 대한 다각도의 시선과 현실을 현장감 있게 지도해주신 정영태 교수님, 늘 편견과 고정관념으로부터 자신을 돌아보게 만드시는 Shepherd lverson 교수님께 감사드린다. 또한 건강한 다문화사회를 위한 정책연구에 애쓰시는 김수남 교수님과 연구의 동기부여자이신 전숙자 교수님, 동남아에 대한 다양한 시각을 알게 해주신 최호림 교수님께 감사드리며 아울러 다문화의 일선 현장에서 땀

흘리시면서 실천적 행동으로 보여 주시고 국내 현황을 알게 해주신 의정부외국인 근로자지원센터의 이광일 소장님, 안산 국경없는마을 박천응 대표님, MNTV 진 피디님, 인도 전문가 김영자 선생님께도 감사드린다. 끝으로 필자의 졸고를 다문화시리즈 학술도서로 흔쾌히 출간해주신 한국학술정보(주)에도 감사드린다.

2011년 11월
이경윤

CONTENTS

책머리에 • 5

01 문화와 자아의 정체성
제1장 문화의 정체성 • 15
제2장 자아와 문화 • 26

02 다문화와 단일문화
제1장 단일문화와 다문화 • 51
제2장 다문화주의 • 55

03 문화상대주의
제1장 문화의 초월 · 경계를 넘어서 • 71
제2장 문화상대주의 • 84
제3장 문화와 심리 • 110

04 사회와 정의
제1장 정의 • 151
제2장 국민정체성과 시민의식 • 153
제3장 정의와 도덕−심리학적 접근 • 172

05 불어 문화권의 다문화

참고문헌 • 204

06 한국의 다문화 인식과 현황

머리말 • 213

제1장 한국의 다문화 현황 • 215

제2장 다문화정책에 대한 추진체계 및 법령의 문제점 • 247

맺음말 • 269

참고문헌 • 272

07 다문화 경계선상의 외국인 근로자

머리말 • 281

제1장 동남아와 유럽의 이주 • 283

제2장 한국사회의 외국인 근로자 • 287

제3장 외국인 근로자 취업 및 체류자격 • 292

제4장 외국인 근로자 현황 및 근로상태 • 297

제5장 방문취업제 • 311

제6장 외국인 근로자 활용의 영향 • 315

맺음말 • 318

참고문헌 • 322

색인 • 326

01

문화와 자아의 정체성

다문화시대의 현실적인 인식과 효과적이고 건강한 사회로의 정착을 위해서는 문화와 관련된 정체성 정립이 요구된다. 새로운 사회 현상과 인문학적 이론의 유대적인 접근은 포괄적이고 다양한 사고를 제시함과 동시에 시대적 변화의 흐름을 간파하게 할 수 있도록 촉진한다.

 제1장 문화의 정체성

1. 문화집단의 범위와 정체성

문화는 개체화된 단수형태(forme du singulier)의 자아가 아닌 사회적 상호작용을 하는 특정사람들 사이에서 일어난다. 그 사회적 상호작용이라는 것이 단순히 개인적인 특성으로 설명될 수 있는 것인지 또는 그런 특성들에 의한 부분적인 결정이 전체와 동질성을 가질 때와 아닐 때는 언제인지는 담론의 여지가 있다. 그러나 거의 모든 사회과학자들은 사회적 상호작용이 단지 서로 관련된 개인들의 특성에서 나오는 것은 아니라는 것을 알고 있고, 그렇기 때문에 사회집단의 서로 다른 양상이 각각의 다른 문화로 설명되어짐에 주목할 만하다.

사회과학자들은 같은 공간에 개인들이 물리적으로 모인 것을 묘사할 때 무리(groupe)라는 용어를 사용한다. 그들은 같은 시간대에 같은 공간에 있다는 사실 이외에 백화점에서 크리스마스 쇼핑을 하는 사람들, 점심시간에 먹을거리가 많은 식당가를 바삐 움직이는 보행자들, 동네 고등학교 운동장 트랙에서 조깅을 하는 사람들처럼 서로 아무런 관련이 없을 수도 있다. 또한 둘 혹은 그 이상의 개인이 하나의 덩어리로 간주되는 사회적 분류 방식이 집단인데(R. Brown, 1954), 심리학적으로 집단과 관련하여 다른 사람들의 존재가 우리 행동에 어떻게 영향을 미치는가 하는 점을 살피는 것은 꽤 흥미롭다. 모든 무리는 집단이다. 그러나 모든 집단이 무리를 의미하지는 않는다. 비틀즈로 가장한 가수들, 70세가 넘은 투표권자들, 택배원들처럼 집단에 속한 사람들은 같은 장소나 시간에 모여 있지 않을 수도 있다. 단체는 서로 상호 영향을 미치면서 상호작용을 하는 개인들의 집합이다 (Shaw, 1981).

가족이나 스포츠 경기 팀, 라틴댄스 동아리 등이 단체이며 단체는 인간의 일생에 걸쳐 대단히 중요하며 진화론자들은 우리가 하나의 종으로써 30여 명의 사람들이 상호작용하는 단체 내에서 진화한다고 했다(Glants & Pearce, 1989). 그리하여 오늘날에도 개인들은 각각 작은 단체 속에 소속되어 살아가고 작은 단체 안에서 다른 사람들과의 유대관계를 맺으며 행동하고 생각하며 배우고, 일하고 즐긴다.

이러한 단체들은 더욱 큰 기관에 연결되어 있으며, 문화는 다수의 하위집단이 모여 그 위의 상위집단을 이루면서 하나의 문화가 형성되는 것이므로 사람과 사람, 집단과 집단, 지역과 지역, 국가와 국가 사이에는 양상의 표출이 다를 수밖에 없고 이 모두는 상위집단의 문화에 수용될 수 있다. 즉, 하나의 상위문화는 다수의 하위문화를 수용하는, 원천적으로 다양한 문화 군락이라고 할 수 있다. 그것은 다시 더 큰 사회, 국가 등에 연결되어 있다.

결국 문화는 단체 속에서 타인과 상호작용하는 가운데 반복 경험을 통해 축적된 정신적, 행위적인 모든 인간의 표현 양식이다. 동일한 문화를 공유하는 개인들이나 집단들이라고 해서, 그들 모두를 동일한 국가의 구성원으로 규정할 수 없다는 점을 우리는 선험적 경험을 통해 이미 인지하고 있다. 마찬가지로 동일한 국적을 지닌 개인들이나 집단들이라고 해서 그들 모두가 동일한 문화를 공유하고 있다거나, 또는 그들의 문화적 정체성이 동일하다고 규정할 수가 없다. 문화의 정체성은 국가나 집단이 세분화된 문화의 합체가 이루어낸 결정체이다. 비교인류학은 문화적 정체성을 정치적·경제적, 또는 특수한 사회구조 안에서 형성된 삶의 독특한 방식이라고 정의한다. 문화의 정체성은 기준, 가치, 태도, 정책과 관련이 있어서 이것은 그 사회가 지니는 정신적 기준이 될 뿐 아니라 경험과 인식이 삶에 재구성되는 과정과 관계가 깊다. 가치와 태도 그리고 행동양식이 어떻게 만들어지고 실행되는지 방법론적인 인식의 체계과정이기도 하고 그 표준을 규정짓기도 한다. '정체성'이라는 단어 자체가 내포하는 의미의 추상적인 용어로서 '문화의 정체성'은 문화의 의식적 내면화이며 실체적으로는 현실에서 나타나는 동일성이다. 국가나 민족의 정체성과 마찬가지로 문화의 정체성 역시 공동체가 지니는 문화의 산물이다. 그러나 현대의 정체성은 전 세계가 글로벌화되면서 초국적 형태를 맞이하여 탈중심화되고 있다.

탈중심화된다는 것은 한곳에 집중되어 있는 관점이 파편화되거나 이탈되면서 해체된다는 주장에 근본적으로 공감하는 측면에서 고찰된 것으로 사회적인 영역의 개인들로 구성되어졌던 성별, 성, 종족, 인종, 민족성이라는 문화적 풍경들은 복합되어 혼재되면서 단일한 산물이 아닌 통합된 주체로서 이동하고 있다. 전체적으로 이러한 과정들이 광범위하게 나타나기 때문에 모더니티(modernity) 자체가 변질된 것으로 보이기도 하며 이것은 과거에 인간이 가진 정체성에 고정적·본질적 개념에 post를 붙임으로써 포스트모더니즘(postmodernism)이라

불린다. 변화된 정체성의 개념을 살펴보면,

첫째, 계몽주의적 주체로서의 정체성은 인간을 통합된 전체로 보고 중심을 가진 이성, 의식 및 행위의 능력을 부여받은 존재라는 관점에 바탕을 둔다. 자아의 본질적 중심은 한 사람의 정체성으로 개인주의적 주체임을 강조한다.

둘째, 사회학적인 주체로서 복잡하고 멀티(multi)한 현대세계와 직면한 주체의 내면적인 중심이 자율적이거나 자아 위주가 아닌 관련된 의미 있는 타자(他者)들과의 상호관계 속에 형성되는 것을 반영한다. 이것은 문화, 세계관, 가치, 상징을 주체와 매개해주는 것으로 자아와 상호작용하는 것으로 본 것이다. 주체는 여전히 실체인 자신 속 본질의 내재된 중심을 가지고 있으나 문화적인 외부세계와 그 세계가 제공하는 정체성들과 지속적인 교류를 하는 가운데 형성되고 수정된다. 때문에 이러한 개념 속에서 정체성은 내부와 외부, 사적 영역과 공적 영역 사이의 통로를 연결해주고 인간은 이런 문화적 정체성 속으로 개인 자신을 투사하고 반영하여 다시 개인의 자아로 재유입되게 한다.

셋째, 포스트 모던(post modern)적 주체로서 과거에 안착되어 통합된 정체성으로 경험되었던 주체는 이제 해체되고 간혹 모순되거나 결정되지 않은 정체성들로 모자이크되고 오버랩되어 다시 새로운 형태로 구성된다. 고정되고 본질적인, 영구한 정체성은 없는 것으로 관념화되면서 정체성은 인간을 포위하는 문화체계들 속에서 재현되거나 다뤄지는 방식에 따라서 다시 재형성되고 지속적인 변화와 구조를 되풀이하며 변형된다. 그렇기 때문에 태생적 생물학적 정의가 아닌 순차적으로 정의되고 통합되는 것은 이동과 변동의 연속성을 지닌다.

한편 후기 포스트 모더니티에서 발견되는 변화의 특징인 '전 지구화' 과정이 문화적 정체성에 미치는 영향과 관련하여 현대사회는 급진적인 변화가 일어나는 사회로서 전통사회와 현대를 기든스(Anthony Giddens)는 변화의 속도와 범위에 대한 시간과 공간의 변형으로 거리의 재구조화를 설명한다. 또한 포스트 모더니티에 대한 반론도 제기되는데 아래 표를 보면 특징을 알 수 있다.[1]

〈표 1〉 Post Modernity와 Radical Modernity

post modernity	radical modernity
현재의 변화를 인식론적으로 이해하거나 인식론의 해체로 파악	제도적 발달에 의해 파편화와 분산화가 초래된 것
자아를 경험의 파편화에 의해 해체되거나 분할된 것으로 파악	자아는 단지 상호교차하는 힘의 장이 아니라, 그 이상의 것으로 간주되며, 성찰적인 자아정체감의 능동적 과정은 근대성에 의해 가능
개인들이 세계화 과정에 직면해서 느끼는 무력감을 이론화	경험과 행위의 측면 모두 무력감과 자신감의 변증법을 분석
탈근대성을 인식론, 개인 윤리의 증언으로 규정	탈근대성을 근대적 제도를 넘어서 움직이는 변형의 한 가능성으로 규정

정체성(Identity)이라는 말은 프로이드(Freud)로부터 시작하여 에릭슨(Erikson)에 의하여 개념화된 말이다. 원래 라틴어의 'identitas'에서 유래한 것으로 "완전히 동일한 것, 그 사람이 확실함" 등의 의미를 지니고 있다. 즉, 정체성은 '나는 무엇인가', '나는 누구인가'라는 질문에 대한 대답이다. 하지만 정체성의 개념은 한마디로 정의하는 것은 무리가 있다. 에릭슨은 '정체성(identity)'란 "개인의 동일성에 대한 의식적인 감각, 인간이 자라나고 발전함에 따라 자신과 하나가 되는 동

---

1) 앤서니 기든스, 『포스트 모더니티』, 민영사, 1991, 기든스 이론정리: naver. ethnos44.

질감"이라고 하며, 그것은 동시에 "자신의 역사는 물론 미래에 동질화되는 존재의 공동체 감각을 가진 친근감"을 의미한다고 했는데 그것은 즉, "사회 분위기와 자아, 집단정체성과 자아정체성의 상호보완은 사회적인 조직과 자아의 통합을 다룸에 더 큰 잠재력을 가진다"고 설명했다.

정체성의 개념에 대한 몇몇 학자들의 정의를 살펴보면 다음과 같다(김항원, 1990).

> 에릭슨(Erikson): 개인의 정체성에 대한 자각은, 자신의 동일함과 지속성을 스스로 깨닫고, 타인역시 자신을 동일하게 지속적으로 인식하고 있음을 지각함. 또한 이 두가지를 관찰함으로써 성립되는데, 결국 자아정체성은 개인의 정체가 의미하는 단순한 존재의 사실을 넘어 자아의 질적인 특성과 더 관련이 있다.

> 휠리스(Wheelis): 정체성은 하나의 일관성 있는 자신의 감각(a coherent sense of self)이다. 그것은 전체감, 통합, 옳음에 대한 감각, 선택할 수 있는 감각이다.

> 웨이거트(Weigert): 정체성은 사람들이 각각의 타인과 자신에게 그 것을 통하여 전하는 이름표, 그리고 범주들이다. 또한 조직화된 사회관계하에 상황 지어진 생활 과정의 한 단계에서 형성화된 자기 자신이다.

> 캐처도리안(Katchadourian): 정체성이란 시간을 초월하여 다른 환경 아래에서도 지속성을 지닌 사람의 개성이나 사물의 동일성을 말한다.

이와 같이 결국, 정체성은 개별적인 주체로서의 자아나 집단 안에서의 대상으로서의 개념이 물체에 구체화된 혹은 한 인간의 형상화에 대한 지속적인 질문의 답이다.

2. 다문화의 개념

1970년대 초에 처음으로 캐나다와 호주 그다음에 미국, 영국, 독일에서 다문화적인 움직임이 나타났다. 그것은 3가지 중점적인 시각이 있는데 문화적으로 구축된 세계에서 사람이 살며 생활 및 관계가 문화적으로 엮어진다는 것이다. 또한 문화를 가지고 세상을 전망하는 것이 모두는 아닐지라도 비판력 없이 받아들이거나, 반대로 사려 깊게 반영하거나 드물게는 수정하기도 한다는 것이고, 둘째로, 다른 문화는 더 나은 생활의 다른 시스템을 대표한다는 것이다. 셋째는, 문화는 내부적으로는 복합적이고 서로 다른 전통과 생각이 사람 간의 대화 속에 반영되며, 문화가 내부에 복수적이고 차별화된 것임을 잘 알고 있지만, 사람들은 본능적으로 문화를 균일화하고 단 하나의 정체성을 부과하는 시도를 한다는 것이다. 다문화주의 관점에서 좋은 사회는 다양성을 소중히 생각하고 서로 다른 문화와 자신의 도덕적인 시각 사이에서의 새로운 창조적인 대화를 격려한다는 데 있다. 그런데 다문화사회는 모든 지역사회가 다문화가 되도록 요구함으로써 그것과 상응되는 단일문화적인 같은 실수를 반복해서는 안 되며, 만일 그렇지 않다면 사회는 개인이 소속된 구성원들의 점진적인 소속감이 가져다주는 발전을 기대할 수가 없게 된다.

다문화사회의 개념을 알기 위해서 이 말의 기본적인 단위인 '문화'의 개념부터 살펴보려고 한다. 문화의 영어 단어인 '컬처(culture)'는 라틴어 '콜로(colo)'에서 파생되었으며 '콜로'의 동사형은 '콜레레(colere)'로서 '경작하다, 배양하다, 수양하다(cultivate, till)'로 해석되며, 여기서 나온 두 가지 명사 즉, '쿨투라(cultura)'는 교육의 의미와 함께 '정신적 문화'라는 의미 역시 포함하고 있으며 '쿨투스(cultus)'는 신에게 드리는 경배 행위를 내포한다. 즉, 라틴어에서 '문화'는 경작과 양육, 정신의 고양과 교육, 신에 대한 경외적 행위라는 뜻을 지니고 있는 것이다. 문화는 인류가 과거로부터 현재에 이르기까지 그 나라와 민족이 생활하는 어떤 특정한 사회나 집단 속에서 경험하고 체득한 관습과 예술, 독특한 행동표현, 생활양식 등이 종합적이고 복합적인 과정을 거쳐 형성된다. 또한 이러한 문화는 역사 속에서 세대를 거듭하면서 전파되고 새롭게 변화되어가며 전승된다.

에드워드 홀(Edward T. Hall)은 "인간이 문화 생산적인 동물로 활동하는 현재와, 민족도 문화도 존재하지 않았던 과거 사이에 어떠한 단절도 없었다는 사실을 깨달았다"며 문화란 현재에 이르기까지 중단 없이 지속되고 있다고 했다. 왜냐하면 문화란 생물학적 활동에 근거한 생물 근원적(bio-basic)인 것이기 때문이다. 문화에 선행하지만 나중에 인간에 의해 오늘날 우리가 알고 있는 바와 같은 문화로 정교화된 행동을 기층문화(infra-culture)라는 용어로 부를 수 있다. '영토권', 기층 문화적 활동의 한 예로서 어류에서 육식동물, 그리고 현대인에 이르는 인간 같은 모든 생물에 의해 영토가 주장되고 방어되었던 방식과 연관성이 있다.[2]

우리의 일상에서 문화라는 말은 다양한 의미가 포함되어 있고 대화에서 자주 쓰이는 용어인데, 레이먼드 윌리엄스(R. Williams)는 문화의 개념을 문학이나 음악 미술과 같은 예술창작의 영역으로 제한하지 않고 제도나 일상적인 행동에서 어떤 의미들과 가치를 표현하

---

2) Edward T. Hall(1959), The silent language: 최효선 옮김(2003), 『침묵의 언어』, 서울: 한길사.

는 특정한 삶의 방식들로 확장해서 사고한다. 따라서 문화란 특정한 삶의 행동양식 및 그것의 방향 설정의 계기 같은 것이다. 또한 그것은 특정된 단일하고 모노-테마적인(mono-thematic) 정의가 아니라 독특하고 개체화된 삶의 요소를 종합적으로 표현해주는 복합적인 총체로 정의될 수 있다. 따라서 문화는 단일하고 고정된 것이 아니라, 복수적인 요소와 지속적으로 변환하고 있는 복합적인 변동체인 것이다. 문화란 각 사회적 집단이 처한 시대적 상황과 각 나라의 자연적, 지리적인 혹은 인위적인 환경적 조건에 따라 변하기 때문에 학자들은 문화에 대한 정확한 정의를 내리는 데에 많은 논쟁이 있었다.

프랑스의 인류학자인 레비 스토로스(C. Lévi-Strauss)[3]는 인류학에 사회과학으로서 구조주의 관점을 도입한 학자인데 그는 관계론적·구조주의적 관점에 따라 인간의 정신이 주어진 환경이나 사건으로부터 이들의 관계를 재구성하여 일정한 구조를 만들어낸다고 본다. 그는 문화 현상 뒤에 숨어 있는 근본적인 인간정신이 작용하는 구조를 찾으려고 했으며 '인간정신'은 스스로 의미를 부여하고 의미 체험을 하는 '주체'나 '의식'을 의미하지 않는다고 했다. 또한 문화적 차이를 낳은 근본요인을 지리적·역사적·사회적 상황이라고 보며 그것은 생물학적 차이와는 아무런 관계가 없음을 강조하고 있다.[4] 인류역사는 그렇게 단계적, 연속적으로 발전한 것이 아니라 어떤 때는 동시적으로 어떤 때는 생략적으로 다른 문화권과의 교류 없이도 발전했다고 보는 입장이다.

---

3) Lévi-Strauss: 1908-2009. 현대 프랑스의 문화인류학(민족학)자, 사회학자인 그의 연구는 '구조주의'의 이름으로 표현되고 있는데, 근년에는 그의 전문영역뿐 아니라, 철학이나 예술 등에도 영향을 미치고 있다.

4) 원승룡(2007), 『문화이론과 문화철학』, 서광사.

문화를 포괄적 개념으로 전체적으로 보는 입장에서 문화를 정의한 대표적인 사람은 타일러(E. B. Tylor)와 화이트(L. A. White)를 들 수 있는데 타일러는 이미 '원시문화'에서 '문화과학'의 가능성을 예고하며 문화의 과학적 탐구를 실천하려고 했다. Tylor는 문화를 지식, 신앙, 예술, 법률, 도덕, 관습 등을 비롯해서 사회의 성원으로서 인간에 의해 획득된 모든 능력과 습관의 복합적인 전체라고 규정하고 있을 뿐 아니라 문화는 인간 고유의 것이라는 것을 암시하고 있고, 또 그의 다른 저서들에서 이 점을 분명히 밝히고 있다. 즉, 인류만이 문화를 가진다고 그는 주장한다. 화이트는 타일러가 문화란 인간 고유의 소유물임을 암시하고 있는 점을 더욱 구체화시켜, 화이트는 무엇이 인간의 행위를 다른 동물의 것으로부터 구별 짓게 하는가에 주의를 돌리고 '인간은 상징(symboling)을 할 수 있는 유일한 동물'임에 유의하여 이것이 바로 문화의 기초라고 파악하고 있다. 그는 상징행위에 의거한 사물 및 사건들을 신체 외적인 맥락 즉, 인간 유기체와의 연관보다는 다른 상징물들과의 관련하여 고려했을 때 그것을 문화라고 했다. 타일러와 화이트가 정의한 문화는 문화의 기능적인 중요성을 강조하고 있으며 환경에 적응하는 과정에서 축적된 지식들로서의 도구, 기술, 사회조직, 언어, 관습, 신앙 등의 종합체를 문화라고 부르며 일반적으로 사람들이 문화를 이야기할 때 떠오르는 이미지와 비슷하다고 할 수 있다.

　관념론적인 입장에서 문화를 정의한 사람은 구드나프(W. H. Goodenough)로 그는 문화란 그 사람의 관찰된 행위나 구체적인 사물 그 자체가 아니라 그 구체적인 현상으로부터 추출된 그런 행위를 위한 또는 그런 행위를 규제하는 규범의 체계라고 주장하며 하나의 추상에 불과하다고 했다.

즉, 한 사회의 모든 구성원들이 외부의 사물을 어떻게 인식하고 그것에 대해 어떻게 행동하는지는 꼭 같을 수 없지만 사회마다 그 구성원들의 행동에서 공통적으로 나타나는 기준 또는 규칙과 같은 한 사회의 성원들의 생활양식에 기초하고 있는 관념체계 또는 개념체계를 문화로 간주하고 있다. 문화의 속성 중에 변동성이 있는데 시공간(espace-temps)의 유동적인 차원에서 보면 문화는 그저 정체되어 고정화되는 것이 아니라 접촉과 마찰을 통해 변동을 가져오며 그것은 사회성원의 반복된 행동양식의 학습으로 적응을 요구하게 된다. 다문화도 결국 접촉과 전파 혹은 마찰이나 융합 또는 새로운 변화를 가져오면서 나타나게 되고 그것은 다음 세대에게 전승되어가며 다시 발전해가는 사회화 과정의 산물이다.

　G. vignaus, Kh. Fall & L. turgeon의 공동논문인 「상호문화 연구: 개념적 유산과 새로운 쟁점」에서, "문화는 인간에 의해 제작된 환경의 일부"라는 정의를 수용하기로 하면 이와 함께 "문화의 개념은 행동양식, 규범, 가치관, 종교, 산업 등과 같은 인간의 '전체론적 차원(la dimension holistique)'과 모든 문화는 상이한 요인들에 의해 특별한 양상을 띨 수 있다는 '개별적 차원(les dimensions singulières)'에서 논의되어야 한다"는 주장도 수용해야 한다. 그러기 위해선 '정체성에 대한 관점(Perspectives sur l'Identité)'이라는 주제에 접근하기 위하여 '문화의 개별적 차원에 대한' 자아의 선행적 분석이 필요하다.

 # 제2장 자아와 문화(Sois et cultures)

사회학에서 문화의 행동주체로 인식되는 자아의 문제는 사회의 영향과 인간의 행동 사이의 다양한 관계를 포괄할 수 있는 행위 이론을 구성하는 데 있다. 사회학 이론가들은 사회의 영향과 인간의 행동 사이의 다양한 관계 가운데 어느 하나의 관계만을 설명해왔는데, 예를 들어 구조의 영향만을 설명하거나 구조의 영향과 무관한 행위만을 설명해왔고 그것을 이론적 입장이라고 불렀다. 호네트(Axel Honneth)와 마르쿠제(Herbert Marcuse)의 이론 역시 어느 하나의 관계만을 설명하고 있다. 호네트는 인간이 규범을 내면화하고 보다 높은 규범을 수용하는 과정만을 설명하고 있다면 마르쿠제는 물질문명의 영향을 수동적으로 수용하고 있는 인간의 행동만을 설명하고 있다. 자아이론은 사회의 영향과 인간의 행동 사이의 관계를 설명하는 중요한 틀이다. 자아는 객관적 자아와 주관적 자아로 구분된다. 객관적 자아는 사회의 영향에 의해 형성된 자아이고 주관적 자아는 사회의 영향과 무관한 개인 고유의 영역이다. 그 객관적 자아와 주관적 자아는 다시 각각 긍정적인 영향과 부정적인 영향의 둘로 구분되고 그에 따라 자아의 구성요소는 넷이 된다. 객관적 자아를 구성하는 것은 사회규범과 사회 압력으로 나누어지고 주관적 자아를 구성하는 것은 창조·

비판과 일탈·파괴로 나누어진다. 호네트는 객관적 자아의 부분 가운데 사회규범의 부분과 주관적 자아의 창조·비판의 부분만을 설명하고 있는 것이고 마르쿠제는 비판과 창조 능력이 마비된 사회 압력에 의한 행위만을 설명하고 있다. 그러나 호네트와 마르쿠제의 설명은 모두 인간의 자아의 일부분에 대한 설명이고 따라서 인간의 행위에 대한 부분적인 설명이다. 그 두 이론가의 이론을 종합하면 사회의 영향과 인간의 행동 사이의 보다 다양한 관계를 인간의 자아이론으로 설명할 수 있게 된다(이홍균, 2005).[5]

호네트가 사회심리학에서 주목하고 있는 것은 무엇보다도 개인의 '자기 정체성' 형성과정이다. 이에 따르면, '주격-나(I)'는 타인이 나에 대해 가지고 있는 어떤 상이나 기대를 인지하면서 '목적격-나(ME)'에 대한 심상을 얻게 된다. 따라서 자기관계는 나에 대한 타인의 관점이 나에게 내면화됨으로써 가능하다. 그러나 이 관계는 사회적으로 규정된 또는 기대된 '목적격 나'와 대상화되지 않는 어떤 자발성으로서의 '주격-나'의 긴장관계를 전제한다. 호네트는 바로 이 긴장관계 속에 '인정 투쟁'을 엮어놓는다. 즉, '주격-나'는 사회적으로 규정된 '목적격-나'와는 다른 어떤 부분을 인정받으려는 투쟁에 서 있다는 것이다. 사회적 무시나 모욕은 각 개인의 정서적인 욕구나 도덕적 판단능력, 고유한 개성에 대한 부정이기 때문에 해당 당사자는 자신에 대해 긍정적인 관계를 갖기가 어려우며, 자기 정체성을 형성하는 데 심각한 장애를 일으킨다. 따라서 인정 관계를 둘러싼 무시나 모욕 행위는 일종의 '도덕적 훼손'으로 이해될 수 있다.

---

5) 이홍균(2005), 「호네트와 마르쿠제의 자아 이론 비교·통합」, 『집단상담연구』 27, pp.165-170.

물론 호네트 스스로 지적하고 있듯이 '사랑'이라는 상호인정관계에서 좌절하는 것이 사회적 투쟁의 원인이 되지는 않는다. 해당 당사자가 이를 통해 심리적인 상처를 입고, 또한 그 상대자와 갈등을 일으키는 것은 사실이지만, 이 경험이 당사자들의 범위를 넘어서 사회적으로 일반화될 수 없기 때문이다. 그러나 권리나 사회적 연대 영역에서 각 개인이 갖는 '무시'에 대한 경험은, 그 '무시'가 그가 속한 집단의 전형적인 것으로 해석될 때 거대한 저항을 초래한다. 과거 흑인들의 인권운동, 노동3권의 요구, 여성차별 철폐, 동성연애자 특별법, 미국 인디언 특별법, 캐나다 퀘백 주 '프랑스어' 보호를 위한 언어정책 등이 '무시'에 대한 집단저항을 초래한 예가 된다.6)

한편, 문화와 자아의 정체성은 문학에서 '문화적 정체성(l'identitéculturelle)' 또는 '문화와 자아(culture and self)'라는 문제로 다루어진다. 그리고 이 주제는 이문화 사이의 접촉이 증가하는 현대의 다문화적 상황 속에서 더욱 중요한 의미를 지니기 시작하였다. 또한 문화와 민족의 정체성에 대한 개념은 '문화적 적응의 심리학(Psychology of acculturation)'에서 자주 논의되기도 했지만, 결과적으로 그 개념의 다양성만 더 증폭되어버린 측면이 있어서, '객관적 자아와 주관적 자아 사이의 변증법적 상호관계(l'interrelation dialectique entre le soi-objet et le soi-sujet)'를 통해서 문화와 자아의 관계에 대한 양상을 보다 잘 포착할 수 있다고 제안한다. 이러한 자아의 구분을 통해서, 한편으로는 객관적 자아의 형성 속에서 문화적 요소들이 어떤 역할을 하는지 또한, 한편으로는 주관적 자아에 그것들이 어떻게 반영되는지 살펴볼 수 있을 것이다.

---

6) 악셀 호네트 『인정 투쟁—사회적 갈등의 도덕적 형식론』(2011), 문성훈 · 이현재 역, 서울: 사월의 책, p.13.

1. 객관적 자아와 문화

문화가 개인에게 어떤 영향을 끼치는지 분석한 학자들은 많지만 그중에 20세기 미국을 대표하는 두 명의 여성 인류학자 중 하나인 루스 베네딕트(Ruth Fulton Benedict)[7]는 그녀가 겪은 삶 자체를 분석하면서 그는 자신의 정체성 혼란이 자기 자신의 문제라기보다는 그 혼란을 야기하는 문화 자체의 문제임을 암시했다.

한 인간이 어떤 문화에 동화된다는 것은 그의 자아가 '이(異)문화 간(間)의 상황(situation interculturelle)'에 놓인다는 것이며, 이것을 달리 말하면 그 개인은 또 다른 사회적 변화를 하는 과정에 있다는 뜻이다. 다른 문화에 동화한다는 것은 그러니까 자신의 고유한 문화에서는 지극히 자연스러웠던 문화의 규칙이 다르게 바뀌는 것을 의미한다. 따라서 '문화적 정체성 확인(identification culturelle)'은 개인적 차원에서뿐만이 아니라, 집단적 차원에서도 문제가 된다(Berry J. W. 1990).[8]

여기서 우리가 객관적 자아의 형성이 - 그것이 문화적인 것이든 아니면 비문화적인 것이든 - 사회적 행동의 경험에 따른 정보처리를 바탕으로 이루어지는 것이라는 사실을 수용한다면, 이문화간의 상황에 처한 당사자는 상이한 두 개의 행동지침에 의해 그의 객관적 자아

---

7) 루스 베네딕트(Ruth Fulton Benedict, 1887-1948. 9.): 미국 뉴욕출생의 인류학자이며, 아메리칸 인디언 종족들의 민화와 종교로 박사학위를 받음.

8) "Psychology of accumulation in": J. Berman (Ed.), Cross-cultural perspectives, University of Nebraska Press; Berry J. W. & Annis R. C., 1998, Ethnic psychology. Research and practice with immigrants, refugees, native peoples, ethnic groups and sejourners. Lisse, Swets & Zeitlinger; Clanet C., 1990, L'interculturel. Toulouse, PUF.; Lavallée M., 1991, Identité, Culture et changement social, Paris, L'Harmattan.

가 형성된다는 사실도 수용해야만 한다. 즉, 그는 전통문화가 지시하는 행동지침과 다른 유형의 문화에 대한 체험을 매개로 하는 행동지침이란 이중적 행동지침에 따른 객관적 자아를 지니게 된다는 것이다. '이문화간의 행위(action interculturelle)'의 맥락은 일반적으로 지배문화에 의해 단호하게 결정되는데, 이때 문화적 동일시의 복잡한 문제가 발생하게 된다. 이러한 문화적 동화의 차원에서, 행동의 두 가지 영역을 구분해볼 필요가 있는데, 그것들은 바로 '도구적 행위(action instrumentale)'와 '사회적 행위(action sociale)'의 구분이다.

일반적으로, 이문화간 행동에 특히 관여하는 '도구적 행위'란 구체적인 목표 실현에 활용되는 행위인 반면, '사회적 행위'란 '대인간의 의사소통(communication interpersonnelle)'에 사용되는 행위이다. 그런데 실용적 도구로서의 동일시와 사회적 소통으로써의 동일시 사이의 경계가 설정되어 이 양자가 각각의 것으로 양분될 때, 심각한 정체성의 문제가 발생하는 것이다(Camilleri C, 1990).[9]

이 문제를 보다 구체적으로 이해하기 위해서는, 여기서 개인과 집단의 문화적 동화작용의 차이점을 구분할 필요가 있다. 왜냐하면 이런 구분은 한편으로는 어떤 동질의 문화집단의 정체성에 대한 요구와 그 전략의 틀 속에서의 형성되는 개인의 문화적 정체성 확인 작용을 이해하게 해주기 때문이고, 다른 한편으로는 어느 집단의 문화적 정체성 설정방향이 그 집단의 개개인이 형성하는 문화적 정체성에 미치는 영향력을 탐색할 수 있기 때문이다(Hewstone M. & Brown R., 1986).[10] 이 말은 예를 들어 설명하면, 미국의 한국계 이민자들이 갖

---

9) Camilleri C, 1990, *Stratégies identitaires* Paris, PUF.

10) Hewstone M. & Brown R., 1986, *Contact and conflict in intergroup encounters*, Southampton,

게 되는 미국사회 내에서의 민족적·문화적 정체성과 그 집단 내의 개개인이 갖게 되는 문화적 정체성을 구분해서 분석할 필요가 있다는 것이다. 이것은 또한 미국의 백인사회에서 성공한 한국계 이민자가 지니는 개인의 정체성과 그렇지 못한 사람들이 지니는 정체성의 비교로도 설명이 가능한 부분이다.

'문화적 동화과정의 개념화(conceptualisation du processus d'accilturation)'는 문화의 객관적 자아의 발달을 탐구하기 위한 다양한 관점을 이해할 수 있도록 해준다는 의미에서 반드시 필요한 연구방법이라고 할 수 있다. 그리고 이 방법을 적용하기 위해서는 개인 또는 집단 사이의 '조우 목적(les buts du contact)', 그 '조우기간(sa durée)', '조우분야(ses domaines)', '관리가능성(les possibilités de contrôle)', '수용집단에 대한 주된 태도(les attitudes dominantes vers le groupe d'accueil)', '인격의 질(les qualités de personnalité)', '타문화와의 사전 조우경험(les expériences antérieures avec d'autres cultures)' 등에 대한 분석이 동반되어야 한다(Berry J. W.).[11] 이와 더불어 대인간의 의사소통 조건이나 접촉과 더불어 발생하는 집단 사이의 갈등을 다루는 사회심리학의 다양한 연구와 그 방법론 역시 이 연구의 분석을 풍요롭게 만들어 줄 것이다.

한편, 이 주제와 관련된 연구는 크게 세 분야로 진행되고 있는데, 그 첫 번째가 민족적 정체성 확인이나 민족적 태도의 '개체 발생론적 발달 (le développement ontogénétique)'에 대한 연구, 달리 말하면 자아

Camelot Press.
11) Berry J. W. 1990; Furnham A. & Bochner S., 1986, Culture shock, London, Methuan.

의 이해에 대한 다양한 행동의 문화적 발전과정 맥락에 관여하는 것
들에 대한 연구이다.[12]

두 번째로는 문화적 정체성의 갈등 해결의 유형과 전략에 대한 연
구이며, 이것은 결국 세 번째 분야인 '문화적 정체성 확인에 대한 변
화'에 대한 연구와 연결되면서, 새로운 정체성에 대한 요구 연구로
발전하는 양상을 보이고 있다.[13]

2. 주관적 자아와 문화

주관적 자아와 문화에 대한 연구는 인간의 행동과 사상을 중심으로
'문화의 구조화(la structuration culturelle)'에 대해서 연구하는 작업으로,
이것은 '문화와 성격(culture and personality)'이란 주제를 '문화인류학
(Anthropologie culturelle)'과 '문화간 심리학(Psychologie interculturelle)'
등에서 많이 논의되고 있다.

'문화와 성격'에 대한 연구는 오랜 전통을 지니고 있지만(Bock P.
K., 1988)[14] 일반심리학에서 취급되는 주관적 자아의 경우와 마찬가
지로, 그 연구 방법과 이론에 대한 비판이 제기된 이후로는 거의 자
취를 감추었다.[15] 과거의 '문화와 성격' 연구들이 일반적으로 '문화

12) Aboud & Skerry, 1984, The development of ethnic attitudes: A critical review, Cognitive
   Develoment abstracts/–, Carfax pub. co, pp.239–240.

13) Camilleri C., 1990, Stratégies identitaires, Paris, PUF; Clanet C., 1990, L'interculturel,
   Toulouse, PUF; Liebkind K, 1989, New identities in Europe, Hampshire, Gower.

14) Bock P. K., 1988, Rethinking psychological anthropology: Continuity and change in
   the study of human action, New York, Freeman & Company.

15) Lindesmith & Strauss, Zur Kritik des Kultur und Persönlichkeitsforschung.

를 개인의 기호에 맞추는 것(personnaliser la culture)'에 집중되어 있었던 반면, 문화인류학과 '문화간(間)심리학(Intercultural Psychology)'에서 자아와 문화의 관계에 대해 제기한 새로운 관점은 "개인의 정신심리 구조 속에서 문화적 규칙의 흔적을 탐색하는 것(explorer les traces des règles culturelles dans l'organisation psychique de l'individu)"이다.[16]

이것을 도표화하면 아래 <표 2>와 같다.

아래의 표에서 한 개인의 객관적 자아(=대상자아=Soi objet)는 ① 인지적 측면(Cognitive aspect=Self Concept), ② 정서적 측면(Affective aspect=Self Estimation, Conscience of Control), ③ 능동적 측면(Conative aspect=Competence, Practice)으로 구성되며, 이것이 바로 주체의 행동능력의 핵심을 이루는 것이다. 그런데 이것의 발전은 '문화적으로 사전에 구조화된(culturellement préstructuré)' 행위의 공간에서 진행된다. 따라서 문화적 자아가 이미 정착된 성인의 경우에, 개인행동의 중심이 되는 'Agency'는 개인이 가치를 부과하는 문화 모델을 지향하는 통로를 통해 재구성된다. 이것이 바로 새로운 문화에의 동일시(Identification)이며, 문화의 동화주의는 이 동일시의 가치를 극대화시키는 전략이다. 하지만 문화적 동일시는 개인의 이해타산적(calculable) 심리에서 기인하므로, 이것이 언제나 개인의 문화적 가치를 결정짓는 기준으로 작용하지는 않는다.

---

16) Jahoda G., Crossroads between culture and mind, New York, Harvester Weatsheaf; Schwartz T. & White G. M. & Lutz C. A., New directions in psychological anthropology, Cambridge Univ. Press.

<表 2> 공통주관성과 주관성의 교차점에서 행동의 중심인 자아

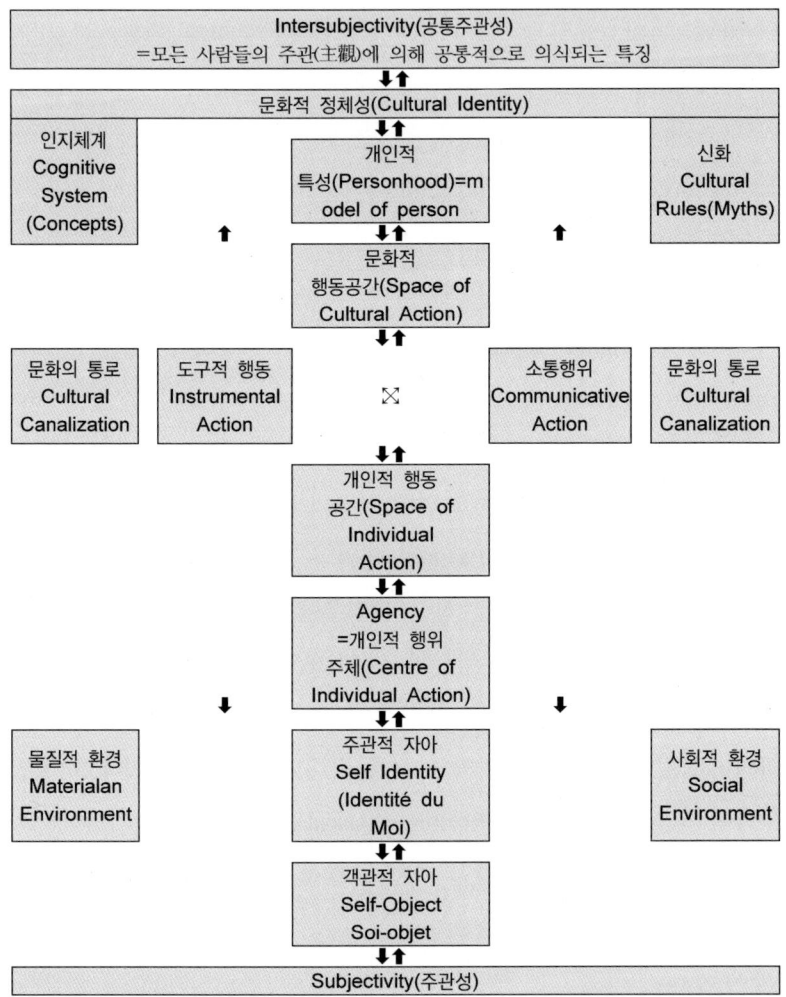

왜냐하면 새로운 문화적 규칙에 대한 습득은 그 주체에게 새로운 규칙을 준수할 것을 명하는 동시에 '그것을 벗어날 수 있는 어떤 여지(une certaine marge de déviation)'도 제공하기 때문이다. 자의식과

문화의식은 불가분의 관계로서 어느 정도의 자의식이 없다면 문화의 무의식적인 면을 초월할 수 없다. 다른 문화를 경험하는 일을 적절히 활용할 수 있다면 자국의 일상적인 조건하에서는 거의 불가능한 자아 성찰의 기회를 준다. 연쇄적 행동, 정황적 특성, 도구와 그 사용방식 등 구조적 특징도 개개인에게 깊은 영향을 미치고 있지만, 그 영향력은 문화가 개인의 정신형성을 지배함으로써 사람들이 사물을 바라보고 정치적으로 행동하고, 우선순위를 내려서 결정하고 생활을 이어나가고, 무엇보다도 사고하는 방식에 결정적인 영향력 행사하는 것에 비하면 그다지 심각하거나 직접적이라고 할 수 없다(Edward T. Hall, 1976).[17]

3. 자아 성찰의 역사

베른트(Bernd Krewer)가 주장하고 있듯이, '서구의 자아성찰의 역사(l'histoire de l'autoréflexion occidentale)'는 자아구성에 대한 이론의 역사이며, 이것은 "Que suis-je?(who am I?)"에 대한 답변을 찾는 문제이기도 하다. 우선 인간의 특징을 논하기 위해서 우리는 일반적으로 자아를 '대상으로서의 자아(le soi-objet)'[18]와 '주체로서의 자아(le soi-sujet)'[19]로 양분하고 그 '대상으로서의 자아'는 다시 다음의 3가

---

17) 문화를 넘어서(2000), 『Beyond Culture』(최효선 역). 서울: 한길사.
18) '대상으로서의 자아'는 인간을 '자연의 법칙'에 따르는 하나의 자연적 요소로 인식하는 것이다.
19) '주체로서의 자아'는 문화의 법칙이 인간에 의해 만들어진다는 관점으로 인간의 특성을 '문화적 인간'으로 규정하는 것이다.

지 관점으로 구분한다. 그것은 생물학적 관점(en tant qu'espèce biologique), 문화적 구성원으로서의 관점(en tant que membre culturel), 개인적 인성으로서의 관점(en tant que personnalité individuelle)이다. 또한 대상으로서의 자아는 L'Ecuyer. R.가 『Le concept du soi(자아의 개념)』(Paris, PUF, 1978)에서 다음 <표 3>과 같이 다섯 가지로 세분하여 설명한다.

〈표 3〉 자아의 개념(Le concept du soi)

물질적 자아 (le soi matériel)	소유적 자아(le soi possessif) 육체적(신체적) 자아(le soi somatique)
개별적(독창적) 자아 (le soi personnel)	자아의 이미지(image du soi) 자아의 정체성(identité du soi)
적응적 자아 (le soi adaptatif)	자아의 가치(valeur du soi) 자아의 활동성(activité du soi)
사회적 자아 (le soi social)	주된 관심사(préoccupation) 사회적 활동(activités sociales)
비자아적 자아 (le soi-non soi)	타인에의 준거(la référence à l'Autre) 자신에 대한 타인의 견해(l'opinion des autres sur soi)

히긴스와 클라인, 스트라우만(Higgins E. T., Klein R. L., Strauman T. J.)은 『자아의 불일치(Self−discrepancies)』(New York, Wiley & Sons, 1987)에서 인간 행동의 관제 메커니즘으로써 현실적 자아(le soi actuel), 이상적 자아(le soi idéal), 규범적 자아(le soi normatif)가 활동한다고 하였다. 이 외에도 자아의 구분에 대한 이론들이 있는데, 이것들과 상기한 이론들을 기반으로 B. Krewer는 자아의 이론적 토대를 다음과 같은 <표 4>로 작성하여 제시한다.

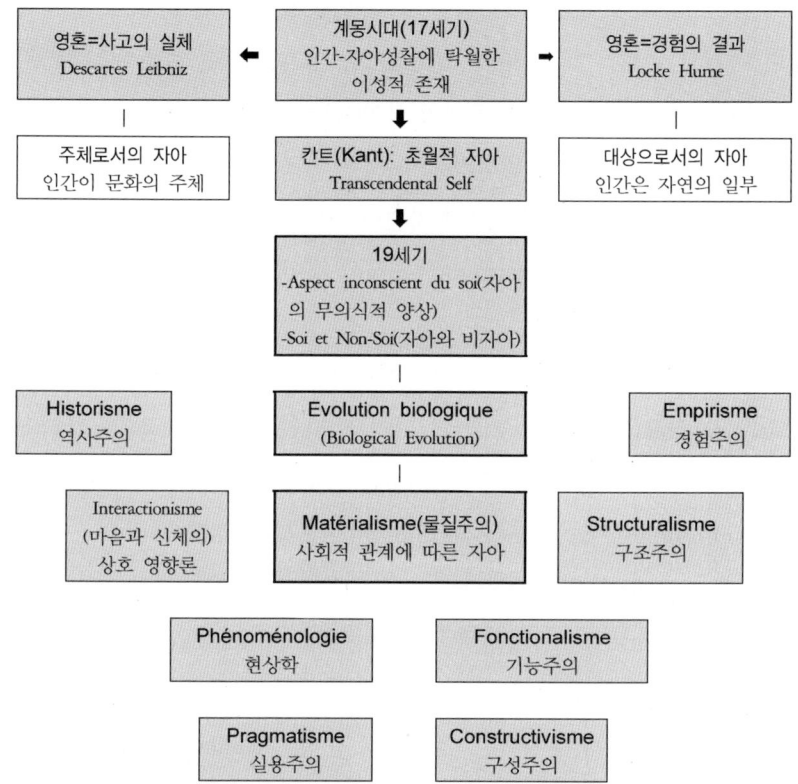

〈표 4〉 서양의 인류학적 담론의 역사
(L'Histoire du discours anthropologique de l'Occident)

영혼=사고의 실체 Descartes Leibniz	계몽시대(17세기) 인간-자아성찰에 탁월한 이성적 존재	영혼=경험의 결과 Locke Hume
주체로서의 자아 인간이 문화의 주체	칸트(Kant): 초월적 자아 Transcendental Self	대상으로서의 자아 인간은 자연의 일부

19세기
-Aspect inconscient du soi(자아
의 무의식적 양상)
-Soi et Non-Soi(자아와 비자아)

Historisme 역사주의	Evolution biologique (Biological Evolution)	Empirisme 경험주의
Interactionisme (마음과 신체의) 상호 영향론	Matérialisme(물질주의) 사회적 관계에 따른 자아	Structuralisme 구조주의
Phénoménologie 현상학	Fonctionalisme 기능주의	
Pragmatisme 실용주의	Constructivisme 구성주의	

　　고대 및 중세(Antiquité/Moten-âge)는 영혼의 개념을 '자아의 전임자
(le prédécesseur du soi)'로 인식, 신과 동물의 중간자인 인간은 '자기성
찰 또는 내성(introspection)'을 통해서 '신성한 예정론(prédétermination
divine)'을 인식하고 가능한 한 그 계획을 실현해야만 하는 존재로 규
정한다.

　　르네상스에서 계몽시대(De la Renaissance au Siècle des lumières)는

창조적 능력을 지닌 이성이 인간의 자아건설의 중심으로 인식된다. 그래서 인간의 특성은 '생각하는 능력(capacité de penser)'으로 정의되고, 여기서 육체는 객관성(objectivité)으로, 영혼은 주관성(subjectivité)로 구분하는 사유방식은 '주체로서의 자아(soi-sujet)'와 '대상으로서의 자아(soi-objet)' 개념을 탄생시키며, 이것은 '이성주의(rationalisme)'와 그 뒤의 '경험주의(Empirisme)'를 거치면서 '경험적 자아(le soi empirique)', '본질적 자아(le soi substantiel)', '초월적 자아(le soi transcendental)'의 개념을 탄생시킨다.

19세기~20세기에 들어오면 낭만주의자들에 의해 제기된 '반이성주의(l'antirationnalisme)'는 기존의 자아 개념들에 '전체론적 차원(la deimension holistique)'인 '무의식(l'inconscient)'의 개념과 '타인의 중요성(l'importance de l'autre)' 그리고 '사회역사적 층위에 대한 고려(la considération des paliers sociohistoriques)'를 추가한다. 생물학의 진화론(Evolutionisme)은 '생물생리학적 적응(l'adaptation biophysiologique)'과 구조(structure)와 기능(fonction) 사이의 체계조직(l'organisation systémique)에 의해 구성되는 유기체적 균형(l'équilibreorganismique)에 대한 개념을 제공한다.

또한 유물론(le Matérialisme)은 인간이 직장에서 그리고 협동과정에서 보여주는 '사교적 조직(l'organisation sociétale)'의 특징과 함께 '자아 발전의 상호관계(l'interrelation du développement du soi)'를 강조하게 된다. 역사주의(Historisme)는 역사주의적 역사 즉, 기록학은 역사적 목적론을 거부하고 사건과 대리인 그리고 역사적 시기에 대한 (해석학적) 지지와 이해에 대한 역사적 현상을 그 바탕으로 한다. 'Historism'은 영어에서 이 두 단어가 습관적으로 아주 유사하게 사용됨에도 불구하고 'historicism'과 혼동되어서는 안 된다(한국어에서도 두 단어 모두 '역사주의'로 번역되어 있고 다만, 'historicism'은 "역사주의(문화적·사회적 사건과 상황은 역사로 설명될 수 있다는 이론)"라고 추가적 설명이 붙어 있을 뿐이다). 'Historism'은 독일어의 'Historismus'에 대한 영어 번역이고, 'Historicism'은 역시 독일어 'Historizismus'에 대한 영어 번역인데, 한독사전에는 두 단어를 병기하고 "사실 중시 역사주의"라고 표기되어 있다.

한편 'Historicism'의 대표적 학자 중 한 사람으로 평가되는 Karl Popper에 따르면, 히스토리스무스(Historismus)와 히스토리지스무스(Historizismus)는 역사의 해석원리에 따른 구분으로 이해할 수 있으며, 이것은 결국 역사적 사건을 하나의 논제로 볼 것인가, 아니면 그것을 장기적인 역사 추이를 예견하는 사회과학적 관점에서 바라볼 것인가의 차이에서 비롯된다고 정의할 수 있을 것이다. 이러한 관점으로부터 발달한 Historical Relativism(역사적 상대주의)는 역사적 사실을 그 발생과 발전에 기초하여, 그것을 규정하는 구체적인 역사적 조건에 기초하여 평가하고 기록하는 방식이다. 이것은 달리 말하면 역사의 모든 현상이 생기는 근거, 발전의 기초, 현재의 상태에 이르기까지의 경로를 탐구하는 작업이라고 할 수 있으며, 그래서 그것은 이러한 역사적 과정에 있어서 그것의 본질과 질적 특징을 결정하는 성질이나 결합의 방법을 탐색하는 것을 주목적으로 한다.

역사적 관점과 관련하여 '아날학파(École des Annales)'에 대해서도 살펴보면 우선 'annal'이란 용어는 '1년간 유효한'이란 의미의 형용사이며, '아날학파'란 명칭은 프랑스의 역사학자인 Lucien Febvre(1878~1956)와 Marc Bloch(1886~1944)가 1926년에 공동으로 창간한 『사회·경제사 연보(Annales d'histoire économique et sociale)』에서 유래하였다. 이 학파는 크게 두 가지 목적을 가졌다. 하나는 역사적 사실을 설명함에 있어서 학문 분과를 구별하는 기존 관념을 탈피하여 학제 간 (interdisciplinaire) 접근을 시도하는 일이고, 또 하나는 역사의 현재적 모습에 대한 학문적 협동조사를 통하여 이론적 논의의 단계에서 구체적 검증의 단계로 이행하는 일이다.

한편 프랑스 현대 역사학의 기수로 평가되는 Lucien Febvre는 역사적 사료에만 근거한 사실주의적 역사학 방법론에서 벗어나야 한다고 주장했는데, 왜냐하면 "기존의 방법론은 현대 세계의 변화를 이해할 능력이 없다(elle n'était plus capable de rendre compte des transformations du monde moderne)"고 그는 생각하였기 때문이다. 따라서 그는 기존의 '결정론(le déterminisme)'에 입각한 역사연구의 방법론을 거부하면서, 프랑스의 지리학자로 실증적 방법을 중시하여 인문지리학을 사회과학에 연계시켰던 뽈 비달 드 라 블라슈(Paul Vidal de la Blache: 1845~1918)에 의해 이론화된 가능주의(le possibilisme)[20]를 도입하였다.

Lucien Febvre는 학문적 동지인 Marc Bloch와 함께 사회적 변천을 설명하기 위해선 반드시 역사 문제를 현재와 연계시켜야 한다고 생각하였으며, "역사는 어떤 사실에 대한 (연대기적) 기술이 아니라 그것에 대한 설명이어야 한다(L'histoire n'est donc pas la description de quelque chose, mais l'explication de quelque chose.)"고 주장하였다. 이를 위하여 역사가는 "의도적으로 어떤 사실들을 선택하여 그것을 재구성하고, 거기에서 무언가를 끌어내야만 하는 것이다(Pour mettre en

---

20) 개혁은 가능한 것부터 시작해야 한다는 19세기 말 프랑스 사회당 일파의 주장.

œuvre cette démarche, il faut donc choisir les faits volontairement, les organiser et en tirer quelque chose).”

그래서 “그는 인식의 새로운 이론을 제안하면서, 사회과학과 연계를 모색하였다(Il a donc proposé une nouvelle théorie de la connaissance. Et il a cherché à fédérer les sciences sociales).” 이를 위하여 그와 그의 추종자들은 “지리, 경제, 사회, 역사의 경계를 허무는 데(Pour abattre les cloisons entre la géographie, l'économie, la sociologie et l'histoire, etc.)” 주력하였다. 이런 시도는 오늘날 당연한 것처럼 보이지만, 당대에는 대단히 획기적인 것이었다.

Lucien Febvre와 Marc Bloch에 의해 주도되던 제1기 아날학파는 제2차 세계대전의 종말과 더불어 Fernand Braudel, Pierre Goubert, Ernest Labrousse, Georges Duby 등에 의해 계승되고 발전된다. 이들은 '정치', '개인', '연대'라는 역사의 3가지 우상을 타파하기 위하여, 정치 대신 사회 전체를, 개인 대신 집단을, 연대기적 기술 대신 구조적 설명을 지향하였는데, 특히 중세의 사회를 연구하던 Georges Duby는 저 유명한 Georges Dumézil의 '신화의 3기능체제(la trifonctionnalité du mythe)'[21] 이론을 바탕으로 1978년『봉건주의의 세 질서 또는 그 상상계(Les trois ordres ou l'imaginaire du féodalisme)』를 발표하면서 '역사적 사건의 원형(l'archétype de l'événement historique)'과 '그 환경에 대한 분석(l'analyse de son environnement)'의 중요성을 부각시켰다.

그는 또한 '집단심성'에 대한 개념을 제시하여 역사를 새롭게 이해

---

21) 신화에서 낮은 사제계급, 도끼는 전사계급, 그릇은 노동계급의 상징이라는 이론.

하는 데 기여하였다고 평가받는데, 그는 인류학자인 Marc Augé처럼 사회관계와 질서 속에서 '표상의 기능(la fonction de la représentation)' 과 '집단적 태도(처신)의 방향(l'orientation des comportements collectifs)' 을 설명하려고 노력하였다. 중세의 상상계와 관련하여, Duby는 표상 (représentation)을 사회조직의 '뼈대(membrure)', '잠재적인 구조(structure latente)', '단순한 이미지(image simple)' 등으로 해석하면서 그것이 '다양한 상징적 체계로의 이행(le passage vers différents systèmes symboliques)'이란 사실을 확인하였다. 아날학파의 제3세대로는 1970 년대에 활동한 역사학자인 Jacques Le Goff와 Pierre Nora, 신문기자이 자 역사가인 Philippe Ariès, 프랑스 대혁명 전문가인 Michel Vovelle 그리고 고고학자인 Jean-Marie Pesez 등을 손꼽을 수 있으며, 1980년 대 후반부터 현대역사 학자인 Bernard Lepetit가 이끄는 아날학파를 제4세대 아날학파로 구분한다.

한편 상호영향론(Interactionisme)은 심신(心身)의 관계에 관한 이원 론적 학설로 데카르트(R. Descartes)에 의해서 처음 주장된 것인데, 이 설에 의하면, 정신-심리적 현상은 신체-생리적 현상과 인과적으로 서로 관련되어 있다. 사회학에서 상호영향론이란 갈등, 협동, 정체성 의 형성 등과 같은 사회과정을 '인간의 상호활동(human interaction)' 에서 그 유래를 찾아내는 것이다. 이것은 개인에 대한 연구로, 각 개 인이 사회 속에서 어떻게 행동하는지를 밝혀내는 작업이다. James Parker, George Herbert Mead, Herbert Blumer 등이 상호영향론의 중심 적 학자로 평가되고 있다.

구조주의(Structuralisme)는 어떤 사물이나 사람의 의미가 개별체로 서가 아니라 전체적 체계 안에서 규정된다는 전제하에, 달리 말하면,

한 인간의 의미는 그가 속한 사회에서 타인들과의 관계에 따라 규정된다는 인식을 바탕으로, 개인의 행위나 인식 등을 궁극적으로 규정하는 총체적인 구조와 체계를 연구하려는 사상을 지칭한다.

구조주의의 인식과 방법론은 소쉬르(Ferdiand de Saussure)의 언어학에서 그 계기를 마련하였다. 그는 언어현상을 'Langue'와 'Parole'로 구분하였는데, 촘스키(Noam Chomsky)의 개념 구분에 따르면, Parole은 개인의 '언어수행(performance)'이고, Langue는 그에 앞서 존재하며, 그것의 생성을 가능케 하는 '언어능력(compétance)'이다.

쉽게 말해서 어떤 언어와 문자의 통용이 가능하게 하는 언어공동체가 Langue이며(Langue française, Langue coréenne, Langues africaines, etc.), Parole(말)은 인간 개개인이 Langue(언어) 구조를 통하여 자신의 의사나 생각을 표현하는 구체적인 언술활동(énonciation=표현, 진술)을 지칭한다. 따라서 Langue는 Parole을 통해서만 구체화되지만(cf. Pragmatics=화용론), Parole은 Langue의 전제를 통해서 수행이 가능한 것이다. 즉, Langue는 Parole의 전제가 된다.

이상을 정리해보면 Langue는 '관념을 표현하는 기호체계'인데 이 기호체계를 활용하여 의미를 전달하는 Parole의 기호는 형식(Signifiant=청각영상)과 의미(Signifié)로 구성된다.

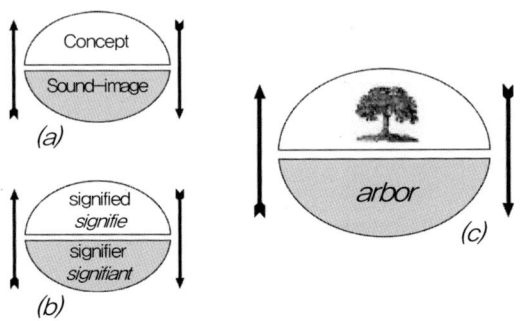

<그림 1> '나무(arbor)'라는 단어가 지니는
기표(signifer)와 기의(signified)

　이 이론을 바탕으로 롤랑 바르트(R. Bartes)는 Méta-langage의 개념을
제시하면서 구조주의 문학비평의 기틀을 마련하였고, Claud Lévi-Strausse
는 인류학에 구조주의 방법론을 적용하여 신화와 상징의 구조주의적 분
석방법을 통해 친족관계의 문제 등을 체계적으로 탐구하였는데, 이에 대
한 구체적인 예는 다음과 같다.

> Barthes의 예: 17세기 프랑스의 고전주의 비극작가 라신느(Racine)의
> 작품 『앙드로마크(Andromaque)』를 분석한 Barthes는 트로이를 멸망
> 시키고, 앙드로마크의 남편과 가족을 몰살한 피뤼스가 그녀에게 결
> 혼을 강요하는 상황에 대해 다음과 같이 분석한다.
>
> 그녀의 갈등은 아내나 어머니로서의 갈등이 아니다. 그녀의 갈등은
> 동일한 원천으로부터 야기되는 상반된 두 개의 질서로 빚어진다.
> 즉, 헥토르는 죽었으면서도 또 다른 대리인으로서 공존하고 있으
> 며, 그녀에게 죽음으로써 정조를 지킬 것과 자기의 화신인 아들의
> 생명을 구할 것을 동시에 명하고 있다. 그들은 사실 같은 혈통이며,
> 그래서 앙드로마크는 아들에게 충실할 수밖에 없다. 그녀의 상반된
> 의무 앞에서 앙드로마크를 지배하는 의식은 결코 모성이 아니다.
> (만일 그녀가 모성을 택하였다면, 한시라도 지체하였겠는가?) 여기

서 그녀가 고려하고 있는 것은 죽음인데, 왜냐하면 죽은 헥토르 때문에 이 모순은 발생된 것이며, 그래서 결과적으로 그 죽은 자만이 이 모순을 해결할 수 있기 때문이다. 그리고 이 모순은 앙드로마크가 어머니로서가 아니라 연인이기 때문이며, 그것 때문에 비극이 가능한 것이다(Sur Racine, Éditions du Seuil, 1963, pp.74-75).

여기서 바르트가 지적하는 앙드로마크의 갈등은 그러니까 작품에서 피상적으로 드러나는 어머니와 아내로서의 갈등이 아니라, 죽은 남편 헥토르와 그를 죽인 피뤼스 사이에서 발생하는 사랑의 갈등 때문이다. 이때 앙드로마크의 "남편에 대한 사랑은 너무도 강하여, 그를 그대로 닮은 아들에게로 옮겨가, 그녀의 모성은 아들에 대한 근친상간으로 변형된다(La fidélité au mari est si dévorante, et l'assimilation du fils à l'époux si étroite, que la maternité en devient incestueuse)." 이처럼 바르트는 앙드로마크란 인물을 그녀가 처한 상황과 그녀의 인적구조 속에서 분석해내며, 그녀의 아들에 대한 사랑은 궁극적으로 남편에 대한 사랑의 변형이라는 '메타랑그'의 개념으로 해석하고 있다(조병준, 1999).[22)]

한편, 레비스트로스가 설명하는 오이디푸스 신화 해석방식을 살펴보면, 그는 오이디푸스의 이야기를 모두 단문으로 축소하였다. 예를 들면, "카드모스가 누이동생 에우로페를 찾는다", "오이디푸스가 어머니 이오카스테와 결혼한다", "안티고네가 오빠 폴리네이케스를 매장한다"는 식이다. 그는 이러한 단문들을 다시 일련번호로 배열하는데, 이때 내용적으로 공통적 사항이 있는 단문들은 동일번호로 표시한다.

22) 조병준(1999), 「라신느 작품에 나타난 밤의 이미지 분석-"앙드로마끄", "브리따니뀌스", "베레니스"를 중심으로-」, 『한국프랑스학논집』 26, pp.359-375, 한국프랑스학회.

예를 들어 "오이디푸스가 부친 라이오스를 살해한다"와 "에테오클레스가 형 폴리네이케스를 살해한다"라는 단문은 '근친 살해' 항목으로 묶어진다. 이러한 동일번호의 단문들을 레비스트로스는 '신화소(Mythème)'라고 칭한다. 그는 이 신화소들이 신화의 초석이며 기본구조를 설명해준다고 하였다. 이렇게 재구성된 신화의 내용을 항목별로 묶어 도표화시키면 다음과 같은 <표 5>가 된다.

〈표 5〉 레비스트로스의 오이디푸스 신화소(Mythème)

항목	I	II	III	IV
내용	카드모스가 유로파를 찾는다. 아들과 어머니가 사랑을 한다. 안티곤이 오빠를 매장한다.	용의 이빨에서 나온 병사들이 서로 죽인다. 오이디푸스가 부친을 살해한다. 동생의 형을 살해한다.	카드모스가 용을 죽인다. 오이디푸스가 스핑크스를 죽인다.	라브카도스=절름발이 라이오스=왼손잡이 오이디푸스=부은 발
분석	혈연중시	근친살해=혈연경시=자기파괴	인류기원 파기=토착적 기원에서 해방	이름=신체부위=토착기원에 종속

이 도표는 결국 신화 속에서 서로 상반된 요소들이 대립되면서 일종의 변증법적 관계를 형성하고 있음을 보여준다. 이러한 신화해석 방법은 신화를 그저 단순히 재미있는 옛날이야기 정도로 이해하려는 보편적 성향이 잘못된 것이며, 더욱이 신화에는 우리 인류의 발달사와 관련된 수많은 비밀이 저장되어 있음을 증명해주는 좋은 예라고 할 수 있다(조병준, 2008).[23] 한편 구조주의는 미셸 푸코(Michel Foucault)를 전후하여 후기 구조주의로 구분되는데, 후기 구조주의의 특징은 구조의 역사성과 상대성을 강조하는 사상이 두드러진다는 점이다.

---

23) 조병준, 『그리스 신화 패러다임=Paradigms of Greek mythology』, 2008, 만남.

다문화시대의 현실적인 인식과 효과적이고 건강한 사회로의 정착을 위해서는 문화와 관련된 정체성 정립이 요구된다. 개별적인 주체로서의 자아나 집단 안에서의 대상으로서의 개념이 한 인간의 형상화에 대한 지속적인 질문의 답이다.

02

다문화(Multiculture)와
단일문화(Monoculture)

한국사회는 그동안 단일민족이 단일문화에 살고
있다고 믿어왔다. 우리 사회 구성원들만의 독특하고
공통된 사상이나 가치관, 행동양식이 존재함을 부인
할 수 없으며 그것은 과연 어떻게 설명될 수 있는지
또한 사회구성원들 간의 혼재된 문화가 지니는 단순
성과 복합성은 무엇인지 고찰하기로 한다.

 # 제1장 단일문화와 다문화

   '다문화'라는 표현은 '단일문화'에 대한 대립개념으로 출발한 것이다. 단일문화란 각국의 지역문화사가 보여주는 문화의 '속지성(Territorialité)' 에 기반을 둔 문화의 개념이다. '단일문화'의 개념은 18세기 후반에 요한 고트프리드 헤르더(Johann Gottfried Herder)의 사상을 중심으로 형성되어 발전했는데, 이 개념을 특징짓는 3가지 요소는 '사회적 동질화(l'homogénéisation sociale)', '민족성의 강화(la consolidation ethnique)' 그리고 '이문화 간의 경계설정(la délimitation interculturelle)'이다.[1) 여기서 문화의 사회적 동질화라 함은 어떤 문화든 간에 하나의 문화권 내에서 벌어지는 모든 존재의 행위들을 동일한 틀로 유도하고 규제하면서, 궁극적으로 그 문화권 내에서 거주하는 모든 개인들이 전반적으로 서로 공통적이고 유사한 삶의 형태를 형성하게 하는 속성을 지칭한다. 그래서 이 속성은 하나의 문화권에 속한 집단이 다른 문화권에 속한 집단과 명백히 구분될 수 있도록 한다. 이런 특징은 인종에 따른 문화적 구분이 아니라 전반적인 삶의 방식에 따른 동질성의 구분이다.

---

1) HERDER Johann, Gottfried, Outlines of a Philosophy of the History of Man, New York, Bergman, 1966.

한편 하나의 문화는 언제나 그 문화권에 속한 민족의 특성을 반영하는 성향이 있다. 그래서 문화는 민족성을 강화시키는 특성을 지닌다. 우리가 중국, 일본, 러시아나 우즈베키스탄 등과 같이 구소련에 속했던 여러 국가들, 그리고 미국, 캐나다, 독일, 프랑스 등 서구의 여러 나라에 거주하고 있으면서도 한국의 문화를 유지하고 있는 재외동포들을 우리와 동일한 민족으로 인식하고 수용하려는 것은 문화와 민족성의 연대관계를 보여주는 부분이라고 할 수 있다. 그러나 문화가 민족성을 강화시키는 특징이 있다는 말을 역설적으로 해석하면, 문화는 민족들 사이의 이질성을 확인시켜줄 뿐만이 아니라, 그들 사이에 명백한 구분의 경계선을 긋는다는 뜻이 되기도 한다. 이런 사실로부터 단일문화는 이문화 간의 경계설정을 이룬다는 세 번째 요소가 증명되는 것이다.

그러나 지금처럼 글로벌한 사회가 지니는 복잡성에는 이러한 단일문화적인 속성이 더 이상 국가나 민족을 설명하는 데 충분하지도 않고 그것이 지니고 있는 기초적인 요건 외에는 그 효과적 측면에서 예상을 뒤엎는 다양화가 진행되고 있기 때문에 단일한 문화의 정통성을 주장하는 사회가 지니는 그 특유의 자체적이며 종합적, 통일적인 특징이 과연 존재했었는지 의구심이 들 정도이다.

우리가 이미 경험하며 존재하고 일상을 영위할 수 있는 모든 행위에는 문화적인 내재적 속성과 외형적으로 보이는 형식의 다양성을 모두 포함하고 있다. 외부적으로 보이는 완벽히 다른 형태의 문화의 이질감은 차치하고라도 동질화된 집단 내부에서 나올 수 있는 젠더(gender)의 모호함에서 오는 갈등들, 예를 들면 '동성애에 관한 시각 차이에서 오는 방향설정' 같은 수평적인 문화양상도 인간의 가장 기본적인 일상생활에서 부딪히는 다양한 문화의 형태이지만 그것 역시 사회마다 개인마다 가지는 특성적 차이에 근거하여 나타난다. 과거의 단일문화라는 것이 문화적인 개념이 지금처럼 다양화되고 복잡하게 세분화되기 전에는 생물학적 인종 분류에 기반하여 영토적인 지정학적 설정 위에 담론되어온 것이 대부분이었다. 그 중심에는 동질적인 언어처럼 외형적인 형태가 존재했음은 물론이고 동질의 민족에 대한 전설적인 신화나 허구적인 역사가 지배하고 그것을 당연시했다.

헤르더는 "나의 본성과 여전히 동질적이며, 내 본성에 동화되어질 수 있는 모든 것을 나는 부러워하고 추구하며 내 것으로 삼는다. 그것을 넘어서는 것들에 대해서 나를 냉담, 냉정 그리고 무분별과 같은 정당한 본성으로 무장시키고 이러한 본성은 심지어 경멸과 혐오가 될 수도 있다"고 했다. 나와 다른 타자의 문제는 상대적으로 자립적인 주체와 함께 근대의 특징적인 산물이며 주체의 형성은 바로 타자와의 경계설정이라는 것이 전제되어 있다. 따라서 그런 주체에 상응하는 단일문화라는 구상이 등장하는 것도 근대적 사유의 자연스러운 진행이라고 할 수 있다(Rainer Zoll, 2008).

이처럼 단일문화의 개념은 서로 상이한 단일문화들 사이의 충돌을 필연적인 과정으로 설정하고 있는데, 우리가 지향하고 있는 다문화주의는 이러한 단일문화들의 평화적인 공존을 목적으로 탄생한 정치적 개념이라는 사실에 주목할 필요가 있다고 생각된다. 달리 말해서, 다문화주의는, 비록 그것이 서로 다른 문화에 대한 이해와 관용 또는 서로 간의 충돌회피와 조정을 추구하는 문화정치의 개념이라 할지라도, 그 근본적 바탕에는 단일문화의 존재를 당연시하고 있기 때문에 어느 특정 단위 문화집단을 일정지역에 가둬버리면서 문화적 근본주의로 퇴행할 수 있는 위험성을 지니고 있다는 말이다. 미국의 차이나타운이나 코리아타운이 동서 문화의 만남을 통한 새로운 문화의 양산지로 거듭나지 못한 채 우범지대로 전락하는 현상은 바로 이런 점을 단적으로 보여주는 예라고 할 수 있을 것이다.

단일문화의 개념이 '차별' 또는 '분리'라는 특성을 지니고 있다는 점에서, 그리고 문화의 내적 동질성과 외적 경계선을 규정하는 이 고전적인 개념이 결국은 직간접적으로 문화적 근본주의를 기반으로 하는 배타적인 국수주의를 양산할 수 있다는 점에서, 우리는 단일문화를 기본단위로 하는 다문화주의 개념의 한계를 극복해야 할 필요가 있다고 생각된다. 또한 물류적 세계화와 인터넷 통신의 발달에 힘입어 단일문화의 경계선이 사실상 상당부분 와해되고 있는 오늘날에는 '복수성(Pluralité)', '혼합성(Mixité)', '혼종성(Hybridité)', '반사성(Réflexivité)' 등으로 특징지어지는 현대문화의 양상을 총괄적으로 포용할 수 있는 새로운 다문화주의의 개념이 필요하다는 주장이 제기되고 있는데, 이것이 바로 '초월문화성(la Transculturalité)'의 관점에서 말하는 다문화주의이다.

# 제2장 다문화주의

'다문화(multiculture)'라는 용어는 1941년 미국의 『Herald Tribune』 7월호의 서평에서 사용된 '다문화적 생활양식(a multicultural way of life)'이란 표현의 등장과 더불어 대중적으로 사용되기 시작한 것으로 보인다. 본래 문화의 다양성을 지칭하던 이 용어는 이후 이질적인 문화에 대한 인정과 존중이란 의미를 내포하게 되면서 민족주의에 근거한 편견과 행동을 지양해야 한다는 의도를 표명할 때 사용되었다 (정영태, 「서구다문화사회의 국제이주민 정책과 실태」, 『한국학연구』 제20집, 인하대학교 한국학연구소, 2009, p.315).

한편, '다문화주의'라는 용어가 공식적으로 처음 사용된 것은 불어 문화권에서 먼저 살펴보면, 캐나다의 '복수언어주의와 복수문화주의 위원회(the Canadian Commission on Bilingualism and Biculturalism)'가 1965년 작성한 보고서에서였으며, 1971년부터 이 용어는 캐나다 정부의 다인종·다민족사회 정책을 지칭하기 시작하였다. 캐나다에서 세계 최초로 다문화주의가 탄생하게 된 배경에는 건국 초부터 제기되었던 영국계와 프랑스계 주민들의 갈등이 있었다. 퀘벡 주 프랑스계 캐나다인들의 분리운동을 차단하면서 그 갈등을 최소화하기 위하여 1970년에 제정된 '공식어 법령(Official Language Act)'과 함께 활용된

이 다문화정책은 1980년대부터 급증하는 아시아·아프리카계 이민자들을 고려한 1982년의 '권리와 자유헌장(the Charter of Right and Freedom)'을 통하여 인종차별 금지규정으로 발전하였고, 1988년에는 마침내 '다문화주의 법령(Multiculturalism Act)'으로 거듭나게 되었던 것이다.

미국에서는 1960년대의 흑인 인권운동 및 여성주의 운동의 영향 아래 미국은 기존의 단일문화 모델에 기반을 둔 동화주의 정책을 수정하여 차별을 제거하는 통합주의 정책으로 나아가지만, 다양한 문화적 집단들의 문화적 정체성 유지 및 인정의 정치(politics of recognition) 투쟁은 1980년대에 이르러 다문화주의로 나가게 했다. 이때 다문화주의가 목표로 하는 것은 사회의 원활한 기능에 간섭하지 않고 상이한 문화를 보존하려는 것이라고 할 수 있다.

북아메리카로부터 출현한 이러한 다문화주의는 대량 이민과 문화적 다양성이 초래하는 긴장을 관리하기 위한 것이었으며, 캐나다나 호주 등에서 공식적인 정책으로 자리 잡아갔다(김성곤, 1995; 김욱동, 1988; 마르코엘로, 2002). 다문화주의(multiculturalism)는 학자에 따라서 분야에 따라서 단어의 의미만큼이나 다양하게 해석되고 사용되고 있지만, 보편적 인식론에 의한 사전적 정의로는, '학교, 기업, 이웃, 도시 또는 국가와 같은 조직적 수준에 인종의 다양성과 운용을 위하여 하나의 특정 장소의 인구학적 구성에 적용되는 다양한 인종 문화의 수용'이라 할 수 있다. 넓은 의미에서의 다문화주의는 '현대사회가 평등한 문화적, 정치적 지위를 가진 상이한 문화집단을 끌어안을 수 있어야 한다는 믿음'을 나타내기도 한다(다문화사회의 이해: 유네스코 아시아·태평양 국제이해교육원 엮음, 2008).

국내에서 다문화주의는 학자에 따라 '일반적으로 한 사회 안에서 다양한 인종집단들의 문화를 단일한 문화로 동화시키지 않고 서로 인정하고 존중하면서 공존하게 하는 데 그 목적이 있는 이념체계' 또는 '체계적인 이론이나 조직적인 운동이라기보다 특정한 사회의 지배적인 문화의 억압으로 인하여 실현되지 못한 다양한 문화적 차이에 대한 인식, 혹은 그 차이를 열린 마음으로 인정하고 포용할 수 있는 감수성 배양 및 이 목적을 달성하기 위한 일련의 전략과 행위(정상준, 1995)' 등으로 정의되고 있다. 오늘날 다문화주의라는 용어는 '모자이크(la mosaïque)' 또는 '멜팅폿(the melting-pot)'이란 용어들과 함께 이민, 노동시장, 교육, 대중 미디어 정책, 예술 등과 같은 다양한 분야의 다원적 문화 현상을 지칭하면서도, 동시에 미묘한 정치적 이데올로기를 반영한다는 사실을 알 수 있다.

정치철학에서 다문화주의는 기존의 자유주의 정치이론들이 문화적 차이에 대해 중립적이지 못하다는 비판에서 시작한다. 지배적인 문화집단의 편견 위에서 발전된 이론들은 문화적 소수자의 권리를 제대로 인식하지 못한다는 것이다. 그러나 다문화주의 내부에서도 일차적으로 지배문화를 어떻게 파악하느냐에 따라서 다각도의 이론이 존재하고 있으며, 다문화주의(multiculturalism)란 일반적으로는 인간 사회의 다양성, 인구학적, 문화적 다양성을 설명하기 위해 사용되는 용어로써, 세계화에 따른 다문화 현상이 가져오는 갈등과 긴장을 해결하기 위해 문화 차이와 어떻게 대면할 것인가에 대해 고민하는 이론이다.

그러나 실제로 다문화주의 개념은 분야, 학파, 국가에 따라 서로 다른 의미로 사용되고 있다. 이러한 다문화주의의 개념은 오늘날 특

히 다양하고 급속하게 다문화사회로 변모하고 있는 한국에서는 개인
이 소속된 특정 집단이나 공동체뿐 아니라 사회 전반에 걸쳐서 당연
히 인식되어져야 할 과제처럼 받아들여지고 있다. 보편 상식선의 인
식과 이성적인 분석과 더불어 그 이면의 현실적인 실존적 측면 그리
고 개인과 사회의 사적영역과 공적 영역에서의 다양한 문화적 혼재
와 공존은 이미 원점으로 되돌리기엔 너무 많은 복잡하게 얽힌 상황
이 지금도 나타나고 있다. 단순하게 문화적 동일화의 논리가 다양한
소수집단의 정체성과 개인의 자유와 문화적 주체로서의 자아 정체성
을 무시하거나 위협해서는 안 되며 이것은 또 다른 문화적 폭력이라
고 볼 수 있다.

다문화주의를 문화적 다수집단이 소수집단을 동등한 가치를 가진
집단으로 인정하는 '인정의 정치학(politics of recognition)'이라고 정
의한 캐나다의 철학자 찰스 테일러(Charles Taylor)는 인정의 대비되
는 개념인 "불인정(nonrecognition), 또는 오(誤)인정(misrecognition)은
그 인정의 대상이 되는 다른 사람에게 상처주고 억압하며 허위의식
에 빠지게 함으로써 그 사람의 존재적 양식을 변형시킨다"는 것이다.

또한 다문화주의와 비슷한 개념으로 혼란을 유발하는 '문화적 다
원주의(cultural pluralism)'가 있는데, 이것은 다양한 집단이 고유의 특
유문화를 유지하면서 하나의 전체 사회에 참여하는 것을 말한다. 문
화적 다원주의는 단지 여러 집단들이 같이 공존하는 것뿐 아니라 지
배적인 다수자 문화집단 내에서도 다른 집단의 문화를 보존하고 유
지할 가치가 있다고 간주하는 것이다(정상준, 1995). 특히 오늘날의
다문화주의는 국가나 인종, 민족 등의 거시적인 차원에만 국한되는
것이 아니라 사회 내의 소외계층이나 소수인종, 또는 세대 간 갈등과

성 역할(gender) 차이 등의 미시적 문제를 포함하는 매우 광범위한 주제이다. 다문화주의 특성인 문화적 다양성을 인정하면서 전체 사회를 이룬다고 하여도 그 다양성을 어느 정도까지 인정할 것인가에 따라서 다문화주의의 유형은 그 정의만큼이나 다양하게 분류될 수 있다.

다문화주의를 분류하여 해석하는 방법은 그 나라가 우선적으로 시행하는 정책적인 면에서 그 방향을 달리하는 데 동화주의 모델을 구현하고 있는 일본의 경우, 다문화학자인 세끼네마사미(關根政美)는 다문화주의 유형을 세 가지로 나누고 있다. 그것은 자유주의적 다문화주의(liberal multiculturalism), 공동체주의적 다문화주의(corporate multiculturalism), 급진적다문화주의(radical multiculturalsim)이다.

이것을 표로 나누어 특징을 살펴보면 다음과 같다.

〈표 1〉 (關根政美)의 다문화주의 유형

분류	특징
자유주의적 다문화주의	사회통합을 위한 문화적 다양성을 허용, 민족(ethnic) 집단의 존재를 인정, 시민생활과 공적 생활은 주류사회의 문화, 언어, 사회관습을 따라야 함
공동체주의적 다문화주의	다양성의 승인을 더 보장, 차별을 금지할 뿐 아니라 소수자의 불이익을 인정하여 이들의 사회참여를 적극적으로 재정적, 법적으로 지원하여 그래야 결과적으로 평등성을 지닌다고 주장
급진적 다문화주의	소수 집단의 "자발적 결정(self-determination)"의 원칙을 세워 문화적 공존에 그치지 않고 소수민족 그들만의 집단의 공동체가 강한 결속력과 그에 따른 표출을 택함

정치학자인 킴리카(Will Kymlicka)는 다문화주의의 철학적 기초로 차이의 중요성을 강조하고 보편성에 대한 강조는 차이를 억압하는 경향이 있으며 개인 혹은 집단의 독특한 정체성을 인정해야 한다는 것이다. 킴리카는 이러한 시각에서 다문화주의를 바라본다고 할 수 있는

데 그는 집단 간의 차이에 따른 특별한 권리를 부여할 때, 전체적으로 정치사회 내의 평등을 달성할 수 있다고 주장한다. 즉, 킴리카의 다문화주의는 한 정치사회 내에 존재하는 소수민족(national minorities)이나 인종문화집단(ethnic group)에 특별히 차별적인 권리를 부여하는 것을 말한다. 그는 자유주의 정치이론이 개인들에게 평등한 자유와 권리를 부여하는 공통적 시민권에 기반하고 있다면, 다문화주의는 소수민족이나 인종문화집단에 초점을 맞춘 집단적·차별적 권리를 주장한다.

또한 킴리카(2001)에 따르면, 자유주의 입장에서 인간의 개인적 자율성에 기반을 한 특정한 좋은 삶이 정당화될 수 있으려면 진정한 자유가 있어야 되며 그것을 결정짓는 것이 문화라는 것이다. 한 사회의 소수자들도 자신의 문화를 통하여 자유의지를 가진 존재가 될 수 있고, 그런 개인들의 참여를 통한 시민의 능동성을 발휘할 수 있다고 믿는 것이다. 그에 의하면, 다문화주의는 한 국가 내에서 다양한 소수자들의 문화를 존중하고자 하는 목적을 가지고 있고, 다민족, 다문화 사회의 통합에 있어 동화주의는 유효하지 않고, 오히려 민족분쟁의 원인이 된다고 하는 인식에 서 있다.

이는 "각 인종·민족의 전통적 문화, 언어, 생활습관을 중앙정부가 적극적으로 보호, 유지하기 위해 공적원조를 하는 것과 더불어, 인종차별금지, 적극적 차별시정 조치를 도입하여 각 집단 내의 불만의 축적을 예방하고자 하는 것이다. 우리가 인종과 종족의 평등에 대해 말할 때 동등한 자존감과 동등한 존중감을 호소하고 있다"고 하면서 다문화주의에서 사람들의 정체성이 존중되는 정치적 맥락에서의 중요성을 설명했다. 즉, 시민권을 가진 특정 구성원들이나 또는 통합과 관련하여 흡수된 모든 구성원들에게 동등한 자존감과 동등하게 대접받아야 되는 원리를 주장한다. 그가 다문화주의에서 말하는 문화는 주로 사회적 문화라는 관점으로 킴리카는 이주민의 문화적 차이를 인정하고 문화적 소속감을 개인의 자율성을 구성하는 요소로 인정한다. 그 핵심은 자유로운 사회에서 한 개인을 다른 문화로 동화시키는 데 어려움을 인정하고 문화적 유산의 구성적 차원을 중시하여, 소수자의 문화를 다수 구성원의 문화로 동화시키는 데 반대하고 소수자 사회의 문화를 보존할 권리를 강조하는 논리이다. 그는 민족적 정체성을 강하게 포용하고 동일시해야 한다고 본다.

그러나 킴리카는 한 영토 안에 오랫동안 거주한 소수민족이 아닌, 자발적으로 이주해온 이민민족 집단은 기존 문화에 자발적으로 통합시킬 의무가 있다고 주장한다(Will Kymlica, 1995). 따라서 킴리카의 주장에 의하면 문화적 정체성의 선택을 권리의 측면에서 접근함으로써 그러한 정체성을 유지하고자 하는 소수자는 자기 문화를 강하게 유지시킬 수 있고. 이민자는 이민의 선택으로 인해 포괄적으로 문화적 정체성의 받아들임 또한 선택한 것으로 보아야 한다는 것이다.

그러나 이러한 논리는 경계지대에서 문화적 정체성의 영역을 수시로 이동할 수 있는 가능성을 제거한다는 한계를 지닌다.[2] 그에 따르면 다문화주의가 주장하는 소수집단의 보호와 지원은 이러한 사회적인 문화에 대한 지원을 말하며, 따라서 문화의 개별적 차원인 개인은 자신이 속한 사회적 문화와의 연결에서 자유로운 선택적 사항을 통해 삶의 의미를 찾는 행동양식을 제공받을 수 있기 때문에, 집단과 개인은 서로 대립하지 않고 병존할 수 있으며 나아가 개인의 선택적

---

2) 「다문화주의에 대한 이론적 논의」, 2010. 이용재.

자유가 오히려 실제적으로 증진될 수 있다고 강조한다. 사회적 문화라는 것은 "공적, 사적 영역에서 사회, 교육, 종교, 여가 및 경제활동 등 인간행동의 모든 분야에서 구성원들에게 의미 있는 삶의 양식을 제공해주는 것이며 사회적 문화는 언어의 공유와 국토적 지리영역의 집중됨에 근거를 둔다"고 주장한다.

킴리카(Will Kimlicka)는 '사회적 문화(societal culture)'3)로의 통합을 증진시키고자 하는 국민 형성의 과정에는 이로부터 불이익을 받는 사회적 소수자에게 4가지의 경우를 강요한다고 본다.

첫째, 그들 주변에 대규모 이민을 받아줄 만한 경제적으로 발전되고 우호적인 국가가 있는 경우 이들 국가로 이민하는 경우, 그리고 좀 더 공정하고 나은 통합의 조건을 협상하면서 주류 문화에의 통합을 받아들이는 경우, 자신들의 사회적 문화를 유지하는 데 필요한 권력 추구의 자치적 집단, 마지막으로 사회의 주변부에서 단지 간섭받지 않기를 바라면서 영구적인 한계성(marginalization)를 받아들이는 경우의 네 가지 선택에 직면하여 각각의 소수민족이나 인종집단은 상이한 대응방식을 취한다는 것이다.

하지만 오늘날의 다문화주의는 캐나다의 철학자 찰스 테일러(Charles Taylor)가 주장한 '인정의 정치이론(Multiculturalism and The Politics of Recognition)'4)을 대폭 수용하면서, 대체로 한 사회 내 다양한 인종이

---

3) 사회적 문화란 영토적으로 집중된 문화, 광범위한 사회적 제도에서 사용되는 공통의 언어를 말한다. 사회적 문화는 근대 자유민주주의국가에서 시민 개개인의 자유와 권리의 보장에 따른 필연적인 결과로서 발생하는 문화적 다양성을 언어적·제도적 결속을 통해 제한하고 균형 잡는 역할을 한다. Will Kimlicka, Contemporary Political Philosophy: An Introduction, Second Ed, New York: Oxford Univ. Press, 2002, pp.346-362.

4) Charles Taylor, *Multiculturalism and The Politics of Recognition*, Princeton University Press, 1992.

나 민족 집단들의 문화를 단일한 문화로 동화시키지 않고 서로 인정하고 존중하면서 공존하게끔 하는데, 공동체주의자 테일러는 정치는 보편적인 정치와 차이를 강조하는 정치로 구별하면서 차이의 정치는 '개인 혹은 집단의 독특한 정체성, 다른 누구와도 구분되는 그들이 독특성'을 승인하고 인정해주는 정치학으로 지금까지 무시되었고, 간과되었으며 지배적 혹은 다수의 정체성에 동화되었던 독특성(originality)을 인정하고자 한다(Taylor, 1998). 테일러가 인정의 정치학에서 강조하고자 하는 것은 "현실적으로 존재하는 모든 문화들이 동등하게 존중받고 평등하게 가치를 판단해야 한다"는 것이다. 이것은 어떤 문화가 위대한 문화로 발전가능성이 있기 때문에 존중받아야 한다는 의미가 아니라 지금 현재 존재하는 모든 문화가 그 자체로 동등한 가치를 가지고 있기 때문에 존중받아야 함을 의미한다.

그런데 모든 문화가 그처럼 동등하게 존중받아야 되는 근거는 어디서 나온 것인지의 의문에 대하여 테일러는 명확한 근거를 제시하지 못하고 있지만(그래서 그런 전제가 의심스럽고 위험스러울 수 있다는 것을 인정하지만) 그 전제가 다른 문화에 대한 편견과 적개심이 내재된 규범들로 우리가 다른 문화를 부정하고 억압하며 제거하려 함을 막아줄 수 있다는 이유로 그 전제를 요청한다고 했다(Taylor, 1994: 67−68).

인도 출신의 정치 사상가인 비쿠 파레크(Bhikhu Parekh)는 "킴리카가 자유주의적 문화를 일종의 문화초월적인 규범문화로 간주하기 때문에 결과적으로 모든 소수문화는 근본적으로 자유주의 문화로 변화해야 된다"고 하면서 "개인은 수많은 다른 방식으로 그들이 문화와 관계한다. (중략) 자기 충족적(self contained) 근거에 따라 자율적으로 표출되었다는 문화 초월적인 규범들보다 더 자신들의 문화의 중점 가치와 원리에 따라서 그렇게 행동한다. 킴리카는 문화에 관계하는 여러 가지 방식들을 제대로 설명하지 못하며, 보편적인 모델에 따라 그저 자유주의적 주장들을 제안한다. 그는 아메리카 인디언들, 이누이트(Innuit)족[5] 그리고 정통 유대인들과 사람들이 자유주의가 그의 문화와 관련 맺는 것과 동일한 방식으로 그들이 문화를 바라보고 또 그것과 관계를 맺기를 기대하며 또한 그들이 훌륭한 자유주의자로서 행동하는 한도 내에서만 그들을 지지한다(Parekh, 2000: 107)"고 했다. 결국 파레크는 킴리카의 이론이 '진정한 다름'에 따른 소수 문화의 존중성이 아니라고 그를 비판한다.

더 나아가 김비환[6]은 "킴리카의 다문화주의가 다분히 제국적인 함의가 있으며 자유주의 사회를 이상화시키고 비자유주의적인 문화들은 완전히 자유주의적인 사회로 변환될 필요성을 강조"한다고 역설했다(김비환, 1996: 219). 한편 호주 다문화 전문가인 잉글리스(Christine Inglis)는 다문화주의를 그 목적이 있는 이념체계와 그것을 실현하고자 하는 정부 정책과 프로그램을 지칭하면서 인종, 민족, 문화적으로 다원화된 인구학적 현상으로 보는 '인구-기술적 (demographic- descriptive)' 관점, 사회문화적 다양성을 긍정적으로 가치 있게 여기고 존중하려는 사회적 이념으로 '이념-규범적(ideological-normative)' 관점, 사회문화적 다양성을 보호하고 인종, 민족, 국적에 따른 차별과 배제 없이 모든 개인이 평등한 기회를 접할 수 있도록 보장하는 정부의 정책과 프

---

5) 그린란드 · 캐나다 · 알래스카 · 시베리아 등 북극해 연안에 주로 사는 어로 · 수렵인종. 주로 에스키모라고 하는데 이 명칭은 캐나다 인디언이 '날고기를 먹는 인간'이라는 뜻으로 이름을 붙임.

6) 김비환. 성균관대 교수 '정치통합'이란 측면에서 기존 다문화주의의 연구들을 비판.

로그램인 '프로그램－정책적(programme-political)' 관점으로 분류하고 있다.

그 외에도 정부 개입 관련 입장에 따라 다문화주의는 문화상대주의를 넘어선 다름을 서로 인정하지만 차이를 낭만화, 절대화시키는 것도 아닌 차이를 존중하고 소통과 이해를 중시하며 일반적인 상대주의를 거부하는 '비판적 다문화주의(critical multiculturalism)'와 '관대한 다문화주의(benignmulticulturalism)'로도 분류한다.

한편, '다문화'란 용어는 다국적 기업들의 경제논리에 따른 '세계화(Globalization 또는 Mondialisation)' 정책이 일반화되면서 야기된 값싼 노동력의 이동과 더불어 보편화되었다는 점 역시 간과해서는 안 될 것이다. 도덕의 입장에서는 다문화주의는 근대성이 성취한 보편적인 원리, 즉 자유와 평등의 원리를 지금까지 국민－국가에 의해 누리지 못한 소수집단들에게까지 확대하고자 하는 '정의의 문제'가 된다. 이때 정의는 주로 절차적 정당성에 기반한다. 반면 윤리의 입장에서 다문화주의는 자기 문화공동체에서 자기를 실현하는 삶을 '선한 삶'이라고 보고, 기존의 국민－국가에 의해 이런 선한 삶을 누리는 걸 방해받아온 소수집단들에게까지 확대하고자 하는 '자기실현의 문제'가 된다. 도덕의 범위는 보편적이어서, 자기 고유의 가치가 무엇이든 모든 개인과 집단은 이를 따라야만 한다.

반면 윤리의 범위는 제한적이어서, 개인은 자신이 속한 문화집단 안에서 특유의 인정을 추구한다. 자유주의적 다문화주의는 사적 영역에서의 문화적 다양성을 보호하고 장려지만, 공적 생활에서는 이를 인정하지 않는다. 또한 자유주의적 다문화주의 입장이 다문화주의적 요구가 정치적 자결권 운동으로 확대되는 것에 대한 예방책으로 사용되기도 한다. 이에 공적 생활에서는 보편주의적, 근대시민적, 합리적인 가치와 규범, 기본적 인권 등을 준수할 것이 강조된다. 즉, 공적 생활에서는 가치관, 자유, 평등, 개인주의, 능력주의, 신앙의 자유 등이 중시되고, 인종차별은 적극적으로 금지되고 처벌된다.

동화주의나 다문화주의 모두 공식적인 차원에서 민주주의, 법치주의, 양성평등 등 보편적이고 타협할 수 없는 핵심적인 가치를 전제로 하면서 국제이주민들을 자국의 정치경제 사회체제 내로 통합하는 것을 목적으로 한다는 점에서 동일하나 경로 또는 방법에서 차이가 난다. 즉, 동화주의는 적어도 공적인 영역에서는 국제이주민이 현재 살고 있는 이민 수용국의 지배적인 가치관과 권리체계 그리고 문화적인 실천을 그대로 수용할 것을 요구하지만 다문화주의는 공적인 영역에서도 국제이주민이 모국의 가치관과 문화적인 실천을 그대로 유지하도록 허용하거나 보다 적극적인 경우 이민 수용국의 정부 등 공공기관이 국제이주민의 노동 시장진입 등을 돕기 위해 차별 시정 조치를 도입하기도 하고 이들의 언어와 문화를 보존하고 발전시킬 수 있도록 제도적으로 또는 재정적으로 지원하기도 한다. 이런 점에서 볼 때 전자에서는 사회통합의 책임이 주로 국제이주민에게 있는 반면, 후자에서는 그 책임이 주로 수용국의 정부와 국민에게 주어진다고 할 수 있다.

현실적으로 존재하는 모든 문화들이 동등하게 존중받고 평등하게 가치
를 판단해야 한다.

03

문화상대주의

서로 다른 지역에서 한 시대를 공유하는 지구촌 인류가 서로에게 보편적인 사랑과 책임감을 갖고, 어떤 사람에게나 존재하는 자연적인 욕구와 권리를 존중한다면, 문화상대주의를 지키면서도 휴머니즘을 실현할 수 있을 것이다.

# 제1장 문화의 초월 · 경계를 넘어서

Ⅰ. 문화의 혼종성

현대사회의 세계화 전개에 따라 문화의 탈지역적이고 탈속지적인 융합이 문화의 혼종성(Cultural Hybridity)이라고 보면 이것은 다른 문화들의 존재를 이미 전제하는 것이다. 왜냐하면 '혼종성'에 대한 논의는 성격이 다른 문화들이 존재하고 또 그것들이 서로 섞인다는 전제 하에 가능한 것이기 때문이다. 이러한 문화혼종성을 인식하는 문화이론가들(Pieters, Kraidy, Iwabuchi, Papastergiadis, Tomlinson, Bakhtin)은, 서구문화가 일방적으로 주변부 사회로 흐르고 확장한다는 확산이론이나 문화제국주의론을 거부하고 지구적 차원에서 지역문화들과 세계문화들이 만나고 무국적의 새로운 문화들이 만들어진다고 주장한다. 중심부와 중심부, 중심부와 주변부 혹은 주변부와 주변부 문화들이 만나고 섞이면서 만들어지는 새로운 문화산물이나 문화실천의 성격은 이들이 서로 만나기 전의 문화정체성을 해체시키면서 동시에 서로 혼종되어 형성된다고 보았다(방정배, 2006).

이에 따라 글로벌 사회에서는 혼종성의 가치가 부정되는 것이 아니라 오히려 추구되거나 긍정적인 것으로 인식될 것이다. 예를 들어,

우리는 그동안 잡종성이나 혼혈성에 대해 순수하지 못하고 나쁘다는 편향된 사고를 체질화했고 제도권에서 그대로 사용하여 혼혈청년의 군대징집조차 거부했던 적이 있는데, 문화의 혼종성은 결국 이러한 단일하고 획일화된 관념체계나 현실에 맞서는 것이기도 하다. 혼종문화를 얘기할 때 부딪히는 또 다른 벽은, 문화의 혼종화로 인해 더욱 촉진될 우려가 있는 동반하는 욕망의 긍정성은 자본의 자기가치 증식과 직결되기도 한다. 혼종화가 그 효과로 차이의 전략을 만든다 하더라도, 그것은 끊임없이 이산하는 초국적 자본에게로 결국 재영토화되기 마련이다. 단적으로 일국의 정부는 물론, 초국적 자본마저도 탈중심화와 혼종성을 곧잘 긍정적인 것으로 여긴다. 지배질서 역시 다중(multitude)의 욕망과 문화의 혼종성을 긍정적으로 해석하곤 하는 것이다.

그렇다면 혼종성을 의제로 삼는 탈식민주의는 묘한 딜레마에 부딪힌 셈이다. 자신의 주장이 거대한 자본-기계, 화폐-기계에 일치하고 있기 때문이다. 신자유주의와 세계화로 대변되는 제국적 흐름에서는 분명 제국주의와는 다른, 탈근대주의와 탈식민주의를 아우르는 힘이 존재한다. 이것을 인정하지 않는다면 탈식민주의 역시 화폐-기계에 예속된 담론에 불과할 뿐이다. 혼종성, 이동성, 다양성 등은 '세계 시장 이데올로기'의 구미를 당기는 잔칫상이기도 하기 때문이다.

다시 말하면 혼종문화가 지니는 양면성에 눈을 떠야 한다. 혼종성을 추진하려고 해도 일차적으로는 기존의 민족주의 담론을 넘어서야 하는 과제가 있고, 혹 민족을 넘어 혼종을 긍정하게 되더라도 신자유주의와 제국적인 흐름 앞에서 무기력해질 수 있기 때문이다.[1]

가르시아 칸클리니(García Canclini)의 『혼종문화』[2]에서 그는 1980

년대 신자유주의와 북미자유무역협정으로 요동친 라틴아메리카의 시대적 현실을 반영하고 그 시대적 현실에 개입하고 있음을 보여주고, 동아시아가 1990년대 중반까지 급속한 발전에 도취되어 서구적 포스트모더니즘의 환상에 사로잡혀 있던 동안, 라틴아메리카의 지식인들은 권리주의 이후의 시대, 즉 민주화 이후 신자유주의의 혹독한 시련을 겪으면서 자신들의 현실을 보다 냉정히 바라보기 시작했음을 인식케 한다.

가르시아 칸클리니(García Canclini)는 그의 삶을 보여주는 유명한 저서 『혼종문화(Culturas híbridas)』(1989)에서부터 시작하여 『소비자와 시민(Consumidores y ciudadanos)』(1995)을 거쳐 『상상된 세계화(La globalización imaginada)』(1999)에 이르기까지 세 가지 면에서 일관성을 이루고 있다.

첫째, 근대성의 의미와 가치가 불확실한 것은 국민, 종족, 계급의 차이 때문이며, 또한 사회문화적 분야는 전통적인 것과 근대적인 것이 혼재해 있기 때문이다.

둘째, 라틴아메리카 근대화는 외부로부터 강제된 힘에 의해 전통과 고유성이 근대적인 것으로 대체되는 과정이 아니라, '다양한 시간적 이질성(hétérogénéité multitemporaire)'의 관점에서 현실을 새롭게 혁신하려는 시도이다.

---

1) 김성윤, 「잡종문화와 민족문화의 사이에서」, 『중앙대학교 대학원 신문』 173호, 서울문화이론연구소.

2) 저서 『혼종문화』(1989)는 1990년대 라틴아메리카 문화연구를 대표하는 저작 가운데 하나이다. 파리 대학에서 철학 박사학위를 받고, 1976년까지 아르헨티나에서 활동하다가 지금은 멕시코 메트로폴리탄 자치대학에서 가르치고 있는 칸클리니의 문화 횡단적 삶이 이 책에서 광범위한 내용 속에 그대로 담겨 있다.

셋째, 문화적 이질성의 연구는 문화정치의 영역으로 확장될 수 있음을 강조했다. 즉, 혼종화(hibridación)는 자유주의적 제도, 권위주의적 아비투스(Habitus), 민주적 사회운동 사이에 작용하는 횡단적인 힘을 설명할 수 있는 것이라고 했다.

이러한 인식에서 지식인들의 시선을 사로잡은 이론적 쟁점 중의 하나가 바로 라틴아메리카의 '근대성'을 둘러싼 쟁점이었다. 그들에게 신자유주의는 라틴아메리카의 현실 속에서 다시 한 번 점진적이고 진화론적인 '발전'에 근거한 근대성이 환상임을 깨닫게 해주었으며, 그들은 라틴아메리카의 근대성이 전근대의 미몽에서 벗어나기 위해 지금도 진행되어야 하는 '미완의 기획'이 아니라 '필연적으로 미완일 수밖에 없는 기획'임을 인식한다. 그리하여 상당수 지식인과 문화연구자는 전통과 근대성, 근대성과 탈근대성 간의 단절을 전제하는 서구적 근대성을 비판하고 라틴아메리카 현실을 전근대적 계기, 근대적 계기, 탈근대적 계기가 동시적으로 작동하는 뒤섞이고 혼종적인 근대성을 주장하기 시작한다.

칸클리니의 혼종문화가 갖는 특이한 것은 그것이 인종에 기반을 둔 혼종문화론과 거리를 두면서 문화의 혼종과 잡종의 과정을 살피고자 한 점이다. 이 점은 혼종문화를 보다 역동적으로 인식하기 위한 칸클리니의 고민을 반영한 중요한 성과이면서 동시에 라틴아메리카에서 매우 중요한 문제였고 향후 보다 더 첨예해질 문제인 인종과 그와 관련된 원주민운동의 문제를 간과하는 한계가 된다.

일부 학자들이 미래의 문화를 보는 관점이 셋으로 나누어지는데, 문화접촉이 증가함에 따라 문화 간의 차이에 대한 인식이 강화되고 나아가 문화 간 갈등이 증폭되어 결국에는 서로 충돌하게 될 것이라는 전망과, 둘째는 초국적 기업의 전 지구적 활동을 지적하며, 문화 간의 차이가 줄어들고 동질화가 빠르게 진행되어 하나의 보편적인 문화로 통합되리라고 보는 시각이다. 셋째는 그래서 문화의 혼종화가 가속화될 것이라는 전망이다. 원래 생물학에서 유래된 혼종이라는 용어는 제국주의 팽창에 따른 인종 간의 섞임, 즉 혼혈에 대한 두려움을 동반한 단어로 출발했다. 유럽인이 아시아인이나 아프리카인보다 우수할 것이라는 식민지배 논리가 팽배했던 19세기는 혼혈인은 열등한 인종보다 더 무시되던 시기였다. 서양의 제국주의가 한창이던 이때가 겉으로 보기에 인본주의를 기반으로 한 계몽의 시대였지만 내면적으로는 혈통에 따른 정치사회적 차이가 뚜렷했던 것도 바로 이 때문이다.

사실 혼종이라는 현상 자체는 이전에도 늘 존재해왔다. 아프리카, 유럽, 아시아의 교류가 빈번했던 지중해 지역에서 일어난 고대 그리스 문명, 유럽인의 아메리카 대륙으로 이동 등은 다양한 면에서 혼종 현상의 예가 된다. 개별적인 형식으로 존재했던 분리된 구조나 행위가 뒤섞여 새로운 구조나 행위를 창조하는 사회문화적 과정을 혼종화라고 한다면, 혼종은 특정한 역사적 시대나 배경에만 나타나는 현상이 아니라 모든 문화의 지속적인 흐름으로 보인다. 융합이나 혼합이 없이 일방적인 단일한 문화나 인간의 행동양식은 세상에 존재할 수 없기 때문이다.

역사적으로 오랜 시간 단일한 문화인 것으로 인식되어온 문화도 그 속에 섞여 내재되어 있는 다른 문화요소들의 변별적인 구별이나 삭제의 필요를 인식하지 못하게 된 것일 뿐이다. 예를 들면 미국 내

히스패닉 공동체에서 시작하여 인터넷을 통해 확장되었고 심지어는 미국의 한 대학에 강좌가 개설되기도 한 스팽글리시(Spanglish)를 공식적으로 용인해야 하는가에 대한 찬반의 논란도 이런 시각에서 이해할 수 있다.

그러나 정도의 차이가 있을 뿐, 특정한 개별적인 언어 역시 결과적으로는 어떤 경로이건 혼종의 결과임을 부인할 수 없다. 모든 문화는 끊임없이 횡단의 종합적이고 복잡한 과정을 거쳐왔고 지금 현재도 진행되고 있는 것이다. 이처럼 혼종은 문화 전반에 이미 존재해왔으나 혼종성이라는 개념으로 문화를 이해하게 된 것은 비교적 최근의 일이다. 혼종성의 개념은 정체성, 차이, 불평등과 같은 주제들이나 전통과 근대, 빈국과 부국, 지역과 세계 같은 대립구도에 대한 이해를 근본적으로 변화시켰다. 혼종성은 문화 주체의 복합적 정체성을 보여줌으로써 '우리 대 그들'이라는 익숙한 이분법적 사고방식을 넘어 새로운 문화공동체를 이끌어내기 위한 실천적 개념으로 매우 유용하다. 상이한 문화의 갈등 없는 공존이라는 이상(理想)을 지향하는 다문화주의와는 달리, 혼종성 담론은 상이한 문화의 혼합을 통해 제3의 새로운 문화를 창출해가는 데에 높은 가치를 둔다.

그런데 이처럼 이질적인 요소들이 혼합되어 나타난 결과물들이 항상 긍정적이라고 말할 수 있을까? 이종교배를 통해 식물의 번식력과 저항력을 높여 영양가와 경제적 효율성을 증대시킬 수 있다는 긍정적 측면을 강조하는 의견이 있는 반면, 말과 당나귀의 잡종인 노새의 경우 힘은 좋아지지만 생식이 불가능해진다는 예를 들어 혼종의 부정적인 측면을 지적하는 의견도 있다. 혼종성이 인종적 우월주의의 기반인 본질주의를 해체하는 힘을 지니는 것은 사실이지만, 특정한 역사적 상황에서는 오히려 인종적 순수성이 현실적으로 사람들에게 소속감이나 자존심을 부여하는 무시할 수 없는 이데올로기적 기능을 수행할 수 있다는 점도 고려되어야 할 것이다.

문화집단 간의 현실적 힘이 비대칭적일 경우 이들 사이의 혼합으로 생산된 문화 산물은 해석과 소통의 수단을 독점하는 지배적 문화집단의 가치를 일방적으로 대변하게 될 가능성이 높다. 전 지구적 영향력을 지니는 할리우드 대중문화가 문화상품 시장의 확장과 포섭이라는 전략에 의해 특정한 지역문화를 빌려서 혼종을 만들어내는 경우, 이를 반드시 긍정적으로 받아들이기는 어려울 것이다.

혼종에 대한 이러한 입장 차이에도 불구하고, 문화와 문화를 잇는 각종 움직임이 비약적으로 발전을 이룬 오늘날 혼종화는 문화영역 전반에서 한층 다채롭고 빠르게 진행되고 있다. 이렇게 진행되고 있는 혼종현상을 제대로 분석하고 특정한 맥락과 권력관계에 따른 문화적 경계를 넘어서기 위해 혼종성에 대한 더욱 깊고 섬세한 논의가 요청된다.

1. 트랜스문화(Transculture)

우리는 현재 상상을 뛰어넘는 속도로 모든 것이 변화되고 뒤섞이고 융합하는 '크로스오버' 또는 '하이브리드' 시대에 살고 있다. 단일문화에서 벗어나 다문화사회로 진입했으며 문화는 서로의 경계를 넘어 타문화와 혼합하게 되었다. 경계해체와 혼합은 보다 더 강하고 긍정적인 '하이브리드 변종'을 탄생시켰으며, 그러한 현상은 오늘날 정치, 사회, 문화 전반에 걸쳐 광범위하게 일어나고 있다. 경계해체는 또한 과학에서도 기계와 인간의 이상적 합일과 크로스오버를 시도하는 '트랜스휴머니즘'이 생겨났고, 이런 변화는 문학의 분야에서 비주얼 노블은 문학의 전통적 경계를 넘어섰고, 트랜스내셔널리즘은 국가의 경계를 넘어서는 문학을 탄생시켰다.

'트랜스문화(Transculture)' 용어의 접두사 'trans-'는 무엇을 넘어서거나 초월한다는 의미를 지닌다. 따라서 '트랜스문화'는 민족, 언어, 인종, 사회계층 등에 의하여 다양하게 구분된 문화의 경계를 가로지르며 발전하는 새로운 형태의 문화를 지칭한다.

한편, '트랜스문화작용(Transculturation)'이란 용어는 쿠바의 인류학자 페르난도 오르티즈(Fernando Ortiz)가 1940년대에 처음 사용하기 시작한 것이다. 이 개념은 쿠바의 인류학자 페르난도 오르티즈에 의해 담배와 설탕 생산이 쿠바에 끼치는 사회적·문화적 영향에 대한 분석으로부터 만들어졌다. 그는 이것을 『쿠바식 대위법―담배와 설탕』에서 사용하였다. 1940년에 스페인어로 처음 출간된 이 책은 1947년 브로니슬로프 말리노프스키(Bronislaw Malinowski)가 쓴 서문과 함께 영어로 번역되었다.

오리티즈는 "담배와 설탕은 쿠바 역사상 가장 중요한 두 가지 상징들이다"고 말한다. 이것들이 쿠바의 역사를 만들어왔던 것이며 설탕의 생산은 제국주의적 현상, 즉 농장노예제도가 이 섬을 관통하는 형태이기도 하다.

반면에 담배는 원래 토착적이고 지역적이며, '소규모 자작농을 형성한' 것이었다. 오르티즈에 따르면 각자는 '언제나 대조적으로!' 특정작물과 그 특징들을 지닌 채 '토지, 기계, 노동, 화폐'의 특수한 결합으로부터 나온다. 그렇다면 이것은 쿠바의 문화횡단 과정과 관련된 작업(노동의 형태, 사회적 관계, 잉여의 전유)의 일종이다. 그러나 두 작물의 생산과정에서 나타나는 근본적인 차이들은 그것들이 대량산업(담배 생산에 특히 중요한 것은 대중적 사치품으로 부상한 것이다)과 금융 자본에 종속됨에 따라서 차츰 사라졌다는 것이다.

설탕처럼 담배도 (오르티즈의 유감처럼) 외국의 통제 아래 놓인다. 즉, 여기서 문화횡단 개념은 국제경제 내의 종속에 대한 더 첨예한 인식과 함께, 하지만 또한 근대성 비판의 형태와 민족적·국민적 상실이라는 쓰라린 의식 속에서 회고적으로 나타난다. 이는 다시 문화횡단 속에 이루어진 다른 종류의 작업, 그것의 상징적 작업을 상기시킨다. 그러나 오르티즈가 말한 것처럼 담배와 설탕이 아무리 서로 다르더라도 각각은 '자신의 완벽한 유용성뿐만 아니라 동시에 그 깨지지 않은 연속성을 제공'한다. 여기서 양자에 공통된 문화적 중요성이 나온다. 하지만 각 작물은 피부색(즉, 인종적)과 젠더로 코드화된다. "만일 담배가 남성이라면, 설탕은 여성이다(p.319~320)."

본래 식민시대의 지배문화와 피지배문화 사이에서 발생하는 문화교류작용의 저항성을 연구하기 위한 개념으로 사용되기 시작한 이 용어는 오늘날 "영토적 속지성의 영향을 완전히 벗어난 문화적 변형(des transformations culturelles pleinement dégagées de tout impératif de territorialité, Pascal Gin)", "트랜스문화작용의 인식론적 변천(Transits Epistémologiques de la Transculturation)"[3]의 개념으로 사용된다. 사전적 의미로 'transculturation'은 '하나의 확립된 문화 속으로 외국의 요

---

3) Canada and the Americas: Multidisciplinary Perspectives on Transculturality, Antares Publishing house of Spanish Culture, York University, Toronto, 2008, p.27.

소들이 유입되는 것(the introduction of foreign elements into an established culture)'을 의미한다.

따라서 민족, 성별, 종교, 사회계층 등에 의해 다양하게 구분된 문화의 경계선을 가로질러 발전하는 트랜스문화의 이동성과 변질성은 '우리와 저들'이라는 이분법적 관점으로 문화를 바라볼 필요가 없도록 한다는 점에서, 그리고 문화 간의 갈등과 긴장을 강조하기보다는 그 상호성과 연계성을 부각시킴으로써 궁극적으로 서로 다른 문화 사이에 잠재된 유사성을 찾게 한다는 점에서, 대단히 긍정적인 것이라고 할 수 있다. 그래서 볼프강 벨슈(Wolfgang Welsch)는 단일적이기보다는 복수적이고 혼합적이며 반사적인 가치가 더욱 중요시되는 21세기의 다문화성향을 설명하는 데 있어서 이 초월문화성의 새로운 가치관을 수용해야 한다고 주장한다(W. Wolfgang, 1999).[4]

2. 메타문화(Metaculture)

그레그 어반(Greg Urban)의 저서 『How culture moves through the world』[5]는 서로 다른 문화들이 접촉하면서 새로운 문화적 변형이 일어나는 과정에서 형성되는 하나의 '메타문화(Métaculture)', 즉 일종의 '매개문화(Culture de médiation)'에 대한 연구를 보여준다.

이질적인 존재 사이에서도 인식의 매개지대가 형성될 때, 상생의

---

4) WELSCH Wolfgang, Transculturality: The Puzzling Form of Cultures Today, Spaces of Culture: City, Nation, World, Eds. Mike Featherstone and Scott Lash, 1999, pp.194-213.

5) How culture Moves through the World, 2000, University of Minnesota Press.

조화가 가능하다는 주장은 결국 '차이에 대한 인식론적 접근법(une approche épistémologique sur la différence)'에 대한 연구의 필요성을 강조하는 것이다.

한편 우리의 인식은 시간에 비례해서 향상되지 않는다는 점을 인식할 필요가 있다. 시간이 지날수록 사람들은 서로의 차이를 간과하고, 그걸 절충하면서 서로를 이해하게 되지만 이런 경우엔 더 이상 문제의 궁극적인 해결책을 도출하지 못한다. 그래서 우리는 서로의 차이를 올바르게 인식해야 할 필요성을 강조하고자 한다. 왜냐하면 차이에 대한 올바른 인식이야말로 은연중에 우리를 편견의 지대로 몰고 가는 '관념적 차단막(des blocages idéologiques)'에서 벗어나게 하는 출발점이 될 수 있기 때문이다. 이렇게 서로의 차이를 인정하며 공생하려는 시도는 오늘날 트랜스컬처(Transculture)를 지향하는 다문화주의 철학으로 설명될 수 있을 것이다.

3. 문화의 상호성

'interculture'란 용어는 접두어 'inter-'+'culture'가 결합하여 만들어진 용어이다. 'inter-'는 '~ 사이의' 또는 '상호 간의'라는 의미를 지니므로, 영어의 'intercultural' 또는 프랑스어의 'interculturel'이란 단어는 'international'이나 'interaction'처럼 '상호문화적인' 또는 '상호문화 간의'란 의미를 지닌다. 이 용어는 사회학, 심리학, 교육학, 마케팅, 심지어는 철학에서 '이질적 문화들의 교우(la rencontre de plusieurs cultures)'나 '이질적 문화 사이의 관계'에서 야기되는 현상을 연구할 때 사용된다.

클라네(C. Clanet)의 『인문과학에서의 이질문화 접근에 대한 개론 (Introduction aux approches interculturelles et en sciences humaines)』[6]에서 'interculturel'이란 용어는 서로 주고받음에서의 상호성 개념과 이질적 문화 사이의 관계에서 야기되는 복합성의 관념을 도입하고 있다. 상호문화성의 개념은 프랑스에서 1970년대에 이주자 학생들의 학교 동화와 관련하여 탄생했다. 그리고 프랑스 사회에 존재하는 다양한 문화 사이의 교환작용이 강조되면서, 상호문화성은 서로 다른 문화의 단순한 병렬을 지칭하는 다문화성에 대립되는 개념으로 발전한 것이다.

교육의 상호문화적 접근은 1977, 1982, 1985, 1988년에 스트라스부르(Strasbourg)의 유럽자문회의 문화협력 자문위원회의와 1985년 스위스의 스위스 공립교육 지도자 협회에 의해 권장되었다. 브뤼셀에서는 이미 1977년에 (회원국들에게 집행력을 지니는) 강령을 공표하였는데, 그 강령이란 이주자 학생들이 주당 3시간씩 그들의 조국 문화와 언어를 공식적으로 학습할 수 있는 권리를 인정하는 것이었다. 하지만 현실적으로 이러한 강령의 본래 취지는 상당히 퇴색되어 있는 것으로 조사되었는데, 특히 스위스의 많은 지역에서는 모국어 교육이 거의 사라진 상태이며, 그나마 민속음악과 음식문화만이 겨우 그 명맥을 이어가고 있는 형편이다. 이런 현실로 인하여 '상호문화주의'는 오늘날 '의미가 텅 빈 창고(un fourre-tout vide de sens)'라는 비난을 받기도 한다.

하지만 오늘날 중요한 것은 상호문화성의 개념이 이제 유럽에서는

---

6) C. Clanet, 『인문과학에서의 이질문화 접근에 대한 개론(Introduction aux approches interculturelles et en sciences humaines)』, Toulouse, Presses Universitaires du Mirail, 1993, p.211.

'상부상조(entraide)'와 다국적인 것(les multinationales)의 개념으로 확장되고 있다는 점이다. 그래서 우리와 타인의 관계에 대한 정의가 진정한 상호문화성으로 새롭게 인식되면서, "우리의 고유한 문화는 혼종교배의 역사라는 인식을 갖게 된 것(prendre conscience du métissage historique de notre propre culture)"이며, 이것은 또한 "이 세계화시대에서 우리의 고유한 문화적 지표를 재인식하려는 힘든 노력(une tâche ardue en cette époque de globalisation pour reconnaître nos propres repères culturels)"이기도 하다.[7]

---

7) M. Abdallah-Pretceille, L. Porcher, Diagonales de la communication interculturelle, Anthropos, Paris, 1999.

 # 제2장 문화상대주의

Ⅰ. 다름을 어떻게 이해할 것인가

어떤 특정한 문화가 다른 문화를 접촉하면서 무엇이 어떻게 다르고, 같은지 그리고 그 차이의 근거는 무엇인지 보편타당한 기준은 누구에 의해서 설정되는지를 명확히 설명할 방법은 없다. 이것은 한 인간이 동물과 다른 문화적인 활동을 하는 종(catégorie)으로서 기원은 과거부터 현재까지 지속되는 진행형일 뿐 아니라 오늘날의 정교하고 복잡한 인간의 행동양식은 문화적인 복합성에서 더욱더 한 문화가 보유한 관점의 단순논리로 인식되지 않는 오류가 발생되기 때문이다. 문화의 본질은 세 가지로 요약될 수 있다. 첫째는 인간의 삶은 문화라는 후천적인 프로그램으로 구성된다는 것, 둘째는 그 문화는 시대와 지역에 따라 매우 다양하게 나타난다는 것, 셋째는 다른 문화를 자기의 기준으로만 판단하고 평가해서는 안 된다는 것이다. 바로 그러한 태도와 입장을 가리켜 '문화상대주의'라고 한다. 모든 문화는 존재 가치가 있고, 그것을 제대로 이해하기 위해서는 그 나름의 맥락에서 파악해야 한다는 것이다. 인간을 이해하기 위해 심리학자들이 인간을 사회적 관점에서 인류학을 참고했지만 반면에 인류학자들은 인간의 행동양식에 대한 문화연구를 위해 정신분석학 이론을 참조하였다. 인용하여 사용한 이론 가운데 중점적인 것이 '문화의 이차원'이다. 하나는 객관적으로 확인이 가능하게 볼 수 있고 설명할 수 있는 문화와 서술하기도 힘들거니와 볼 수도 없는 추상적이고 관념적인, 그러나 엄연히 존재하는 문화이다. 문화의 혼재적인 형태를 인류학자 클럭혼(Kluckhohn)은 외재적(explicit) 문화와 내재적(implicit) 문화로 분류하여 설명한다(Edward. Hall, 1959).[8] 바로 이 내재적 문화가 외재적 문화보다 더 문화 간의 오해와 차별을 발생시키고 심한 편견을 고착화시킨다. 오늘날 사회는 작은 단위의 개인으로부터 그 개인이 속한 전체 사회가 다분히 다문화적(multicultural)이다. 또 분과 학문적 사회학에 의해 무시되었던 다문화주의는 가상의 보편주의나 총체성을 향해 의구심에 찬 시선을 던진다. 페미니즘 이론, 젠더 연구, 반인종차별주의, 탈식민성 연구 등이 현실을 포착하는 새로운 지식으로 떠오른 것은 이런 맥락이다. 차이와 다름을 논의할 때 가장 원초적 의문인 나와 다른 '타자'에 대한 개념에 대해 헬렌 조페(Helene Joffe)[9]는 내가 아닌 '타자'라는 현상을 만들어내는 요인은 무엇인지에 대하여 우선적으로 심리학에 근거를 두었는데, 특히 집중한 것이 심리학의 원조라 할 수 있는 프로이트(Sigmund Freud)의 '무의식의 개념(Theory of Unconsciousness)'이다. 그는 여기서 개인의 유아기 발달이나 아닌 타자, 자신은 위험을 피할 수 있으리라는 반응 메커니즘을

---

8) 『침묵의 언어』, 한길사, 2000, 문화인류학 4부작 최효선 역에서 재인용.

9) 현재 UNIVERSITY COLLEGE LONDON 심리학과에 재직 중이며, 위험을 주제로 한 사회심리학적 연구에 전념하고 있다.

형성하는 일차적인 원인임을 지적하고 있다. 그것은 유아와 어머니와의 관계에서 비롯되며, 어머니라는 커다란 보호 장치가 무의식 속에 내재해 있다가 위기가 닥치면 이 보호막이 자신에게 적용될 것이라는 생각이다. 헬렌에 따르면 위험에 직면할 때 안정적인 자아를 보호하기 위해 무의식 위로 다시 끌어올려져, 자신과 타자를 구별하는 대표적 상징이 되는 것이다. 그러나 궁극적으로 보여주고자 하는 것은 내가 아닌 타자라는 대중의 표상을 어떻게 바꿀 수 있으며, 그것은 어떤 이론을 통해 정당화될 수 있는가라는 매우 현실적인 고민이다. 조페가 역설한 '위험과 타인(Risk and the Other)'[10) 이전에 '위험사회(Risikogesellschaft)'에 대한 언급은 이미 뮌헨대 사회학 박사인 울리히 벡(Ulrich Beck)이 설득력 있게 설명하고 있다. 그는 결과에만 집착한 중간의 위험을 무시한 '근대화'를 비판한다. 근대화의 과정은 인류의 의지나 목적과 상관없는 역사를 만들어가는 과정이며 이런 발전은 무성찰, 무반성적인 결과로 근대화가 초래한 위험성을 인류가 인식하게 될 것이고 그리하면, 인류는 더 이상 위험을 감수하지 않는 '반성적인 근대화'로 전환할 것이라는 주장이다.

　헬렌 조페는 현재 내가 불안을 느끼게 하는 위험에 대해서 대중들 스스로는 자신은 위험과 무관하다고 믿으며, 그 위험을 발생케 한 것은 다른 외부의 존재 즉, 내가 아니라고 여기는 반응, 즉 '나 아닌 타자'라는 독특한 반응을 보인다는 사실이다. 위험이 대중들에게 전달되고, 대중들이 그 위험에 대해 반응하는 양식을 집중적으로 조명하고 있다. 최근 전 세계적으로 인간에게 가장 큰 위험 가운데 하나로

---

10) Helene, Joffe(2002), 『위험사회와 타자논리(**Risk and the Other**)』(박종연, 박해광 역), 한울 출판사.

인지되고 있는 AIDS를 예를 들면서 위험에 대한 일반인의 반응을 영국과 남아프리카의 사례로 들어 설명하고 있다. 타자라는 표상이 가지는 권력 작용보다는 이러한 대중적인 표상이 만들어지는 과정, 그리고 그것이 가지는 의미와 기능에 있어서 문제를 돌출하고 정당하지 않은 외부집단과 위험을 결합시키는 것은, 자신은 그 위험에 책임이 없으며 따라서 자신은 위험 자체로부터도 안전할 수 있다는 자아의 안전성을 보호하기 위한 메커니즘에 대해 역설한다. 자아의 안전은 위험의 책임이 타자로 전가됨으로써 보호된다. 이것이 바로 '타자가 비난받아야 한다'는 현상의 핵심이다. 이것을 통해 보여주는 문제의식과 접근방법은 분과 학문의 경계를 넘는, 위험에 대한 학제 간 연구의 한 전형을 보여준다.

1. 윤리적 공동체와 타자

정치적 윤리화 과정에서 발생하는 도덕적 폭력의 문제는 휴머니즘의 논리를 도입함으로써 해결되어야 한다는 주장이 있을 수 있다. 휴머니즘은 정의와 불의 사이의 명백한 대립을 거부하기 때문에 도덕적 폭력의 무자비한 작동을 방지할 수 있다는 것이다. 모든 불의는 트라우마(trauma)를 지닌 희생자들에 의해 생기며 우리가 이 불행한 악인들조차 인간으로 감싸야 한다는 성찰을 절대선의 이름으로 폭력이 자행되는 것을 막는다. 랑시에르(Jacques Ranciere)의 관점에 의하면 9·11테러 이후의 세계상은 인류 공동체의 보호라는 도덕적 당위를 정치에 기입함으로써 확립되었다. 9·11테러는 2001년 9월 11일

습격을 지칭하는 용어에서 벗어나 현존 질서에 대한 불안감을 조장하는 모든 세력이라는 불분명한 용어로 변용된다. 여기서 공동체의 보호라는 당위는 공동체의 사회적 관계를 위협하는 모든 것에 대한 예방적 공격을 정당화한다. 현존 질서를 위협하는 모든 세력이 불행한 현실의 희생자라는 사실부터는 이 예방적 공격을 중단시킬 논리를 결코 도출할 수 없다.

그렇다면 공동체의 보호는 어떻게 모든 것에 최우선하는 도덕적 당위로 자리하게 되는가? 또한 공동체를 보호한다는 것은 어떤 의미인가? 랑시에르 입장에서는 "정치적 인민이란 결코 인구의 총합과 같은 것이 아니다. 그것은 항상 인구와 그것의 부분들에 대한 계산에 대해 덧붙여진 상징화의 한 형태다. 그리고 이 상징화의 형태는 항상 분쟁의 형태다(랑시에르, 2008)." 그러므로 언제나 공동체는 복수의 구성원이 존재한다. 법에 의해 권리를 보장받은 성원, 법이 무시하거나 권리를 인정하지 않는 성원, 새로운 법의 이름으로 권리를 보장받게 될 성원 등 여럿의 구성원이 존재하는 것이다. 따라서 하나의 공동체도 이 여러 성원이 불일치에 따라 변화하며 전혀 다른 방식으로 구성되거나 분배될 수 있다. 공동체의 이러한 현실에 주목할 때 공동체의 보호를 최고의 도덕적 당위로 삼기는 어렵다.

그러나 근대 이후 의회 정치의 합의적 의사결정 모델은 여러 성원을 하나의 구성원으로 환원한다. 합의 모델에서는 여러 사회 구성원의 합의에 따라 하나의 일반적 권리가 형성되고, 그것을 통해 그들이 모두 동일한 권리를 누리게 되므로 그들은 하나의 구성원이라고 가정된다. 그리고 이런 하나의 성원이 하나의 공동체를 구성한다고 간주된다. 공동체의 보호가 최고의 당위가 되는 것은 공동체가 구성원의 합의 또는 일치를 통해 형성된 것이기 때문이다. 오직 하나의 구성원만이 존재하므로 공동체의 유지와 관련된 어떤 정치적 이견 또는 불일치도 존재하지 않는다고 가정되는 공동체를 랑시에르는 '윤리적' 공동체라고 부른다. 이 공동체에서 '소외된 자'가 의미하는 것은 둘 중 하나다. 첫째, 소외된 자는 존재하지 않는다. 이 공동체에서는 이곳에 속한 모든 사람의 권리가 보장되기 때문에 정의상 소외된 자는 존재할 수 없다는 것이다. 만일 소외된 자가 존재한다면 그것은 전적으로 우연적 사건이다. 즉, 타자는 우연의 산물이다. 우연히 평등한 공동체의 외부로 떨어진 그는 공동체가 기꺼이 구조의 손을 내밀어야 하는 난파자에 불과할 뿐이다. 둘째, 소외된 자는 극단적 타자다. 그는 공통의 정체성을 공유하지 않기 때문에 공동체를 위협하는 자로서, 공동체의 이방인이거나 추방자다(랑시에르, 2008).

윤리적 공동체는 첫 번째 의미의 소외된 자를 위해 자원봉사나 기부와 같은 간접참여 활동을 적극적으로 유도하고 호소한다. 예컨대 미국 클린턴 정부에 큰 영향을 미친 아미타이 에치오니(Amitai Etsioni)와 같은 신공동체주의자들은 범죄를 비롯해 각종 사회적 병리현상을 유발하는 정치경제적 시스템에 대한 근본적 비판을 수행하는 대신 도덕주의적 호소를 통해 문제를 해결하고 사회갈등의 요소들을 해소하려고 한다. 에치오니는 "공동체의 경제 아젠다(agenda)라는 것이 무엇이냐고 묻는다면, 짧은 대답은 (그런 것은) 전혀 없다는 것이다"라고 말한다. 이는 결국 기존의 불평등한 사회적 분배를 고수하기 위해 분배질서에 균열을 가져올지도 모를 취약한 부분을 윤리적 호소를 통해 보수하겠다는 전략이다. 두 번째 의미의 소외된 자는 공동체의 암세포다. 그것은 한때 평범한 세포였지만 불행한 계기로 암세포로 변이했다. 따라서 공동체의 신체를 보호하기 위해 그것은 반드시 제거되어야 한다. 그에게는 추방이나 추방에 준하는 처벌이 필수적이다.

랑시에르는 윤리적 공동체에서의 타자에 대한 두 가지 대응 담론이 국제적 맥락에도 그대로 적용된다고 지적한다. 첫 번째 방식은 인도주의로 나타나며, 두 번째 방식은 이른바 '무한정치'로 나타난다. 오늘날 세계는 세계화가 급격히 진행됨에 따라 국제적 수준에서 다양한 이견적 견해들을 갖는 세력이 정치적으로 부상하고 그들 간의 분쟁과 갈등이 끊이지 않고 있다. 그러나 강대국 중심으로 세계질서를 재편하려는 시도는 지구를 하나의 윤리적 공동체로 표상하며, 이견적 정치 주체를 형성하는 운동을 이 두 가지 윤리화의 방식으로 무력화하려고 한다. 내정간섭, 표적암살, 인도주의적 전쟁은 윤리적 어휘로 치장됨으로써 그 정당성을 획득한다(랑시에르, 2008).

따라서 윤리적 담론을 통해 세계화시대의 불행한 사태들을 해결하려는 철학적 논의는 현실에 대한 유효한 대응이 어렵다는 난점을 가지고 있다. 랑시에르는 특히 리오타르의 '타자의 권리' 개념을 이런 관점에서 고찰한다. 이 개념은 세계화 과정에서 발생하는 다양한 인권침해의 현상들을 철학적으로 분석하고 그동안 제기되어온 개념의 한계를 극복하려는 시도에서 나왔다. 그러나 랑시에르는 작업이 정치의 해소에 기여하고 아이러니하게도 군사개입을 정당화하는 정치논리의 철학적 버전으로 변질될 수 있다는 점을 지적한다.[11]

---

11) 이화인문과학원. 2010. 「탈경계시대의 지구화와 지역화」, 『탈경계인문학 학술총서』 4, pp.72-76.

2. 칸트의 인간존중

칸트의 의무윤리는 나와 남을 차별하지 않고, 타자의 인간성을 목적으로 존중할 수 있는 '인간존중의 윤리학'으로 간주될 수 있다. '인간존중의 윤리학'은 무엇보다 모든 인간에게 '동등한 존엄성'을 부여하며(Harris, 김학택·박우현 역, 196-197), 이를 위해 칸트는 실천이성의 명령을 제시한다. 의무의 모든 명령이 도출될 수 있는 실천이성명령은 "보편화된 가능성의 정식이다. 이것은 (너의) 준칙이 동시에 보편적인 법칙이 될 것이라고 의욕할 수 있는 그런 준칙에 따라 행위하라(Grundlegung, A/B 52)"고 했다. 사실 우리가 타자에게 거짓말을 해서는 안 되는 이유를 '보편화된 가능성의 정식'에서 확인할 수 있다. 자신의 이익을 위해서 거짓말을 해도 괜찮다는 준칙은 결코 보편적인 법칙이 될 수 없다. 왜냐하면 그러한 준칙을 보편화할 경우, 사회에서 약속이라는 것이 더 이상 무의미하기 때문이다. 분명한 것은 보편화 가능성의 테스트를 통과할 수 없는 준칙은 도덕적이지 않았다는 것이다. 예를 들면 공리주의의 유용성의 원리도 보편화 가능성의 테스트를 충분히 통과할 수 있다.

그러나 칸트의 의무윤리에서는 유용성의 준칙에 근거한 행위는 결코 도덕적인 것은 아니라고 했다. 왜냐하면 유용성의 준칙은 이성적 존재의 지평에 위치한 실천이성의 명령이 아니라 욕구와 경향성의 충족을 추구하는 감성적 존재의 지평에 근거한 것이기 때문이다. '인격주의의 정식'은 어떤 준칙이 도덕적 지위를 갖기 위해서는 또 다른 명령이 요구되는데 이른바 실천이성명령을 보편성이라는 형식의 측면보다는 '내용'의 측면에서, 다시 말해서 인격'이라는 '주체성'에 근거하여 표현한 것이다(최재희, 1990, 96-98).

"네 자신의 인격에서나 모든 다른 사람의 인격에서나 항상 그리고 동시에 목적으로 대하고 결코 수단만으로 대하지 말라(Grundlegung, A/b 66-67)." 인격주의의 정식은 타인과의 수단적 관계 자체를 부정하는 것은 아니다. 이러한 실천이성의 명령을 따른다는 것은 콜버그의 어법으로 표현하면 도덕성 발달의 궁극적인 제6단계 '보편적 윤리 원리 지향(the Universal Ethical Principle Orientation)'의 도덕성에 부합한다(Kohlberg, 1981: 19). 또한 칸트의 이론을 사회정의론의 맥락에서 재해석한 롤즈(John Rawls)의 시각으로 보면 무지의 베일을 쓴 계약 당사자의 선택 전략, 즉 최소 수혜자의 처지를 적극적으로 고려하는 선택 전략에 부합한다.

한편 칸트의 의무윤리 관점은 위급한 상황에 처한 타자를 구조할 의무를 규정하지만 그 의무를 규정하는 원천은 타자의 타자성에 있는 것이 아니라 행위자의 실천이성 명령에 있다. 가령, 행위주체로서의 이성 능력 내지 합리성에 기초한 윤리가 북한이탈주민, 외국인 노동자, 다문화가정의 자녀 등 "한국사회의 낯선 타인과 나를 구별해서는 안 된다"는 윤리적 처방은 제시하고 있지만 그것은 '타자의 타자성(the alterity of the other)' 자체를 고려한 것은 아니라는 점이다. 타자의 필요에 대한 응답은 동정심에 근거해서는 안 되며, 행위자 중심의 실천적 합리성에 근거해야 한다는 것이다. 왜냐하면 외적인 강요뿐 아니라 동정심과 같은 내적인 경향성까지도 타율적인 것이기 때문이다. 나와 남을 차별하지 않고, 타자에 대한 존중을 무엇보다 강조함에도 불구하고 칸트의 의무윤리는 '유일회적이며 대체 불가능한 타자의 인간성' 때문이 아니라 '도덕법칙의 저자'인 행위자 자신과 타자의 유사성에 근거한다. 다시 말해서 행위자 자신과 타자 모두 도덕법칙을 입법하고, 그것을 따를 수 있는 능력이 있다는 동일성에 근거하여 타자에 대한 존중이 정초된다는 것이다. 도덕법칙을 입법하고 따를 수 있는 자율성의 소질을 지닌 '나'처럼 '타자'도 그런 자율성의 소질을 지녔다는 점에서 내가 타자를 존중해야 한다는 주장 이면에는 '타자'를 '또 다른 나(alter ego)'로 환원시키는 태도가 반영되어 있다(Kodelja, 2008: 189-190). 즉, 타자의 타자성을 삭제하고 이성적 주체인 '나'와의 동일성을 추구하는 연혁적이고 환원적인 사유방식이다. 이러한 태도는 어떤 면에서 보편성이라는 중립적이고 형식적인 방식으로 타자의 타자성에 가하는 일종의 폭력일 수 있다. 여기서 우리는 나와 남을 차별하지 않고, 타자를 존중할 것을 요청하는 칸트의 의무윤리가 지닌 역설적 측면을 보게 된다(윤영돈, 2010).[12]

3. 레비나스의 타자윤리

칸트의 의무윤리가 주체의 이성에 기초한 도덕적 자율성에 타자에 대한 의무를 해명하는 데 비해, 레비나스(Levinas)의 타자윤리는 타자에게 열린 몸에 기초한 도덕적 감수성에 의해 낯선 타자에 대한 책임의 문제를 해명한다(공병혜, 2008: 131). 레비나스의 타자윤리는 나(I)에 의해 타자가 규정되는 것이 아니라 타자에 의해 내(ME)가 규정된다. 레비나스는 온갖 타자를 동일자 안으로 포획시키는 이성적 주체를

---

12) 윤영돈, 2010, 『다문화시대 도덕교육의 프리즘과 스펙트럼』, 한국학술정보(주), pp.260-262.

거부하며, 자율성(autonomy)을 지닌 주체라기보다는 타율성(heteronomy)을 지닌 주체 개념을 제시한다. 여기서 말하는 타율성은 물론 외적 강제라기보다 '타자의 얼굴(face of the other)'에 근거한 것이다. "얼굴은 열려 있고 깊이를 얻으며, 열려 있음을 통하여 개인적으로 자신을 보여준다. 얼굴은 존재가 그것의 동일성 속에서 스스로 나타내는, 다른 어떤 것으로 환원할 수 없는 방식이다."13)

타자의 벌거벗고 굶주린 '얼굴'은 거부할 수 없는 도덕적 호소력을 지니고 있다. 그러므로 대체될 수 없는 유일회적인 타자의 얼굴이 주체를 소환하고, 도움을 호소하는 것에 응답함으로써 바로 나의 이웃이 되며, 그렇게 함으로써 나의 책임을 요구하며 나를 문제 속으로 불러들인다(Levinas, 2004: 247). 타자의 얼굴을 받아들임으로써 우리는 사람 사이의 유대와 결속을 다질 수 있다. 내가 타자를 영접하고 대접할 때 진정한 의미의 주체성, 즉 '환대'로서의 주체성이 성립한다(강영안, 1995: 164). 그렇다면 동일자로써 내가 타자성을 왜곡하지 않고 어떻게 주관 안에 그 타자성을 받아들일 수 있을까? 우리는 신체의 감성에서 그 실마리를 찾을 수 있다. 인간은 신체를 통해서 비로소 '세계 내 존재'가 될 수 있다. 신체를 매개하여, 전 세계가 내 안에 살아 있고, 나 또한 전 세계를 나의 거처로 삼을 수 있다. 한마디로 신체는 '자아와 세계의 매개물'인 셈이다. 우리가 신체의 살아 있는 체험만 인정한다면 주객대립의 이원론이라는 막다른 난관을 극복할 수 있을 것이다(Mondin, 1985: 232-235). 신체의 감성은 자신의 행복으로만 향하지 않는다. 감성은 그와 동시에 '타자와 함께할 수 있

---

13) E. Levinas, Difficile Linerté(paris: Fata Morgana, 1976), p.20, (강영안, 1995: 156)에서 재인용.

는 가능성'으로서 '이 세계로의 존재 가능성, 접촉과 노출과 다가섬의 가능성'이다. 감성적인 것―모성, 상처의 가능성, 염려―은 육화의 끈을 자아의 통각보다 더 큰 구성에 연결시킨다. 이 같은 구성에서 나의 몸에 묶인 존재이기 이전에 타자에게 구속된다.[14] 사실 '사고하는 존재(homo sapiens)'보다 '아파하는 존재(homo patiens)'가 보다 직접적이고 근원적이다.

호모 사피엔스가 '지배하고 이용하는 위치에 서 있는 존재론적인 자아'라면 호모 파티엔스는 '애원하고 호소하는 윤리적 자아'라고 할 수 있다(손봉호, 1998: 34-36).

아파하는 것, 즉 고통은 주체가 지닌 주체성의 핵심이다. 인간은 자신이 거부할 수 없는 사건과 상황을 겪으면서 아파하며 고통당하지만 그것을 극복하고자 하는 열망을 지닌 존재이다. 레비나스의 타자윤리에서 주체는 '상처받을 가능성'으로, '외상에 열려 있음'으로, '타자에 대한 노출'로 타자에 대한 '대리자'로, 타자를 위한 '볼모'로 해명된다. 요컨대 참된 의미의 주체는 "타자에 대해 열려 있고 타자를 위해 고통받을 수 있다"는 것을 수용한다(강영안, 2008: 211).

타자에 대한 의무와 책임의 한계는 윤리학의 중요한 물음 중 하나이다. 최소도덕, 최대도덕 혹은 의무와 초과의무라는 개념의 쌍은 이미 책임의 불연속성을 전제하고 있다. 그럼에도 윤리적인 인간(homo

---

14) E. Levinas, Otherwise than Being or Beyond Essence, A Lingis(trans) (Dordrecht: Klumer Academic Publisher, 1974), p.76, (김연숙, 2007: 77)에서 재인용. 칸트적인 구성(construction)은 동일자의 감성과 지성에 의하여 대상을 구성하는 것인데, 동일자의 감성과 오성에 의해 대상이 불가피하게 왜곡된다. 이에 비해 현상학적인 구성(construction)은 "존재자가 알려질 수 있도록 맞아들임"을 의미한다. 동일자로서 주관은 대상의 의미를 임의로 구성할 수 없다. 여기서 '이성에 대한 감성의 우위'를 확인할 수 있다(한진숙, 1998: 156-157, 260-261).

ethicus)은 최소도덕이나 의무에 만족하지 않고, 최대도덕이나 초과의무의 영역으로 나아가고자 한다. 여기서 우리가 주목해야 할 것은 논리적인 측면에서 특수주의는 보편주의의 지평 위에 위치한다는 점이다. 최대도덕으로서의 초과의무 역시 최소도덕으로서의 의무 연속선상에 위치한다고 보아야 한다. 강한 의무로부터 최상 이상까지 연속성을 그림으로 표현하면 다음과 같다(Beauchamp & Childress, 2001: 42).

〈표 1〉 의무의 스펙트럼

의무(obligation)		초과의무(superobligaion)	
강한 의무 (strict obligation)	약한 의무 (weak obligation)	의무를 넘어선 이상 (ideals beyond obligatory)	성인/영웅의 이상 (saintly&heroic ideals)

여기서 우리가 주목해야 할 것은 의무와 초과의무 사이에 일정한 괴리가 존재함에도 불구하고 도덕교육의 이상은 최소도덕으로부터 최대도덕을 지향한다는 점이다. 이 때문에 의무와 초과의무 사이를 실선이 아니라 점선으로 표현하고 있다. 사실 표에서 의무와 초과의무를 연결한 지평 전체가 '단일한 도덕적 가치의 눈금(a singular scale of moral value)'이다(Beauchamp & Childress, 2001: 42). 최대도덕으로서의 초과의무(supererogation) 역시 최소도덕인 의무의 연속선상에 위치한다고 볼 필요가 있다. 그렇다면 칸트의 의무윤리와 레비나스의 타자윤리는 의무의 스펙트럼에서 어느 지점에 위치하고 있을까? 이들의 논의에서 의무와 책임의 한계 문제를 어떻게 보아야 할까?

의무윤리로 간주되는 칸트 윤리학에서 칸트는 의무를 크게 두 가지로 구분한 『정초』(Grundlegung, A/B 53 이하)에서 칸트는 '의무'를

'우리 자신에 대한 의무'와 '다른 사람에 대한 의무'로 구분한다. 그리고 이를 '완전한 의무'와 '불완전한 의무'로 구분한다. 칸트는 우리 자신에 대한 완전한 의무의 예로 '자살금지'를, 타인에 대한 완전한 의무의 예로 '거짓약속의 금지'를 들고 있으며, 우리 자신에 대한 불완전한 의무의 예로 '자기완성'을, 타인에 대한 불완전한 의무의 예로 '타인에 대한 원조'를 들고 있다. 이러한 의무의 분류에서 완전한 의무는 소극적이며, 금지의 성격이 강하기 때문에 의무의 동기는 '무엇을 하지 않기 위한' 동기로서 충분할 수 있다. 그러나 구체적인 행위가 지시되지 않은 불완전한 의무의 경우에는 적극적인 행위를 요구한다. 따라서 불완전한 의무의 수행은 칭찬받을 만한(verdienstlich) 것이다. 그러나 완전한 의무는 빚지고 있는(schuldieg), 다시 말해서 부채를 갚아야 하듯 의무를 이행해야 하는 것이다(MdS, A 116). 완전한 의무는 의무의 스펙트럼상에서 ① '강한 의무'에 위치한다는 것을 쉽게 확인할 수 있다. 그런가 하면 불완전한 의무는 ② '약한 의무' 내지, ③ '의무를 넘어선 이상'에 위치할 것으로 보인다.

'불완전한 의무'는 칸트의 덕 의무와 친화력이 있다. 칸트는『윤리형이상학』(Metaphysik der Sitten)의 '덕 이론(Tugendlehre)'에서 '동시에 의무인 목적'으로서 덕 의무를 규정하고 있는데, 덕 의무의 예로 '자기 자신의 완전성'과 '타인의 행복'을 들 수 있다. 여기서 한 가지 유의할 점은 덕 의무 안에 또다시 완전한 의무와 분류된다는 것이다. 가령, 타자에 대한 덕의 의무에 있어서 완전한 의무는 '존경의 의무'이며, '불완전한 의무'는 자선, 감사, 동정과 같은 '사랑의 의무'이다. 이러한 '동시에 의무인 목적'으로서 덕 의무는 '넓은 의무'이기 때문에 선택을 위한 '여지(Spielraum, Latiudo)'를 남겨둔다(MdS, A 20.) 예를 들어 자선의 의무는 도움을 필요로 하는 각각의 모든 사람을 도우라고 요구하지 않는다. 우리는 누구에게, 무엇을, 어떻게, 얼마만큼 도울지를 결정할 '여지'를 갖는 것이다. 이러한 '여지'는 의무의 실행에 있어서 상이한 행위의 선택을 가능하게 함으로써 행위자에게 갈등을 유발하기도 하지만 행위자의 고유한 성품을 형성할 수 있는 여건이 되기도 한다. 다시 말해서 이러한 '여지' 때문에 의무와 동기 이외 다른 동기, 즉 자신의 욕구나 타자의 필요에 민감하게 반응할 수 있는 도덕적 감수능력이 필요하다. 칸트의 덕 이론은 감수능력의 계발을 간접적인 의무로 인정하면서, 이것이 의무의 동기만으로 완수하기 어려운 경우에 그 완수를 지원한다(이원봉, 2006: 5-6).

자율성에 근거한 칸트의 의무윤리가 타자의 얼굴이 현전하기 이전에 실천이성이 의무를 규정하는 데 비해, 레비나스의 타자윤리는 타자의 타자성이 현존함으로서 비로소 타자에 대한 책임이 성립한다. 역설적이게도 타자윤리에서의 자율성은 타자에 대한 책임에 의존하며, 그 책임이 생겨난다. 이렇게 레비나스는 '도덕적 자율성(moral heteronomy)'을 긍정적으로 재평가한다(Kodelja, 2008: 191). 즉, 레비나스의 타자윤리는 '내 안의 타자'를 지향하는 윤리적 자아관을 제시함으로써 타자의 요구에 적극적으로 응답할 수 있는 윤리적 담론이다. 그러므로 타자윤리는 타자에 대한 적극적인 책임을 요청한다. 이렇게 전적으로 나와 다른 타자의 타자성에 의해서도 나의 책임이 규정되니 우리는 우리가 초래하지 않은 사건에 대해서도 책임을 져야 한다. 이는 "나 자신이 타자에게 묶이는 것을 의미한다(김연숙, 2008: 316)." 그렇기 때문에 나와 전혀 연고가 없는 사람의 고통에 대해서도 무관심할 수

가 없다.15)

　그러나 현실은 내가 아닌 남이 비난을 받아야 당연하다는 논리가 여전히 우리 사회 속에 존재하고 있다. 문제는 타자의 논리는 위험에 바로 접근했을 때, 비로소 반성하며 그 문제의 해결점을 깨닫게 된다는 것이다. 한편 타자의 부름에 대해 응답이자 책임으로서 윤리를 지향하는 레비나스의 타자윤리는 이미 지적하듯이 타자에 대한 "책임성을 주체성의 바탕을 이루는 제일 구조로 간주"한다(Levinas, 양명수 역, 2005: 123). 누군가 헐벗고 고통받는 이웃에 대해 책임을 지는 자는 이익추구와 결별하는 지점에 선다. 그 지점은 이기주의로부터의 단절점인 동시에 타자와의 접촉점이며 "타자와의 유대로 묶이는 연대성의 지점이기도 하다. (……) '타자를 위하는 자'는 자기 안에서 쉬지 못한다(김연숙, 2008: 317)." 우리의 이웃이나 타자에 대한, 더 나아가서 3D 업종에 종사하고 있는 외국인 노동자들에 대한, 더 멀리는 우리보다 약한 나라의 사람들과 유랑하고 떠도는 지구촌 난민들에 대한 책임은 무제한적이다. 책임의 무한성은 사실적인 무한성이 내가 책임을 인수하는 정도만큼 증가한다는 것이다(변순용, 2007: 108). 여기서 타자윤리에 대한 무제한적 책임에 대해 우리의 일상적 경험은 '배려의 관계란 배려하는 자와 배려 받는 자가 상호기여'를 하는 데서 성립하는 것 아닌가, 진정한 배려는 상호적인 관계를 전제하며 타자뿐 아니라 자기 자신에 대해서도 배려할 필요가 있지 않을까(Garrison, 2008: 272-281)라는 말로 책임의 범위를 설명한다.

　'타자'라는 개념은 문화이론에서 매우 광범위하게 이용되는데 그

---

15) 윤영돈, 2010, 『다문화시대 도덕교육의 프리즘과 스펙트럼』, 한국학술정보(주), pp.263-264.

단어는 일반적으로 지배 집단 외부에 존재하고 묵시적으로 지배 집단에 종속된 자들을 포함하기도 하는 의미라고도 한다. 사이드(Said)는 『오리엔탈리즘』 1장에서 '동양인에 대한 인식'을 다룬다. 이집트를 식민지화한 영국의 예를 들면서, 동양인은 모두 무시되어야 하는 존재로서 '종속적 종족'이라고 주장한 크로머의 책 『현대 이집트』 제34장의 내용을 인용하고 있다. 크로머는 '동양적 심성을 갖는 중요한 특색'으로 '사람을 허위와 불성실로 타락시키는 정확함의 결여'를 들었고, '동양인 또는 아랍인은 우둔하고 활력과 자발성을 결여하며, 정도에 지나친 아부와 음모, 교활, 동물학대'를 일삼는다고 주장했다.[16] 사이드에 의하면 '타자'는 누군가에게 환상의 대상이지만 나름의 힘과 목소리를 낼 수 있는 주체는 아니라는 특징을 갖는다고 한다. 그에 의하면 '동양'은 유럽 문화에 의해 만들어진 것이고 후기계몽주의 시대에 정치적·사회적·군사적·이념적·학문적인 담론들이 '동양'을 만들었다는 것이다. 그래서 '동양'의 구성원들은 자기 자신에 대해 스스로의 주장을 말하지 않으며 동양은 오직 유럽문화의 시각을 통해서만 세상에 형체가 표상된다고 했다. 유럽문화의 우월함을 동양에 대비시켜 '타자화'함으로써 자신의 정체성을 만들었고 '타자'의 부정적인 가치를 주장함으로써 자신들의 긍정적이고 강한 이미지와 정체성을 확립시켜 나아갔다. 여기서 주체적 자아의 상대적 위치에 존재하는 '타자'에 대해 살펴보면, 데카르트 이래 근대적 사유의 특징은 주체를 세계 인식과 이해의 중심에 두고, 주체 이외의 모든 것들을 오직 주체만을 위한 대상으로 객체화시켜 바라보는 데서 성립한다.

---

16) Edward W. said, 박홍규 역, 『오리엔탈리즘』, p.80.

이러한 세계관은 주체의 세계전유 능력과 더불어 근대적 합리성이라는 실용주의적 사고틀을 마련하는 데 기여했으나, 다른 한편으로 타자를 도구적으로만 인식함으로써 타자에 대한 무자비한 폭력의 역사를 배태하기도 했다. 가령 고도로 발달된—합리화된— 과학기술을 무기로 벌어졌던 20세기 전쟁과 대량살육의 참사가 그 대표적 사례들이다. 레비나스(E. Levinas)는 특유의 종교적 태도와 현상학적 기술을 통해 타자의 의미를 되묻는다. 그가 제기하는 타자란, 무엇보다도 나-주체 앞에 고통스런 얼굴을 드러내며 동정과 연민을 호소하는 존재이다. 타자는 나-주체 앞에 약자이자 빈민, 레비나스의 말을 빌면 '과부와 고아' 같은 구체적 이웃으로 등장하며 나-주체의 손길을 요청한다. 여기서 나-주체는 타자를 추상적 개념 속에 떠올리지 말고, 가장 구체적인 모습 가운데 직접 마주해야 하며, 타자의 고통을 직시함으로써 자기 자신의 책임성을 반성하도록 요구된다. 타자가 지닌 진정한 의미는 그와 얼굴을 직접 면대면(面對面)함으로써 즉각 깨우쳐지게 되며, 이로써 나-주체는 타자를 섬기며 그에 봉사하는 내적 겸허를 획득하게 된다는 것이다.

일상의 소소한 경험들로부터 자기 사유의 근거들을 길어 올린 레비나스의 '타자론'은 대단히 감성을 자극하며, 어느 정도는 바흐친(Mikhal Bakhtin)이 1920년대 '철학적 미학'의 여정에서 보여주었던 '타자론'과 상당히 유사하게 보인다. 예컨대, 「행동 철학」이라든지 「미학적 활동에 있어서 작가와 주인공」 등의 초기 논문에서 바흐친은 타자에 대한 고려가 없는 주체의 이미지는 불완전하며, 오직 타자에 대한 애정 어린 태도만이 나-주체의 윤리성을 담보할 수 있다고 주장한 바 있기 때문이다.

하지만 이런 외양의 유사성에도 불구하고 양자 간에는 근본적인 상위점이 존재한다. 이는 바흐친이 책임의 원천으로서 '사건(событие)'을 어떻게 개념화했는지 살펴보면 여실히 드러나는데, 그에게 타자에 대한 책임이란 존재(бытие)의 공존(co)적 상황에 대한 (형이상학적) 해명으로부터 연유하는 것이지, 타자에 대한 실존적인 공감('동정'과 '연민')으로부터 나오는 것이 아니기 때문이다. 가령, 나―주체가 차지하고 있는 지금―여기에서의 시·공간은 어쩌면 타자가 있을 수도 있는 자리이며, 따라서 나―주체는 타자를 대신하여 지금―여기 있는 것이기에 최선의 윤리적인 행동을 해야 할 필요 충분한 동기를 부여받는 것이다. 더욱이 나―주체가 지금―여기의 사건 가운데 참여하고 있다는 말은, 어떤 식으로든 타자와의 공동적 관계에 포함되어 있다는 뜻으로, 좋든 싫든 생성 중인 사건의 장(場) 안에 참여하고 있다는 말이기도 하다. 다시 말해, 단순히 존재하고 있다는 사실 자체만으로도 나―주체는 타자들과 함께하는 사건의 생성 과정에 발을 들여놓고 있는 것이다.

이로부터 바흐친의 윤리 개념은 보다 명확한 이미지를 얻게 된다. 그것은 칸트식의 무조건적 정언명법도 아니고, 또한 레비나스식의 동정과 연민의 도덕도 아니다. 바흐친이 염두에 두고 있던 새로운 윤리는, 주체로서의 내가 항상―이미 타자들과의 사건적 관계에 연루되어 있으며, 따라서 책임 있는 사고와 행동이 '나'의 존재 이전에 이미 요청되어 있다는 점에서 성립한다. 이러한 '사건의 윤리'가 지닌 강한 설득력은, 그것이 강제적 규범이나 주관적 공감을 통해서가 아니라 개개인의 구체적 행동 속에서 실현되어 나간다는 점을 해명한 점에 있다.[17)]

한편 유럽인이 일컫는 '아시아'라는 명칭은 19세기 유럽의 경쟁적인 식민 지배를 정당화시키기 위해 지정학적인 영토 확장용 용어로 사용되었다면 현재의 동양은 서양의 상대적 개념으로 동양을 정의하는 것이 일반적이다. 첨단의 개념인 파타피지크(pataphysique)는 알프레드 자리(A. Jarry, 1873~1907)가 만든 초(超)형이상학적인 용어로써 부가적이고 예외적인 것에 대한 존재론적 근거를 부여한 사고체계이다. 보편성 뒤에는 일반성과 달리 예외는 있지만 그 보편성은 언제나 예외적인 사건을 보편화시킬 뿐이기 때문이다. 즉, 주체가 보편성은 예외가 없다는 것을 상상하기 때문이다. 이런 관점에서는 대상은 주체의 상상력에 의해 자각되거나 인식될 수 있을 때 존재한다는 것인데, 이미 19세기 유럽은 이러한 인식위에서 동양을 상상했고 정의했으니 그들의 의식에는 동양은 미개하고 열등한 놀이 상대였다. 또한 에드워드 사이드(Edward Said)가 정의한 오리엔탈리즘은 동양은 거대한 그들의 식민지였으면서 문화적인 대상의 상대 그리고 그들의 '타자'의 이미지가 자주 등장하게 만드는 곳이었다.

오리엔탈리즘은 동양에 대해 진정성을 가지고 사실 그대로 진실을 담론하기보다는 유럽의 힘이 동양을 지배한다는 힘의 수동적 대상이며 유럽인의 의식에 자리 잡힌 지식의 한 영역일 뿐이라는 것이다. 사이드는 오리엔탈리즘이 항상 '동양을 짓밟았다'라고 주장한다. 하나의 사고체계로서 "그것은 항상 인간 특유의 세부 사항에서 생겨나 일반적이고 초인간적인 것이 되었다. 10세기의 한 아랍 시인에 대한 관찰은 이집트, 이라크, 혹은 아라비아의 동양정신에 대한 정책이 되

17) 최진석(2009), 타자윤리학의 두 가지 길: 바흐친과 레비나스. 한국노어노문학회지 제21권 3호, pp.173-180.

어버리는가 하면 코란의 한 구절이 뿌리 깊은 회교적 관능을 가장 잘 보여주는 것으로 해석된다"고 했다. 사이드는 또한 오리엔탈리즘을 '동양에 대해 진술하고 동양에 대한 관점을 주관하며, 동양을 묘사하고 가르치고 결론짓고 지배함으로써 그것을 다루는 종합적 규범'으로 정의한다. 간단히 말해 오리엔탈리즘은 동양을 지배하고 재구성하고 마음대로 휘두르는 서양의 방식인 것이다.[18] 17세기에 유럽에 알려진 한국은 유럽인들 머릿속에 그려진 미개한 아프리카인, 노예, 게으른 인종으로 실지 현실과 전혀 다른 문화를 가진 '타자'로 묘사되고 있고 지리적으로 너무 멀리 위치하고 있기 때문에 현지에 와서 문화를 제대로 조사해본 적도 없고 체험한 적도 없이 그들 머릿속에 상상하는 열등하고 우스꽝스러움의 표상이라서 그들의 지배적 우월감을 채워줄 뿐이었다. 한국의 지정학적 위치나 자연과는 전혀 다른 이를테면 한국의 풍습을 그린 집 뒤 배경에 열대 야자수 나무가 그려 있거나 한국의 초가집을 아프리카 흑인들이 사는 마른 풀로 엮은 둥 그런 지붕을 가지고 집 내부구조 역시 전형적인 한국식이 아닌 아프리카 원주민들 주거 양식으로 그려지고 있는 그림도 있다.

한 사회에 있어 '타자'의 취급을 당하는 것은 언제나 '외부의 존재'가 아니다. 즉, 그것은 외국이 아니고 같은 영역에 존재하는 같은 시대 사람들의 개인과 집단일 수 있다. 예를 들면, 19세기의 서양문화는 매독을 외국인뿐 아니라 흑인여성과 매춘부 같은 젠더와 직업 그리고 금욕되지 않은 성적 행위와 연관시켜서 그들의 생활방식과도 맥락을 이어서 상상했다. 영국에서 처음 콜레라가 유행했을 때, 그 질병

---

18) 사이드의 '오리엔탈리즘'에 대한 개념은 Ziauddin Sardar & borin van Loon, (2002), 『문화연구(cultural studies)』(이영아 역), 서울: 김영사(원전, 1997).

이 상징하는 것은 더러움, 과한 음주, 그리고 욕정이었다. 그래서 콜레라의 희생자에 대해서 경제적으로 낙후되어 살 수밖에 없었던 집단 즉, 하층민과 가난한 자, 알코올 중독자와 걸인으로 확정된 이미지를 부여했다. 문화라는 개념은 과거에는 우열을 가려서 판단했고 그것은 서양뿐만 아니라 동양에도 해당했으니 어디든 과거의 문화 개념 속에는 문명 개념이 함축되어 있었다. 지역 간의 지정학적 구분을 '문명 대 야만 또는 원시로 파악하는 사고방식'은 문화라는 것이 결코 동등한 관점에서 해석되거나 판단되지 않았음을 보여준다. 문화 개념이 우수한 유형과 반대로 열등한 산물의 결과라고 판단하는 획일적 구별에서 탈피하기 시작한 것은 인류사에서 그리 오래되지 않았다. 하지만 여전히 찬란한 기계문명의 혜택을 공평하게 누리는 지금시대에 이르러서도 한편에서는 인종적, 생물학적으로는 그 이론을 여전히 논리상으로만 존재하는 것으로 받아들여지고 있음을 부인할 수가 없다.

4. 다문화주의와 상호문화

한편 다문화주의는 문화 연구를 통해 본격화되었고, 다양한 분야의 사회과학이 수렴의 지점을 모색하는 범학문적 혹은 학제 간 연구가 시도되고 있는데, 이런 과정에서 동일성으로 환원되지 않는 차이에 대한 긍정은 탈근대적 비판이론의 핵심으로 등장했으며 논쟁의 전면에 위치하고 있다. 어떤 단일성만으로는 본질의 접근이 어렵고 차이를 인식한 다원주의는 탈근대론적 사고의 출발점이 된다고 할 수 있다. 그러나 테일러(C. Taylor)는 보편성을 찾는 근대주의의 보편주의적 관점을 완전히 포기하지 않고 헤겔의 "상호인정"이라는 개념을 통해 근본적다원주의가 지닌 한계를 극복하고자 했다. 테일러는 민족, 종족의 고유한 정체성은 역사적, 문화적으로 달리 형성된 다양한 고유의 정체성으로 결코 하나의 관점으로 해석될 수 없다고 하였으며 이러한 차이의 상호적인 인정성은 다원주의의 중요 관점으로 등장한다. 모든 사회적 관계성으로부터 탈피한 개인의 자발성을 추구하는 탈근대론자들의 다원주의는 테일러의 시각으로 보면 도덕적으로 해체된 관점으로 보이며 탈근대론자들에 대한 비판을 통해 서로 다른 차이의 근원인 개인들이 지니는 정체성의 형성은 오직 '타자'와의 상호관계에 의해 가능함을 강조했다. 뿐만 아니라 개인의 정체성은 내가 아닌 타자의 인정으로 완전성을 이루며 그런 이유로 타자에 대한 의존이 결국 다원주의의 기본이 되는 차이로서의 개인의 독특한 정체성의 인정은 보편성과 관련을 맺을 수 있고 이 인정은 누구나 인정받을 수 있고 인정할 수 있다는 평등을 함의하고 있다. 여기서 출발한 평등권은 누구도 상호적인 인정관계를 파괴해서는 안 된다는 보편적인 규범의 요구를 창출한다. 즉, 이러한 평등권은 "모든 차별과 이등시민이 존재할 수 있는 관계를 거부"하는 형태로 나타나며 동시에 누구도 상호적인 인정관계를 훼손시켜서는 안 된다는 보편적인 규범적 요구를 동반한다. 두 번째, 이러한 인정은 또한 누구나 자신의 정체성을 발전시킬 수 있는 '보편적인 인간적 잠재력(ein universelles menschliches Potential)'을 지니고 있다는 사실을 전제한다. 보편적인 잠재력의 현실적 실현에는 필연적으로 차이가 야기되며 이러한 차이에 근거하는 특수성의 권리는 인정되어야 하지만 이러한 특수성의 형성은 누구나 자신을 발전시킬 수 있는 보편적인 능력을 보유하고 있다는 사실과 필연적으로 관계한다. 테일러에 따르면 '보편적인 것에 대한 요구는 특수한 것을 인정하는 추동력'이 된다. 테일러는 이와 같은 인정의 개념을 통해 다원주의와 보편주의가 화해 불가능한, 단순히 적대적인 관계가 아니라 필연적인 연관관계 속에 놓여 있음을 보여줌으로써 이 둘 사이에 놓여 있는 긴장을 해소하고자 시도한다(정미라, 2005).[19)]

아르헨티나 출신으로 철학을 공부하고 멕시코에 거주하며 도시인류학을 연구하는 가르시아 칸클리니는 『차이, 불평등, 단절: 상호문화성의 지도 그리기』(이하 『차이』로 표시)에서 다문화주의를 새롭게 검토한다. 『차이』는 드러난 것과 숨은 것 사이의 불협화음에 귀 기울이며 잡(雜)한 현실에 뿌리를 내리고 있다. 『차이』는 문제를 푸는 열쇠를 제시하지 않을뿐더러 차이, 불평등, 단절 역시 잡한 현실에 규범적 질서를 부여하는 아이콘(icon)이 아니다. 탈근대적 비판이론의 전반적인 추세에서 불평등은 비판이론이 상대해야 할 가장 강력한 공동의 적이다. 여성이나 주변화된 문화가 자신들의 차이를 부각시키려고 노력한다면, 그러한 차이가 인정되는 것은 사회적 불평등이 제거된 뒤에야 가능한 것이라고 생각되기 때문이다. 차이에 대한 옹호를 목표로 하되 사회적 불평등의 제거가 선행되어야 한다는 것이다. 식민지로부터 독립한 이후 근대적 국민국가를 형성하고, 20세기를 지나면서 정치적 민주화를 이루었지만, 여전히 내적 식민지 상태를 벗어나지 못하고 있는 라틴아메리카의 현실을 고려한다면 이러한 주장은

---

19) 정미라, 2005, 「문화다원주의와 인정윤리학」, 『汎韓哲學』 36, pp.211-233, 범한철학회.

당연한 것이다.

그러나 가르시아 칸클리니가 『차이』에서 강조하는 것은 잡한 현실을 구성하는 다양한 차원 사이의 다층적이고 복합적인 관계를 이해하는 것이다. 그는 "지금 우리에게 필요한 것은 차이와 불평등 그리고 단절을 동시에 고려하는 것이며, 현실을 포착하는 이 세 가지 양상이 상보(相補)적임을 인식하는 것이다"고 말한다. 사회는 순(純)하지 않고, 이론도 단일하지 않으며, 주체 역시 다원적이라는 것이다.

가르시아 칸클리니의 이런 태도에는 다문화주의에서 상호문화성(interculturality)으로 넘어가는 선구자적 결기가 서려 있다. 『차이』에서 느껴지는 저자의 어조는 차분하다. 라틴아메리카의 현실에서 벗어나 있는 듯한 그의 주장이 충격적이거나 낯설게 느껴지지 않는 것은 이러한 주장이 그의 책 『혼종문화 Culturas híbridas』(1989)에서부터 시작하여 『소비자와 시민 Consumidores y ciudadanos』(1995)를 거쳐 『상상된 세계화 La globalización imaginada』(1999)에 이르기까지 일관성을 이루고 있기 때문이다.

가르시아 칸클리니는 『차이』에서 이러한 전제들의 준거로서 인류학자인 기어츠(Clifford Geertz), 사회학자인 부르디외(Pierre Bourdieu), 그리고 커뮤니케이션 연구자인 볼탄스키(Boltanski)와 치아펠로(Chiapello)의 이론을 참조한다.

기어츠에게서 문화가 불변하며 내적으로 동질적이라는 가정에 대한 비판을 수용한다면, 부르디외로부터는 사회가 개인이나 집단들의 무질서한 집합체이거나 계급들의 위계화된 피라미드이기보다는, 상호작용 속에 연결되어 있는 수많은 차원들이 절합된 장이라는 개념을 받아들인다. 볼탄스키와 치아펠로를 통해서는 정보사회와의 접속,

단절을 정치의 중요한 축으로 인용한다. 세계화의 또 다른 중요한 측면인 접속, 단절이라는 문제를 통해서 가르시아 칸클리니는 억압하는 경제자본과 불평등에 주목한다.

　그가 갖는 문제의식은 '어떤 종류의 문화적 실천이 지속가능한 발전을 가능하게 할 수 있는가?' 혹은 '어떤 종류의 사회경제적이고 정치적인 발전이 문화에 지속가능성을 부여할 수 있는가?'이다. 이런 문제의식에 대해 그가 제시하는 대답은 문화적 다양성을 보장하고 동시에 전 지구적 시장을 장악한 중심부 국가들과 풍요로운 문화적 창조 능력을 가지고 있지만 경제적이고 기술적으로 취약한 주변부 국가들 사이에 더 평등한 교환을 보장하는 것이다. 그의 대답에서, 앞에서 언급한 것처럼, 다문화주의를 넘어서는 상호문화성에 대한 접근 방식 혹은 '발전의 문화생태학' 개념을 인식할 수 있다. 그리고 이러한 접근방식과 개념을 통해서 인류학, 경제학, 정치적, 사회학, 세계체제론을 가로지르는 적극적인 탈근대적 비판이론을 생산하려고 시도한다.[20]

---

20) Néstor García Canclini, Diferentes, desiguales, desconectados: mapas de la interculturalidad, (Barcelona: Gedisa, 2004), p.223.
네스토르 가르시아 칸클리니의 『차이, 불평등, 단절: 상호문화성의 지도 그리기』, 서울대 라틴아메리카연구소.

# 제3장 문화와 심리

I. 사회와 심리

인간은 각각의 개별적인 독립된 활동이나 정신적인 에너지의 많은 소비가 자신이 속한 단체나 사회와 연결된 현상들이 결국 자신이 기대하는 결과를 맺기를 희망하면서 살아간다. 개인들이 모여서 집단을 형성하여 그 문화를 선호하는 사람들 또는, 방해 받지 않고 독립적인 결정을 선호하는 개인적인 성향이 강한 사람들의 차이성이 자신과 국가에 어떤 영향을 주며 반면에, 사회에서 받는 수많은 영향이 개인의 정체성에 어떻게 형성되는지에 대해 개인의 특성과 무슨 관련이 있는지는 명확히 알아낼 수는 없지만, 오늘날 다문화심리학을 연구하는 데 가장 널리 사용되고 있는 '홉스테드 차원들(Hofstede's Dimensions)'이라는 것이 있다. 1960~1970년대에 걸쳐 그는 특정문화가 위계질서와 권위를 얼마나 존중하는지를 나타내는 권력간격지수(PDI)를 만들어 지수화하여 표현했는데, 호프스테데(Geert Hofstede)가 실험한 문화적 수치(Cultural Dimension)는 5가지 항으로 나누어 분석해놓고 있다.

첫 번째가 PDI(power distance index)인데 이것은 사람들이 정부나 집단, 가정 내에서 권력에 대한 거리감을 수용하는 정도를 나타내는 것이다.

두 번째는 IDV(individualism)로 개인적인 성향을 의미한다. 이것은 집단주의적 성향과 반대되는 것으로, 이 수치가 높으면 개인주의적 경향이 강하다는 것을 나타낸다.

세 번째는 MAS(masculinity)로 이는 남성성을 의미하며 이것이 높으면 국가에 있어서는 남성중심 사회라는 것이고 권력 추구에 원리 원칙이 강한 정도를 말한다.

네 번째는 UAI(uncertainty avoidance index)인데 이 수치가 높을수록 불확실함을 피하려는 성향이 높다는 것이다. 이것은 사회규범이나 강력한 법규의 준수를 요구하는 국가에서 높게 나타난다. 이 수치가 낮은 국가는 변화에 대한 수용성이 높고 이런 나라들은 상대주의 이론이 통용되는 국가일 수 있다고 한다. 또 최소한의 낮은 단계의 법으로 규제를 하려는 경향이 있다. 다문화주의를 적용하고 실행하는 국가 역시 이 수치가 낮은 나라일수록 융통성 있는 현실적 모색을 시도할 것이다.

다섯 번째는 LTD(long term orientation index)인데 높을수록 진리에 관계없이 미덕을 추구하는 나라이다. 수치가 높으면 절약하고 검소한 생활을 하며 보호하고 보존하는 것에 가치를 부여하는 사회라고 보며, 수치가 낮을수록 사회적 이행의무에 가치를 더 주는 나라라 한다.

국가별로 이렇게 집단적인 의식조사를 해서 도표화시킨 기어트 호프스테드는 자신의 홈페이지에[21] 권위 있는 분석을 내놓았다. 같은 기준으로 세계 56개 지역에서 조사를 한 후에 지표로 표시했다. 100

---

21) http://www.geert-hofstede.com.

에 가까울수록 개인주의적이고, 1에 가까울수록 집단주의적이다. IDV(개인주의 성향)가 가장 강하다고 꼽힌 나라는 미국(91)이고 가장 집단주의적인 나라는 과테말라(6)다. 한국(북한 제외)의 점수는 18이라서 아시아 평균치 24에 못 미치고 중국은 20, 일본은 46이다. 결국 한국은 아시아에서도 비교적 강한 집단주의 성향을 보인다는 것이다. 문화와 심리의 '동조 구성성(co-construction)'은 인간은 태어나면서부터 소속 집단으로부터 영향을 받고 개인들의 심리가 문화를 형성하고 변화시킴을 의미한다. 한국 문화와 한국인의 심리 간 관계를 살펴보면 과거보다 문화변동성이 커져서 간극의 가능성이 있으나 여전히 한국문화와 한국인의 심리는 관련성이 큰 것을 볼 수 있다. 문화와 심리의 고유성의 연관 관계를 파악하는 방법은 세 가지가 있고 특징은 다음 <표 2>와 같다.

〈표 2〉 3가지 관점의 비교

	비교문화심리학	문화심리학	토착심리학
목적	다양한 문화적 맥락의 심리학이론 일반성 검증 → 보편심리학을 구축	특정 문화와 이들 문화에 걸친 이론개발 → 문화에 기반한 지식체계를 구축	문화에 기반한 심리학 형성 이후 가능한 보편심리학을 구축
범위	주류심리학의 하위 분과	심리학과 인류학의 혼합 분야	많은 주류심리학 분야뿐만 아니라 비교문화심리학과 문화심리학 포함
초점	심리학과 행동상의 유사성 연구가 차이보다 강조됨	심리와 행동상의 차이에 대한 연구를 유사성보다 강조함	특별한 선호 없음

비교문화심리학은 20세기 초부터 E. 슈프랑거(E. Spranger), R. 뮐러(R. Muller), 프라이엔펠스(Freienfels) 등이 이것을 문화심리학이라 명명했는데, 현재는 문화인류학과 사회심리학이 교착되는 분야에서 언

어, 신화, 종교 등 문화적 소산에 대한 심리학적 연구, '문화와 퍼스널리티(personality)'에 관계되는 민족성, 국민성, 주민 성격의 지역적 특성 연구, 인간의 문화적 행동의 연구 전반을 대상으로 하는 심리학을 통틀어 문화심리학이라 부른다. 이것은 아직까지는 서구 심리학과 마찬가지로 보편적 심리학을 구현하고 연구결과에 오차가 생겨도 단순히 문화적인 예외 혹은 측정도구의 문제로 설명한다. 아직은 주류심리학의 하위분야이며 보완분야 정도의 위치이다.

문화심리학은 문화의 차이를 비교문화심리학 관점에서 보는 양적인 차이가 아니고 질적인 차이로 인식하는 경향이 있으며 문화를 관찰하고 해석하는 경로가 내부자 관점을 제3자 관점으로 재조명하고 비교하는 과정을 통해 현상의 특수성과 상대적 공통성을 발견하려고 한다. 토착심리학은 자기문화권에서 중요한 사회적 현상을 기반으로 심리학적 개념을 연구하는데 자신의 문화가 지닌 독특한 심리현상에 대해 내부자 관점으로 개척된 영역이다.

인간의 사회발달이론의 기초는 비코츠키(Vygotsky, 1962−1978)의 이론에서 그 유래를 찾는다. 비코츠키는 인간과 환경의 교류에 있어서 조정(mediation)이라는 개념을 도구뿐만 아니라 기호(sign)의 사용에 접목시켰다(Cole & Schibner, 1978). 언어나 글 또는 수 체계와 같은 기호체계(sign system)는 인류 역사의 과정에서 성립하였으며, 또한 사회 형태 및 그 사회의 문화적 발달 수준의 변화과정과 더불어 성립하였다. 그는 문화적으로 발생된 기호체계를 내면화하는 것은 행동의 변형을 가져오고, 개개인의 초기와 후기의 발달 형태를 연결시키는 통로를 형성한다고 믿었다. 따라서, 마르크스와 엥겔스처럼 비코츠키에게 있어서도 개개인의 발달적인 변화는 사회와 문화에 기초한다.

비코츠키의 이론체계의 주요주제는 학습자들의 사회적 교류가 인식발달에 기초적인 역할을 한다는 것이다. 그는 아동의 문화적 발달에 있어서 모든 기능(주의집중, 논리적 사고, 개념형성 등 포함)은 두 차례 나타나는데 사회적인 수준에서 먼저 일어나고 후에 개인적인 수준에서 일어난다고 했다. 즉, 사람과 사람 사이에서 일어난 후에 아동의 개인 내에서 일어난다며 모든 고등정신기능은 개개인 사이의 실제적인 관계에서 일어난다고 주장한다.

그의 또 다른 관점은 인지발달 가능성은 '근접발달영역(Zone of Proximal Development: ZDP)'이라 불리는 특정한 기간에 한정되어 있다는 것이다. 더 나아가 근접발달 영역의 완전한 발달은 사회적 교류에 전적으로 달려 있고 성인의 도움이나 동료와의 협조에 의해 발달할 수 있는 기능의 범위는 개인이 혼자서 얻을 수 있는 것보다 훨씬 앞선다는 것을 주장한다.

비코츠키의 이론은 사회화의 결과물로서 의식을 설명하기 위한 시도였다. 예를 들어 언어학습에 있어서 아동이 또래나 어른들을 따라 하는 말은 의사소통의 목적이 있지만, 한번 배우면 내적 언어(사고)로서 내면화된다. 그의 이론은 벤듀라(A. Bandura)의 사회적 학습을 보완하는 것이며 참여학습 이론의 주요요소라고 할 수 있고, 인지적 발달에 초점을 두었기 때문에 벤듀라나 피아제의 이론과 비교하여 볼 수 있다(황윤환, 2002).[22]

한편, 성격(personality)은 그 사람이 가지고 있는 잠재력과 환경 사

---

22) 황윤환, 「교육전문박사(Ed. D.) 학위과정 개설 및 교육과정 개발」, 2003, 교육인적자원부.

이에서 가장 효율적인 방향으로 진화되었으며 문화(culture)는 그 집단이 가지고 있는 여러 특성들과 환경의 상호작용에 의해서 가장 효율적으로 진화한 것이라고 본다. 문화와 성격 사이의 관계는 상호작용관계에서 파악할 수밖에 없고, 이것은 개인의 주관적 내면화의 인식과 사회적인 객관적 상호작용은 필수 관계라 할 수 있다. 인간을 포위하고 있는 그 환경에 대해 자발적 여부와 상관없이 문화는 이미 현상이며 실체가 보이지 않아도 감각을 통해서 충분히 느껴지는 것이다. Freud는 개인을 이해하려면 인성(personality)을 이해해야 되고 문화를 이해하기 위해서는 강박증(neurosis)을 이해해야 한다고 했다. 예를 들면 근친상간의 금지는 보편적 문화현상인데, 이는 인간이 가지고 있는 마음속의 욕구를 억압하기 위한 방어기제라고 할 수 있다. 이처럼 문화란 집단차원에서 개인의 욕구를 어떻게 해소해주는가 하는 해결방법으로서 집단적 방어기제라고 할 수 있다.

문화와 인성의 만남에는 역사적인 계기가 있다. 1920년대 심리학의 정신분석(psychoanalysis) 분야에서 오이디푸스컴플렉스가 전 인류에 적용되는지 확인하려는 욕구가 있었고 인류학에서는 방법론적 부재를 극복할 방도를 모색하고 있었다. 이때 문화인류학에서 역사주의를 비판하고, 분석과학으로서의 인류학을 지향하여 기능주의라는 연구방법을 창시하여 사회·문화 연구에 새 국면을 연 말리노프스키(Malinowski)가 프로이트의 오이디푸스컴플렉스를 모계사회에 적용한 연구작업은 두 가지 학문의 만남을 주선한 중요한 계기가 되었다.

한편 현재 연구가 한창인 문화심리학 및 비교심리학은 19세기 중엽에 형성된 민속심리학(folklorepsychology)과 역사적 관련을 맺고 있다. 민속심리학의 문화 개념은 '야만에 대비된 문명(civilization)'의 의미를 함축하고 있었다. 또한 그 개념은 민속 혹은 민족정신 즉, 특정 집단의 정신적 특징을 전제하는 개념이기도 했다.

문화는 자연과 정신의 통합을 추구하는 노력 속에서 자연에 대비된 것으로 여겨져 왔다. 심리학을 보편적 법칙에서 구체적 현상을 예측하고 실험적으로 예증하는 과학의 범주로 귀속시켜보려는 시도가 있었는데, 헤르만 파울(H. Paul, 1846-1921)은 자연에 대비된 것을 더이상 정신이 아니라 문화로 봐야 한다고 선언했다. 심리학을 개인심리학(individual psychology)에만 국한시키려는 몇몇 인물들은 파울의 그 선언을 따랐다. 그들은 과학적 지식체계는 본질적으로 비역사적이어야 한다고 여겼다. 개인심리학만이 과학화가 가능하다고 주장한 이들은 집단정신을 연구하는 민속심리학의 가능성에 대해 회의적이었다. 그들은 역사적 측면을 띨 수밖에 없는 집단적 속성은 비역사적인 개인의 심리적 측면에 의해 설명이 가능하다고 여겼기 때문이다. 반면에 유기체론을 옹호하는 이들의 입장에 따르면, 개별적인 것들의 관계에 근거한 전체의 속성은 그 개별적인 것들로만은 설명이 불가능하다고 여기며 이러한 개인 대 집단 관점의 갈등은 유기체적 사고의 태동과 함께 나타난 19세기의 양상 중 하나였다.[23]

유기체론에서 정신은 하나의 전체(whole)로 파악된다. 정신은 몸을 구성하는 부분들의 상호작용에 의존하고, 그 부분들은 전체에 의존한다. 이러한 전체와 부분의 상호의존성은 정신과 신체의 통일성(unity)을 보여주며, 영혼(soul)은 그 통일성의 근원으로 여겨지기도 했다. 부분이 전체에 의존하는 방식은 기계론적 사고방식 속에 쉽게 통합될

---

23) 민속심리학에 관한 장은 (이상하(2007), 상황윤리, 철학과 현실사)에서 인용하여 수정함.

수 없었다. 그 의존방식은 어떤 목적성을 함축하는 것으로 여겨졌기 때문이다. 기계론적 세계 이해에 따르면, 통일성의 문제는 신의 영역이거나, 아니면 우연에 의한 결과일 뿐이다. 기계론적 세계 이해 방식에서 과학적 지식체계는 '왜'가 아닌 '어떻게'라는 의문에 관련된 요인을 다루어야 했다. 원인과 결과는 동일한 인과범주로 간주되며, 양화가 가능한 것은 단지 물질의 연장(extension) 및 운동(motion)과 관련된 1차적 속성에 국한된다.

고대전통의 양적 속성과 질적 속성을 기계론 전통의 1차 속성과 2차속성에 대비시킬 때 주의해야 할 것이 있는데, 그것은 고대전통에서 질(quality)은 양(quantity)과는 다른 방식으로 양화가 가능한 활력, 능력, 성향, 관계 등까지 포함한 개념이었다. 반면에, 기계론 전통에서 질은 단순히 양화가 불가능한 정신적 속성에 지나지 않는다고 여겨졌다. 이점은 정신과 몸을 이분하는 실체적 이원론(substantial dualism)에 함축된 관점이다. 기계론적 사고방식을 개인과 집단에 적용시킬 때, 관계에 근거한 집단적 속성은 개인적 속성에 의해 설명되어야 한다. 반면에, 집단정신을 연구하는 민속심리학은 개인들로 구성된 사회 또한 하나의 '초 유기체(super organism)'로 본다. 개인들의 상호작용에 의해 나타나는 속성은 민속심리학에서는 '집단정신'에 유추되기 때문이다.

생물의 성장과 발생을 다룰 때와 마찬가지로, 정신현상의 연구는 전체가 보여주는 목적성을 배제할 수 없다는 인식이 탄생했으며 이러한 인식 아래, 인과가 오로지 작용원인에만 귀속될 수 없다는 생각이 퍼졌다. 목적인을 단지 도구적 혹은 방법론적 관점에서만 잠정적으로 인정하고 생물학을 발달시켜 나가면, 언젠가는 '생물학의 기계론화'가 가능하다는 생각과 그렇지 않다는 생각이 대립했다. 전자의 생각은 칸트에게서 나타났고, 후자의 생각은 동시대 많은 생리학자 및 발생학 연구자들에게서 엿볼 수 있다. 칸트는 정신현상을 방법론적 차원에서도 과학적 지식체계를 갖출 수 없다는 입장을 취했다. 즉, 칸트는 심리학의 과학화는 불가능하다는 입장을 갖고 있었다.

원거리 작용(action at a distance)과 물질의 활성을 부정하는 기계론적 세계관에서 그렇지 않은 동력학적 세계관으로의 관심의 이동, 그리고 이와 함께 유기체론에 대한 관심의 부활은 19세기 사상계의 풍부한 논쟁을 불러일으킨 원동력이었다. 그럼에도, 이상화된 과학적 지식체계의 이념은 쉽게 식지 않았다. 그 이념이 실제 과학의 작업과 다르다는 사실은 단지 느낌 정도로만 간주되었다. 이러한 상황에서 심리학을 '이상화된 예증적 과학'으로 만들어보려는 시도가 나타났다.

그러한 시도 중 하나는 페히너(G. T. Fechner)의 심리물리학(psychophysics)이다. 심리 물리학을 지금의 실험 심리학의 모태로 잡는 것은 큰 문제가 없지만, 둘을 동일시해서는 안 된다. 당시 낭만주의와 관념론의 득세 아래 '물질론자(materialist)'는 독일에서 경멸의 단어였다. 페히너의 시도는 심신평행론을 바탕으로 심리현상의 물질적 기반을 규명하려는 목적을 갖고 있었다.

페히너와 다른 방식으로 심리학을 과학의 분야로 만들려는 노력이 있었는데, 바로 칸트 자리를 계승한 요한 프리드리히 헤르바르트(J. F. Herbart, 1776-1841)의 작업이었다. 심리학의 역사를 논할 때 헤르바르트를 빠트릴 수 없고 또 독일, 오스트리아 과학 및 철학에 끼친 그의 영향력은 매우 크다. 헤르바르트는 칸트의 입장에 대항해 개인 차원의 심리학도 고전역학처럼 예증적 지식체계가 될 수 있다고 생각했다. 영국 경험론에 뿌리를 둔 '관념의 조합설(associationism of ideas)' 대신, 헤르바르트는 환경 제약 속에서 일정한 방식으로 관념을 생성시키는 '힘에 관한 법칙'에 관심을 가졌다. 그 힘은 실험적으로 직접 증명될 수 없다. 하지만 그것은 언어활동, 집단 역사의 연구 등을 통해 간접적으로 파악이 가능한 것으로 여겨졌다.

헤르바르트는 근대의 개인주의 이성 관점에 충실하려고 애썼다. 그는 헤겔과 달리 민속 혹은 민족정신, 곧 헤겔이 '세계정신(Weltgeist)'의 발달과정에서 특정국가와 결부된 '객관적 정신'으로 불렀던 것을 인정하지 않았다. 헤르바르트는 집단 및 관계의 속성이 개체의 속성에 의해 설명 가능하다는 입장을 취했다. 그는 개인의 심리적 구조가 개인들의 상호작용에 의해 집단 속에 구현된다고 믿었다. 이러한 생각은 민속심리학의 초기 형성과정에 영향을 미쳤다.

언어학자 빌헬름 폰 훔볼트(W. von Humboldt, 1767~1835)는 19세기 언어학의 대가였는데, 훔볼트는 전 우주를 관통하는 원초적 힘을 가정했으며 인간의 언어능력도 그러한 힘의 구현으로 보았다. 훔볼트 언어학의 학문적 위상은 그의 형이상학에서 찾을 수 없다. 하지만 그의 형이상학은 훔볼트가 다른 민족 언어에 관심을 갖도록 만든 하나의 원인이었다. 또한 원초적 힘에 대한 관심은 헤르바르트와 훔볼트 모두에게 공통된 것이다. 그러나 훔볼트는 헤르바르트와 달리 집단을 개인의 심리를 반영하는 일종의 창으로 보지 않았다. 훔볼트는 언어가 심리의 집단적 측면을 구성하는 핵심요인으로 보았다. 언어를 통해 집단적 정신현상의 다양성과 차이, 그리고 공통점을 추적할 수 있다는 것이 훔볼트 사상의 핵심이다. 언어는 집단의 세계 이해를 산출하기 때문에, 훔볼트가 추구한 언어 연구는 언어 자체의 분석에 국한되지 않는다. 그것은 광범위한 영역에서 전부 해석된다.

사회, 집단, 민속 혹은 민족정신이라는 전체는 개인이라는 부분들의 상호작용에 의한 합이다. 전체는 부분들의 상호작용에 의존하고 부분들은 전체에 의존하기 때문에, 민족정신은 개인에게 영향을 미친다. 하지만 전체가 부분에 의존하는 방식과 부분이 전체에 의존하는 방식 사이에서 나타나는 차이는 지금도 여전히 규명되지 않은 상태이다. 아주 짧게나마 개인적 입장을 밝히면, 전체가 부분에 의존하는 방식은 상호작용에 의한 인과성을 갖지만, 부분이 전체에 의존하는 방식은 수동적 제한이다.

그들이 해석하는 민족정신은 집단적 심리현상의 통일성과 조화의 원천으로 여겨졌다. 민족정신은 직접적 측정 대상이 될 수는 없지만 언어, 신화 및 예술에 대한 역사적 연구를 통해 파악이 가능한 것으로 여겨졌다. 또 민족정신 혹은 헤겔의 객관적 정신은 한편으로는 개인의 사고와 성향에 내재하는 원초적인 것을 뜻하며 민족정신은 한편으로는 책, 전쟁, 운송 수단, 물물 거래 및 교육과 각종 제도 등 개인의 상호관계를 규정하는 물질적, 제도 속에서도 나타난다고 주장했다.

민족정신은 집단적 심리현상을 개인적 심리현상에 유추한 것에 근거한다. 결국 '특정 민족'에 대해 추상적인 '특정 개인성'을 논리적으로 전제할 수밖에 없었다. 민족의 위계질서는 개인성의 위계질서로 나타난다. 그 결과, 이상적인 민족 안에서는 모든 개인들이 동질화되고, 또 민족 및 개인의 위계질서에 따른 비교가 중요해진다. 독일적인 것 혹은 아리안족의 것이 다른 민족보다 우월하다는 이념, 곧 국가사회주의(Nazi)의 이념은 민속심리학과 밀접한 관계를 맺는다.

개인주의 관점의 이성 개념이 근대 이후 득세했기 때문에, 정치적 혼란을 그러한 이성 개념의 탓으로 돌린 철학자들은 국가사회주의를 새로운 대안으로 여겼다. 대표적으로 하이데거를 들 수 있다. 나치의 몰락 이후에도 그가 나치의 실패 원인을 히틀러와 아직 성숙하지 못한 시대적 계기로 돌렸다는 점을 잊지 않으며, 개인주의에 대한 환멸은 획일적인 집단주의에 대한 동경으로 이어졌고, 역으로 집단주의에 대한 환멸은 개인주의에 대한 동경으로 이어진 경향을 서양 지성사에서 발견하기란 어렵지 않다. 개인 차원의 심리와 집단 차원의 심리를 서로 유추시키는 사고방식은 그 후 여러 측면에서 비판되었다.

그런 비판을 이끈 인물을 거론할 때, 분트(Wilhelm Wundt, 1832~1920)를 제외할 수 없다. 분트는 개인심리학의 법칙이 인과율에 근거한 물리학의 보편법칙과 다르다는 입장을 취했다. 환경 속에서 작용하는 개인의 심리기제는 목적성을 결여한 물질적 인과기제와 질적으로 다르지만, 물질적 인과기제와 마찬가지로 비역사적인 것이다. 반면에, 민속심리는 '역사적 인과기제'에 바탕을 둔 집단적 심리형태이다. 그러한 형태는 집단역사의 과거에 기인한 것으로서 필연적인 것이 아니라 개연적인 것이다. 이러한 분트의 관점에는 민속심리학과 자연과학의 경계를 명확하게 하려는 동기가 깔려 있다. 분트의 최종 입장은 민속심리학이 인문학, 엄밀히 말하면 정신과학에 속한다는 것이었다. 반면에, 헤르바르트의 제자들은 민속심리학 및 심리학을 과학과 인문학을 연결시켜주는 중간지대로 여겼다. 결국 개인 차원의 심리와 집단 차원의 심리를 유추관계 또는 인과관계 속에서 파악하는가에 따라 접근 방식이 갈린다.

최근의 현대적 관점으로 기존의 학문을 재해석하여 다시 새롭게 구성하는 시도들이 들면서 인간의 공동체 발전과정이 지역적이고 역사적 시대 흐름이 아닌 오히려 사고의 틀, 사고방식에 초점이 맞춰져 있는 것도 있다. 이러한 맥락 하에서 변화는 비동시적인 것을 동시적으로 만드는 경향을 증대시켰으며, 과거로부터의 시간적 변화양상보다 현재와 동시성을 추구하게 되면서 현재의 패러다임이 부상하게 되었고, 이는 집단적인 일치감과 연결되었다. 즉, 시간과 사고의 패러다임이 지역의 패러다임을 넘어서는 것이었다. 이 같은 현상을 철학적으로 살펴보면, 객관적 진실에 대한 회의가 생겨나면서 경계와 차이를 설정하기, 그래서 어떤 확정된 결정을 하기보다는 어떤 방식으로 결정하는가 하는 과정을 중시하는 방법의 문제로 시각이 돌려졌다. 동시에 세계의 지형을 바라보며 전체에 대한 글로벌한 관점의 시각과 지구의 세밀한 부분을 절개하여 구체적으로 바라보는 방식 자체가 중요 연구대상으로 떠올랐으며 동시에 진행되기도 한다. 사실 최근 들어 점점 더 경제 분야에서 떠오른 지구화가 문화적 개념으로 확장되면서 문화 자체가 지니는 의미보다 더 연결되어 구체적 현상으로 보이는 실체가 더 중요하게 되었으며 문화학이 자기와 타자를 비교, 구별, 혼합, 성찰하는 학문이 됨으로써 학문 그 자체도 문화현상이 되었다. 과정으로 다루는 차이를 인식하고 이차적으로 관찰을 하면서 동시에 경험하면 그것은 '다름'에 대한 인식의 과정이고 어떤 것을 경험함으로써 나와 다른 것을 인식하는 과정이다. 따라서 여기에서 제3의 의식 개념이 탄생하는데 이 영역이 네트워크의 구조와 유사하게 작동하면서 이는 글로벌화, 혼종화, 혼합화, 변종화의 양상을 띠게 된다. 특히 자신과 타자의 관계설정에 따르는 지구화를 바라보는 다양한 관점이 문학이나 영화에 자주 등장한다. 다른 문화의 낯섦 자체에 대하여 새로 유입된 누군가는 그것을 경험하고 살아가면서 적당한 거리두기의 관찰이 아니라 가능하면 본질적으로 그 구성원이 가지는 동질성에 가까이 가려고 노력한다.

한편 인종 간 정신분석을 연구한 학자들은 '기초인성구조'라는 구상을 통해서 개인과 사회의 교차점을 제시했다. 정신분석학자들은 그들 연구에 문화인류학적 질문들을 체계적으로 포함시켰다. 한 문화의 전형을 다룰 때 두 개의 연차적 연구를 구분하여 다루었는데 1차 연구에서는 유아양육과 가족관계나 성교육 등의 주제를 다루었다면, 이를 통해 각인된 '인성의 기본구조'를 2차 연구를 통해서 의식이나 종교, 혹은 신화 및 사회 전형의 터부를 포함시키면서 더 분화되고 조절시켰다. 이 연구의 기본구조 목표는 '적응심리역학'이다. 즉, 개개인은 자신의 욕구를 그들이 속한 문화 속에 잠재되어 있는 가능성 내에서 충족시켜야 하며 동시에 문화 보존에 기여해야 한다는 것이다. 예를 들면 미국 시민들은 홍보용 경품으로 무기를 얻을 수 있을지언정, 연말연시 폭죽 판매는 위험하다고 생각하며 심지어 뉴욕에서는 폭죽 판매를 금지하기까지 한다. 자신과 가족을 방어하기 위해 무기를 사용하는 것은 미국 정착기에서부터 유래하는데, 공격적 충동을 다루는 데 있어 미국이 문화적으로 유럽과 매우 다른 것은 이 때문이다.[24]

---

24) 하르트무트 크라프트(Hartmut, Kraft)는 독일의 저명한 신경치료 전문의이자 심리 · 교육 분석가이며 쾰른에서 문화인류학 강의를 하고 있다. 『터부(사람이 해서는 안 될 거의 모든 것)』(2005, 김정민 역), 서울: 열대림 참조.

II. 이해와 공존

1. 문화충격의 도식[25]

인류학자 오베르그(Oberg, 1960: 177−182)에 의하면 "모든 사람은 다른 국가나 문화권에 여행하거나 살게 되었을 때 일종의 문화충격(culture shock)을 겪게 되는데 그것은 하나의 질병(a malady)과도 같다"고 했고 또 그는 질병처럼 문화충격 역시 그 원인(etioloy)과 증상(symptoms) 그리고 치료방법(cure)이 있다고 말한다. 문화충격은 새로운 환경에 처한 사람이 무엇을 어떻게 해야 할지 모르는 느낌, 무엇이 적절하고 부적절한지에 대한 기준의 상실 등 새로운 문화를 접함으로써 겪게 되는 불안감과 좌절감을 묘사한다. 문화충격에서 적응으로서의 과정은 대체로 U커브를 통해 설명될 수 있다.

---

25) 윤영돈, 2010, 『다문화시대 도덕교육의 프리즘과 스펙트럼』, 서울: 이담북스 pp.375−376 인용하여 수정.

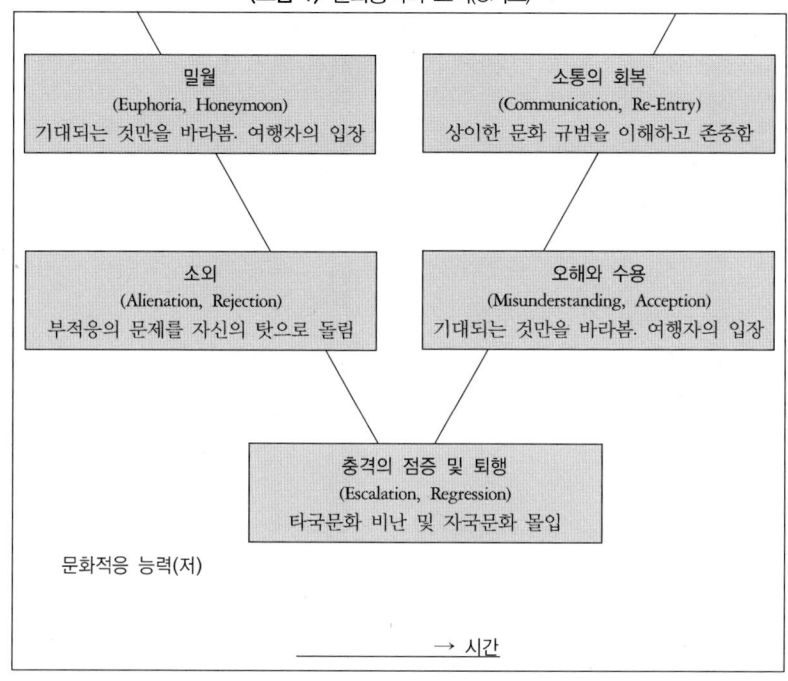

〈그림 1〉 문화충격의 도식(U커브)26)

| 밀월 (Euphoria, Honeymoon) 기대되는 것만을 바라봄. 여행자의 입장 |
| 소통의 회복 (Communication, Re-Entry) 상이한 문화 규범을 이해하고 존중함 |

| 소외 (Alienation, Rejection) 부적응의 문제를 자신의 탓으로 돌림 |
| 오해와 수용 (Misunderstanding, Acception) 기대되는 것만을 바라봄. 여행자의 입장 |

충격의 점증 및 퇴행
(Escalation, Regression)
타국문화 비난 및 자국문화 몰입

문화적응 능력(저)

→ 시간

1) 밀월: 새로운 것에 대한 매력과 높은 문화적응력을 가지고, 타
   문화권을 긍정적으로 바라보는, 마치 신혼과도 같은 단계이다.
   이 단계는 며칠 혹은 몇 주에서 6개월까지 지속된다.
2) 소외: 잘 적응해야 한다는 심리적 부담에 의한 중압감이 가중되
   고 친구, 사회적 지위, 직업과 재산에 대산 상실감을 느낀다. 더

---

26) 문화충격의 U커브(culture shock U curve)는 주로 Kalvero Oberg의 논의에 기초한다. 〈그림
1〉은 바그너(Walf Wagner)의 Kulturschock Deutschland(1999)의 관점을 참고한 Babette
Kalippke 박사(2003. 11.)의 도표를 참고했다. 문화충격 곡선과 문화적응의 곡선은 매우 유
사하며 이에 대한 그림은 "Cultural Adaptation"인데 "적응"은 좀 더 순환적일 수 있다. 그
것은 두 단계 전진, 한 단계 퇴행 등의 과정으로 Kim의 이론을 참조 바람.
(출처: http://www.ilstu.edu/~jrbaldw/372/Adaptation.htm).

나아가 새로운 문화의 구성원으로부터 거절당한 느낌을 갖거나 스스로 그 문화의 구성원이 되는 것을 거부하며, 자책 및 무력감에 빠진다.

3) 충격의 점증 및 퇴행: 자신이 겪는 심리적 어려움의 이유를 타 문화의 탓으로 돌리며, 타 문화를 비판적인 시선으로 바라본다. 반면에 자신의 고유한 문화에 몰입함으로써 심리적 '퇴행(regression)'을 경험한다. 자신에게 불편함을 주는 타 국민에 대해, 다소 완곡한 예를 들자면, '돈만 밝히는 미국인', '게으른 라틴아메리카 사람들' 등과 같이 '상투적인 이미지(sterotypes)'를 갖게 된다.

4) 오해와 수용: 심리적 갈등의 원인이 타국의 문화에 대한 오해였음을 자각하며, 객관적인 거리에서 타국의 상이한 문화를 수용한다. 타국의 언어를 익히고 새로운 문화에 마음을 열게 된다.

5) 소통의 회복: 상이한 문화의 규범을 인식하며, 그 상이함을 견디고 배우며 존중하면서 의사소통을 회복하고, 사회구성원의 일원으로 자리 잡게 된다. 음식이나 습관 및 문화나 관습을 수용할 뿐만 아니라 이를 향유할 수 있게 된다.

2. 다문화의 연계 이론들

인간을 사람과 사람 사이의 관계 속에 다루는 학문은 인류학과, 심리학 또한 역사학도 마찬가지이다. 심리학은 개인적 심리의 성격과 기능에 관심을 두고 있지만, 인류학은 개인의 정신적 경험에 관심을 보이는 게 아니라 사람들 간의 제도화된 관계에 관심을 보이고, 그들이 공유하는 공통적인 문화의 신념과 가치에 더 주목한다. 심리학은 개인에 초점을 맞추고 인간 행위의 생리학적 측면에 관심을 보이는 반면, 인류학은 개인이 포함되어 있는 사회와 문화에 집중한다. 그래서 동일한 사회적 상황에 직면했을 때 심리학자와 인류학자는 제기하는 질문이 다르며, 인류학자는 상황의 사회적, 문화적 의미에 주로 관심을 쏟는다.

사회의 틀 속에 개인적 삶을 영위할 것을 강조했던 뒤르켐(Émile Durkheim)은 사회와 사회성원이 존재의 종류가 다른 것이 아니고 분석의 차원이 서로 다르다는 것이다. 그러므로 서로 다른 분석방법들이 필요하다며, 자살률과 같은 현상도 자살을 하는 사람의 개인적 생애를 고찰한다고 설명되는 것이 아니라, 교회나 클럽이나 가족 등에 대한 소속감이나 이런 집단에서 나타나는 사회적 통합의 정도 등과 같은 사회적인 다른 요인들로서 고찰되어야 한다는 것이다. 뒤르켐은 자살의 성격을 '이기적 자살과 이타적 자살 그리고 아노미적 자살'로 분류했다. 이기적 자살은 사회적인 관계를 개인이 단절하고 고립시켜 극단적인 상황으로 몰아가는 극히 사적인 문제에 기인한다. 이타적 자살은 전쟁 시기나 종교적인 순교 등으로 희생적인 죽음을 말하며 그것은 죽음을 피하지 못하는 상황 아래 일어난다. 아노미적 자살은 사회변화에 적응하지 못하고 사회나 집단의 기준과 자신의 행동양식과 범위를 타협시키지 못한 상태에서 일어나는데, 규범적이지 못한 사회 속에서 자신의 존재감을 확인하지 못할 때 발생한다 할 수 있다. 다문화사회에서 뒤르켐의 자살이론을 유추해보면, 새로운 사회에서 나타나는 현상과 의무가 자신이 가지고 있는 정체성과의 지속적인 혼란으로 적응할 수 없는 개별적인 자아가 결국은 전체의 규범 안에서 실질적인 존재를 인정하기 어려운 상황 아래서 발생될 수 있다는 점에 주목한다. 이러한 요인들도 다른 모든 사회적 데이터처럼 심리적 측면을 지니고 있다. 그러나 분석요인 대상이 제도에 참여하는 사람들이 아니라 그들을 묶어주는 제도 자체가 고려되면, 문제가 되는 것은 사람들의 심리가 아니라 사회제도들 간의 상호연관성과 성원들이 서로 공유하고 있는 믿음과 가치, 곧 뒤르켐이 말하는 집합표상이다(interrelationships of social institutions and the shared beliefs and values, that is, the collective representations). 그래서 인류학은 문화의 대상을 연구하는 것이 아니고 사람들이 참여하고 실천하는 문화와 사회체계를 연구한다는 점에서 심리학과 다르다.

한편 인류학은 미국에서 '체질(생물)인류학, 고고학, 언어인류학, 문화(사회)인류학 또는 민속학' 등 네 가지 분야를 모두 연구하는 데 비해 영국의 경우는 대개 사회인류학에 치중하는 편이다. 인류학에서 통용되는 '문화'의 의미와 그람시(Antonio Gramsci)가 제시하는 문화는 다른 것으로 그람시가 개진하는 문화의 개념이 계급의 개념과 불가분의 관계에 놓여 있다는 점을 충분히 주지하지 못해 발생한 것이다. 그람시에게 문화란 부분적으로나마 계급의 현실이 살아서 움직이는 방식이다. 문화에 관한 그람시의 저술이 지니는 중요한 가치는, 독단이나 경제적 환원론에 빠지지 않으면서 계급과 불평등의 문제에 대해 통찰력 있는 접근방식을 제시한다는 것이다. 인류학자들은 은연중에 그람시가 말하는 문화도 인류학적인 의미를 띠고 있으리라 가정하곤 한다. 그럼에도 그람시의 문화개념이 얼마나 다른지에 주목해

보는 것도 인류학적 시각과 다른 방향에서 살펴볼 수 있다.

제국주의의 변방인 러시아에서 사회주의 혁명이 일어났는데도 제국주의 심장부에서 혁명이 일어나지 않은 이유는 즉, 러시아에서 사회주의 혁명이 성공한 이유에 대해서 그람시는 이 두 가지 문제를 하나의 요인으로 해결한다. 즉, 러시아와 선진자본주의국가는 전혀 다른 조건을 가지고 있었다는 것이다. 그리고 그 조건이란 경제적인 것이 아니다. 러시아에는 없지만 서구에는 있는 조건이 있었다. 그것은 바로 시민사회의 전통이다. 서유럽의 역사에서는 절대주의 시대를 거치면서 시민계급이 발달했으며, 이들은 유럽 각국의 정치 체제를 공화정으로 변모시키는 데 결정적인 주역을 담당했고, 오늘날까지 계속 증가하고 발달하여 두터운 인구층을 이루었다. 시민사회와 대비되는 것은 국가라는 개념이며 국가는 지배하고 시민사회는 견제한다. 이렇게 서유럽의 근세사는 시민사회와 국가가 서로 타협 속에서 긴장과 조화를 이루면서 전개되어 온 역사인데, 시민사회의 층이 두텁고 전통이 강하기 때문에 서유럽에서는 혁명 전의 러시아와 같은 혹독한 전제체제를 수백 년 전에 일찌감치 끝낼 수 있었으며, 노동자 계급의 혁명적 폭발성을 체제 내로 받아들이고 순화시킬 수 있었던 것이다. 그 반대로 시민사회의 전통이 부재한 러시아에서는 국가의 전제적 지배가 여과 없이 국민들에게 전해졌으며, 사회주의 혁명도 진정한 사회혁명이 아니라 위로부터의 정치혁명이라는 형태를 취하게 되었다. 국가와 시민사회는 대립하기만 하는 게 아니라 서로 보완적인 역할을 하기도 한다. 국가와 시민사회의 관계가 그렇다면, 국가의 지배 방식도 일방적이고 폭력적인 형태만을 취할 수는 없을 뿐 아니라 , 시민사회의 동의를 얻어내지 못한다면 국가는 시민사회의 지지를 받을 수 없게 되기 때문이다. 따라서 국가는 최소한도의 사회적 합의를 이끌어낼 수 있어야만 한다.

여기서 그람시는 헤게모니라는 개념을 사용한다. 국가는, 물론 자본가 계급의 이해를 관철시키는 도구이지만 일방적이고 폭력적으로 지배하는 게 아니라 헤게모니를 이용한 한층 세련된 방식으로 지배한다. 헤게모니 역시 기본적으로는 '지배'라는 뜻이지만 물리적 폭력이나 강제력을 통한 지배와는 다르다. 헤게모니는 피지배자의 동의 또는 합의에 기반을 두는 지배이며, 그람시에 따르면 지적·도덕적 지배라는 측면을 포함하고 있다. 물론 그렇다고 해서 헤게모니가 국가의 물리력을 아예 이용하지 않는다는 뜻은 아니다. 헤게모니란 폭력을 통한 단순무식한 지배와 더불어 지적·도덕적 지배가 함께 얽힌 지배를 가리킨다. 헤게모니적 지배가 나름대로 도덕적인 측면을 포함하므로 마치 지배계급이 피지배계급에게 시혜를 베푸는 것처럼 여겨지기도 하지만 결코 그렇지 않다. 지배계급이 자신의 이해관계만을 피지배계급에게 일방적으로 강요한다면, 오히려 피지배계급을 완벽하게 지배할 수 없으므로 그래서 지배계급은 자신의 이익을 어느 정도 희생하고 양보하면서 피지배계급과 적당한 선에서 타협과 협상을 함으로써 지배한다. 그럼으로써 피지배계급의 혁명을 예방하는 것이다. 경제적 사회구성체가 늘 자연사적 발전과정을 거친다는 마르크스의 지론은 역사발전의 법칙성을 강조하고 있다. 그런데 이 법칙성을 도식적으로 이해하면, 어떤 사회 다음에는 어떤 사회가 올 수밖에 없다는 식의 역사적 결정론에 빠지고 만다. 그람시가 헤게모니 개념을 도입한 이유는 바로 그런 함정을 피하기 위해서다.[27]

인류학이 하나의 분야로 발달하는 과정에서 초미의 관심사로 떠오른 것은, 확장을 거듭하던 서구사회가 마주치게 된 사회들(시장에 기초한 거구 자본주의 사회와는 다른 형태의 사회조직을 갖춘 듯이 보이는 사회들)을 이해할 필요성 때문이었다.

인류학은 그 '다른' 세상들을 고유의 관점에서 이해하려고 시도해 왔다. 식민지를 비롯한 다양한 사회를 '타자화'한 것은 근래 들어 정당한 이유로 비판의 표적이 되었다. 페이비언(Fabian)이 주장했듯이, 과거 인류학계에는 사회조직상의 차이를 진화론적 궤적에 끼워 맞추려는 시대적 조류가 있었던 게 사실이다. 예컨대 현존하는 수렵 채집인들은 인류의 원형적 과거를 재현한다고 보는 식이다. 그럼에도 불구하고 서구 자본주의의 합리성이 아닌 다른 관점에서 세계를 이해하려고 했던 시도는 인류학이 학문 분과로서 성취한 최대의 업적이 아닌가 생각한다.

예를 들어 진화론적 가정들로부터 자유로워진 인류학은 오늘날 흔히 '세계화'로 일컬어지는 현상의 헤게모니적 필연성을 따져보는 작업에 흥미로운 관점을 제시할 수 있다. 인류학이 '다른' 세계들의 해명을 연구의 목표로 삼게 된 것은 역사적으로 두 가지 추세와 연관된다. 하나는 그 사회들이 일정한 경계를 지닌 자기 충족적 존재라고 보는 경향이다. 이때 그 사회들은 자신들이 처한 거대한 정치적·경제적·사회적 맥락, 다시 말해서 다양한 식민지적 상황에서 완전히 유리된 것으로 다루어진다. 다른 하나는 그 사회들을 미화하고 낭만적으로 묘사하려는 경향이다. 이 두 추세는 비서구, 비자본주의 세계의 사회들도 진지한 연구의 대상이므로 서구적 형태로 인정될 만한 사회조직의

---

27) 남경태, 2001, 『한눈에 읽는 현대철학』, 서울: 황소걸음.

유무에 따라 판단해서는 안 된다는 주장의 또 다른 측면이다.

3. 다문화주의와 문화상대주의

영토적 소속감으로 단일문화에 대한 맹목적인 동질성에 익숙한 대개의 민족은 그들 고유의 정서에 대한, 또는 근대성에 대한 인식론적 도전처럼 멀티하고 복잡, 다양한 문화가 가져온 변화에 대하여 글로벌화가 초래한 혼란을 해결할 수 있는 하나의 대안으로, 다문화주의는 지속적인 학문적 논의의 대상과 아울러 우리 사회처럼 현실에서의 실행단계에 부딪힌 여러 가지 경험들을 순차적으로 연구하고 있다. 그럼에도 불구하고 여전히 다문화주의에 대한 시각은 과거와는 다른 관점과 방향이 존재한다. 과거의 다문화주의는 사회나 문화를 포함하는 학문적 지식의 장르였거나 미래의 호기심 어린 하나의 이론이었다면 지금의 다문화주의에 대한 관심은 정치사회적으로 한국사회가 직면한 사회 전반에 일어난 작금의 문제에 대한 해답적인 정의를 시험하고 있다. 그것은 사회 전체를 거시적으로 다루어야만 하는 정치가들의 전략적 사회문제로 대두되고, 문제 해결을 위한 정책적 모형을 요구하는 시점에 이르렀다.

그러나 한편으로는 다수의 학자나 시민이 주시하는 관심에 비해, 다문화주의가 갖는 규범적 당위성과 다문화주의가 가져올 사회 전반에 대한 논의는 여전히 성숙되어 있지 않다. 다양한 형태의 이론들이 검토되고 있지만, 다문화주의에 대한 관심과 영향력에 비해 그것의 중간 실행과정이나 결과는 평가를 침묵하거나 묵인한다. 그것은 정책적 차원에서 관련된 기관과 민간단체 그리고 수혜자들이 제각각 이익의 방법이 다르고 수익의 구조가 갖는 체계가 상이하기 때문이다.

사실 외국 학자들 사이에서는 다문화주의에 대한 논의가 긍정적이지만은 않다. 초기에 다문화주의는 정치적으로는 소외와 동화에 대한 규범적·사회적·정치적, 사회적으로는 세계화가 초래한 혼재와 복잡성 그리고 개별적 근거가 있는 갈등을 해소하는 대안, 또는 근대의 획일성에 대한 방법론적 비판으로 합당한 당위성을 부여받았음을 부인할 수 없다. 그러나 현재는 차별을 강조하다 보니 소속된 집단의 경제논리와 맞물려 집단적 이기주의와 학문적 실행의 오류에 대한 성찰로 비판받기도 한다. 기존에 다문화주의에 대해 반대 진영에 서서 논쟁을 하던 보편주의나 민족주의적 보수주의뿐 아니라 집단의 정체성과 개인의 자아 정체성의 상충적 이해관계로 사회에서 존재하는 인간의 사적영역과 사회가 범위를 제한하는 공적 영역의 목소리가 다르기 때문에 다문화주의를 지지했던 사회민주주의자들은 부의 재분배를 통한 동질의 안정감이 선순위인 경제적·정치적·제도적 과제를 제쳐두고 문화라는 추상적이고 심리적인 현상에만 주력한다고 지적하고 있으며, 또 정체성이라는 것이 상호교류적 관계 속에서 형성되고 변화되는 과정에 주목하는 인류학자들은 다문화주의를 집단정체성의 구조형성 과정과 지속성 유지라는 측면에서 민족국가 건설과정에서 등장한 민족주의보다 더 파급효과가 강하다고 주장한다.

여기에 다문화주의는 자기 입지를 구축하기 위한 종족적·민족적 소수집단 리더들의 전략적 선택일 뿐이라고 일축하는 합리적 선택이론가들, 새로운 영역을 개척해 자신들의 위치를 확보하려는 학문적 동기가 포스트모더니즘의 사회적 운동으로 위장된 것이라고 보는 자유주의적 교육학자들, 집단주의로 인해 파괴될 개인성에 더욱 주목해야 한다고 주장하는 자유주의적 평등주의자들, 그리고 사회적 결속을 위한 보편적 이념으로 민족주의를 내세우는 보수주의자들이 가세해 다문화주의에 대한 논쟁이 다방면에서 전개되고 있다.

문제는 다양한 문화와 집단의 평화적 공존이 필요하다는 것은 인정하지만, 다문화주의가 이러한 다문화 공존의 틀을 제공해줄 수 있는 유일한 정치적 원칙인가에 대해서 이견이 존재한다는 사실이 간과되고 있다는 것이다. 특히 다문화시대에 사회적 통합과 관련된 비판들은 다문화주의가 지금 향유하고 있는 규범적 타당성까지 위협하고 있다.

한편으로는 사회적 갈등과 재분배와 관련된 논의에서 민족국가의 규범적 타당성이 다시 고개를 들고 있고, 다른 한편으로는 개인의 선택으로 귀착된 문화적 정체성과 공적 영역의 절차적 정당성에 대한 논의가 국가 또는 공동의 귀속의식을 부여할 수 있는 정치구성체에 대한 논의로 발전되고 있다. 따라서 다문화주의를 비판하는 주장들에 대한 엄밀한 분석도 없이, 다문화주의의 수용과 거부라는 이분법적 잣대를 들이대는 것은 적절하지 않고 신중하지 못한 처사다. 이런 태도는 다문화주의가 도전받고 있는 정치사회적 맥락을 고려하지 않은 채 다문화 공존의 필요성 자체를 거부한다든지, 아니면 다민족국가의 토양과 정책적 고민에서 배양된 다문화주의의 도덕적 정치적 정당성을 사회의 도덕적·정치적 기준으로 무분별하게 수용하는 경향에서만 발견되는 것은 아니다. 다문화주의에 반대하는 입장은 민족주의 또는 단일민족문화에서 벗어나지 못한 국가주의적 사고방식의 다른 표현이라고 단정하는 확신 속에서도 나타난다. 일관된 원칙이나 판단

근거를 제시하지 않은 채, 다문화주의만이 인종적·종족적 평등과 화합을 위한 적절한 선택이며 시대사적 추세라고 주장하는 습관 속에서도 이런 태도는 잠재되어 있는 것이다.[28]

　다문화주의를 둘러싼 다양한 비판과 논쟁은 다음과 같은 몇 가지 핵심 주제로 집약될 수 있는데, 첫째, 기본적으로 다문화주의가 전제하는 소수문화의 보호가 과연 전체 공동체를 위해 가치 있는 일인가를 묻는다. 예를 들면 여성할례 또는 아동학대도 존중해야 하는가에 담론 같은 것이다. 모든 문화가 존중받을 가치가 있는가 하는 문제제기는 현대 인류학의 문화연구나 문화상대주의(cultural relativism)에 대한 올바른 이해로 해결할 수 있다. 현대 인류학의 문화개념은 모든 개별문화가 동질적으로 고정된 것이 아니고 다양한 이질적 요소가 서로 경합하는 역동적인 것으로 설명한다. 둘째, 소수문화를 보호하는 대상으로 문화집단이 실체로서 존재하는가 하는 질문이 제기된다. 이것은 문화주체를 개인으로 볼 것인가 아니면 집단으로 볼 것인가 하는 구체적이고 근본적인 질문으로 연관된다. 문화집단의 주체가 과연 누구인지 하는 문제에서 다문화주의가 전제하는 집단의 의미는 인류학의 문화 연구에서 강조하는 문화 속성과 함께 살펴볼 필요가 있다. 셋째, 다문화주의는 국민국가와 같은 기존의 공동체가 근거하는 공동의 가치와 정체성을 파괴하여 공동체 자체를 붕괴시킬 것이라는 우려는 근본적으로 다문화주의가 기존의 가치나 신념, 지식체계를 무력하게 만들 수 있다는 좀 더 근본적인 위기감에서 나온다. 또한 이런 파편화된 지식과 가치체계는 결국 공동체가 근간으로 삼은

---

28) 곽준혁, 2008, 『아세아연구』 제51권 2호 서문.

사회구성과 정체성의 근간을 흔들 것이라는 위기감으로 이어진다.

킴리카(Kymlicka, 2001)에 따르면, 자유주의 입장에서 인간의 개인적 자율성에 기반을 한 특정한 좋은 삶이 정당화될 수 있으려면 진정한 자유가 있어야 되며 그것을 결정짓는 것이 문화라는 것이다. 한 사회의 소수자들도 자신의 문화를 통하여 자유의지를 가진 존재가 될 수 있고, 그런 개인들의 참여를 통한 시민의 능동성을 발휘할 수 있다고 믿는 것이다. 그에 의하면, 다문화주의는 한 국가 내에서 다양한 소수자들의 문화를 존중하고자 하는 목적을 가지고 있고, 다민족, 다문화사회의 통합에 있어 동화주의는 유효하지 않고, 오히려 민족분쟁의 원인이 된다고 하는 인식에 서 있다. 이는 "각 인종, 민족의 전통적 문화, 언어, 생활습관을 중앙정부가 적극적으로 보호, 유지하기 위해 공적원조를 하는 것과 더불어, 인종차별 금지, 적극적 차별시정조치를 도입하여 각 집단 내의 불만의 축적을 예방하고자 하는 것이다. 우리가 인종과 종족의 평등에 대해 말할 때 동등한 자존감과 동등한 존중감을 호소하고 있다"고 하면서 다문화주의에서 사람들의 정체성이 존중되는 정치적 맥락에서의 중요성을 설명했다.

그는 시민권을 이미 가진 특정 구성원들이나 또는 통합과 관련하여 흡수된 모든 구성원들에게 동등한 자존감을 강조하고 또한 동등하게 대접받아야 되는 원리를 주장하는 인종차별반대정책에 연결된 보편적인 사고에 호소하면서 철저하게 소외당하는 이슬람 단체들은 (동성애자의 정체성처럼 혹은 비슷한 종류의 논쟁을 이용하고 특정 형태의 종교적 형태가 만들어지는 특이한 양상의 정체 형태처럼) 단지 개인화되어서는 안 되며 공공의 일부이어야 됨을 강조했다.

그가 다문화주의에서 말하는 문화는 주로 사회적 문화라는 관점으로 킴리카는 이주민의 문화적 차이를 인정하고 문화적 소속감을 개인의 자율성을 구성하는 요소로 인정한다. 그 핵심은 자유로운 사회에서 한 개인을 다른 문화로 동화시키는 데 어려움을 인정하고 문화적 유산의 구성적 차원을 중시하여, 소수자의 문화를 다수 구성원의 문화로 동화시키는 데 반대하고 소수자 사회의 문화를 보존할 권리를 강조하는 논리이다. 그는 민족적 정체성을 강하게 포용하고 동일시해야 한다고 본다.

그러나 킴리카는 한 영토 안에 오랫동안 거주한 소수민족이 아닌, 자발적으로 이주해온 이민민족 집단은 기존 문화에 자발적으로 통합시킬 의무가 있다고 주장한다(Will Kymlica, 1995). 따라서 킴리카의 주장에 의하면 문화적 정체성의 선택을 권리의 측면에서 접근함으로써 그러한 정체성을 유지하고자 하는 소수자는 자기 문화를 강하게 유지시킬 수 있고, 이민자는 이민의 선택으로 인해 포괄적으로 문화적 정체성의 받아들임 또한 선택한 것으로 보아야 한다는 것이다.

그러나 이러한 논리는 경계지대에서 문화적 정체성의 영역을 수시로 이동할 수 있는 가능성을 제거한다는 한계를 지닌다.[29] 그에 따르면 다문화주의가 주장하는 소수집단의 보호와 지원은 이러한 사회적인 문화에 대한 지원을 말하며 따라서 문화의 개별적 차원인 개인은 자신이 속한 사회적 문화와의 연결에서 자유로운 선택적 사항을 통해 삶의 의미를 찾는 행동양식을 제공받을 수 있기 때문에 집단과 개인은 서로 대립하지 않고 병존할 수 있으며 나아가 개인의 선택적 자유가 오히려 실제적으로 증진될 수 있다고 강조한다.

---

29) 「다문화주의에 대한 이론적 논의」, 이용재, 2010.

다문화주의가 집단을 개인에 우선하는 단위로 설정한 것에 대한 자유주의자들의 비판에 대해 정치학자인 킴리카(Kymlicka)는 '사회적 문화'라는 자의적 개념으로 반론을 편다. 킴리카는 자신이 말하는 문화 즉, 사회적 문화는 "공적·사적 영역에서 사회, 교육, 종교, 여가 및 경제생활을 포함하는 인간행동의 전 영역에서 구성원들에게 의미 있는 삶의 양식을 제공해주는 것"이며 언어의 공유와 영토적 집중에 근거한다고 주장한다. 킴리카(Will Kimlicka)는 '사회적 문화(societal culture)'[30]로의 통합을 증진시키고자 하는 국민형성의 과정에는 이로부터 불이익을 받는 사회적 소수자에게 네 가지의 경우를 강요한다고 본다. 첫째, 그들 주변에 대규모 이민을 받아줄 만한 경제적으로 발전되고 우호적인 국가가 있는 경우 이들 국가로 이민하는 경우, 그리고 좀 더 공정하고 나은 통합의 조건을 협상하면서 주류 문화에의 통합을 받아들이는 경우, 자신들의 사회적 문화를 유지하는 데 필요한 권력 추구의 자치적 집단, 마지막으로 사회의 주변부에서 단지 간섭받지 않기를 바라면서 영구적인 한계성(marginalization)을 받아들이는 경우의 네 가지 선택에 직면하여 각각의 소수민족이나 인종집단은 상이한 대응방식을 취한다는 것이다.

낭만주의적인 문화개념은 물화(reification)되면서 문화나 문화집단의 경계가 실체로 간주되었고, 궁극적으로 문화는 최소한도의 존재나 인정받을 권리를 넘어서는 권리의 주체가 되었다. 문화는 갈등의 장

---

30) 사회적 문화란 영토적으로 집중된 문화. 광범위한 사회적 제도에서 사용되는 공통의 언어를 말한다. 사회적 문화는 근대 자유민주주의국가에서 시민 개개인의 자유와 권리의 보장에 따른 필연적인 결과로서 발생하는 문화적 다양성을 언어적·제도적 결속을 통해 제한하고 균형 잡는 역할을 한다. Will Kimlicka, Contemporary Political Philosophy: An Introduction, Second Ed, New York: Oxford Univ. Press, 2002, pp.346-362.

일 뿐 아니라 이제 갈등의 수단, 때로는 '대량 파괴의 무기'로 등장하기까지 했다. 학자들은 다문화주의에 대한 비판들 중 상당수는 다양한 스펙트럼에서 통용되는 다문화주의 내부의 주장들 때문으로 평가한다. 따라서 이들은 다문화주의 내부에 존재하는 일부 피상적이고 정치적인 논의들을 차별화할 필요를 제기한다. 비판적 다문화주의는 이러한 논의 과정에서 새로운 재구성을 목표로 제안된 다문화주의 개념이다.[31] 이처럼 다문화주의는 그 정책적 유용성에 대한 비판에서 시작하여 정치철학적 논의의 한계에 이르기까지 다양한 비판에 직면하고 있다. 아래 <표 3>은 다문화주의에 대한 비판을 정리한 것이다.

---

31) 한건수, 2008, 『다문화사회의 이해: 비판적다문화주의, 유네스코 · 아시아 국제이해교육원』, 서울: 동녘.

〈표 3〉 다문화주의 비판에 대한 정리32)

다문화주의 비판이유	내용	주장
사회통합의 저해요인	새로운 이주민들에게 시민적 덕성을 기대할 수 없음을 이유로 다문화사회에서 사회를 위한 시민덕성의 추락을 주장	공화주의자
	사회결속을 위한 역사적이고, 보편적 개념인 민족주의가 다문화사회의 다민족, 다인종 사회에서는 훼손되고 있음을 주장	보수주의자
소수집단의 이익추구	소수집단의 정체성과 사회적 역할의 인정이 결국 소수집단 리더들의 입지구축을 위한 전략적 수단에 불과하다는 주장	합리적 선택이론가
	소수집단의 문화적 관습의 인정이 소수집단 내부 구성원에 대한 습관적 차별과 폭력으로 민주주의와 대립한다는 주장	여성주의자 평등주의적 자유주의자
	소수집단의 집단정체성 형성과 유지라는 측면에서 다문화주의에서의 소수집단의 보호는 민족주의보다 더 결정론이라는 주장	인류학자
	소수집단을 중심으로 하는 집단주의로 인하여 개인성의 자율성이 제한되고, 개인성이 파괴된다는 주장	자유주의적 평등주의자
갈등해결 역량부족	집단의 문화적 인정에만 치중하여 부의 재분배라는 문제를 간과함으로써 사회문제를 해결하는 힘을 잃어버리고 있다는 주장	사회민주주의자
	소수민족이 스스로 전통문화전수자들이라고 간주하고 문화를 고정적이고 정적인 것으로 인식하는 백인문화지배체계를 바꿀 수 없다는 주장	탈식민주의자 탈근대주의자

반면에 문화상대주의는 이제 적어도 학자들 사이에서는 당연한 것으로 받아들여진다. 그러나 불과 1세기 전까지만 해도 그렇지 않았다. 문화상대주의는 인류학자들이 문화진화론에 대한 관심으로부터 시작되었는데, 19세기의 제국주의 시대는 서구열강들이 전 세계를 자국의 이익에 맞는 방편으로 분할하여 지배적인 자기 문화를 우월하다고 믿으면서 아프리카와 동남아시아는 물론 태평양 주변의 섬들을 막강한 군사력과 서구문명의 식민쟁탈전으로 무너뜨렸으며 침략으

---

32) 이용재, 「다문화주의에 대한 이론적 논의」, p.17.

로 시작된 세계 곳곳의 영토 분할이 어느 정도 완료되자 그들은 식민화시킨 지역의 문화에 관심을 보이기 시작했다. 그런 과정 속에 탄생한 것이 문화인류학인데 문화상대주의는 크게 인류학자가 연구대상을 취하는 방법이 둘로 나뉠 수 있으며(Jarvie, 1984: 68), 그것은 어떤 행위나 사상의 옳고 그름이나 좋고 나쁨이 특정 문화적 맥락에서 규정한 가치체계에 따라 판단되어야 한다는 도덕상대주의와 인간이 자신의 현실에 대한 판단과 조직화는 문화에 의해 조건 지워지며 인간의 세계관과 사물론 역시 자신을 둘러싼 문화에 의해 달라진다는 인식상대주의가 존재한다. 또한 인종, 민족 사이의 문화나 지적능력이나 도덕적 가치는 본질적으로는 별 차이가 없다는 관용적이고 평등적인 시각뿐 아니라 특정 문화와 인간의 인식과 가치는 절대적이고 보편적인 기준에 의해 판단될 수 없다는 다원주의 시각이 내포되어 있다.

그럼에도 불구하고 다른 문화를 업신여기는 의식은 보통사람들은 물론 학문의 세계에서도 오랫동안 지속되었다. 심지어 지금은 문화상대주의를 가장 충실하게 따르는 문화인류학에서조차, 서양문명이 가장 앞서 있다고 생각하고 있었다. 자기 문화를 우월하다고 믿으면서 나온 개념이 '원시인'이니 '미개인'이니 하는 것이다. 인간은 아주 오래전에 동물들과 별 다름없이 살다가 일부 민족들이 의식이 발달하기 시작하여 문명화된 삶을 살아왔는데, 서양의 백인들이 가장 높은 단계에 올라와 있고 흑인들이 가장 낮은 단계에 머물러 있다고 생각했던 것이다. 그런데 그것은 과연 과거의 편견이고 현대는 그렇지 않은지 성찰해보면 답을 알 수가 있다. 지금도 우리는 피부 빛이나 경제수준에 따라 차별이 존재함을 부인할 수 없다. 프랑스 태생 유대인으로 미국에서 과학저널리스트로 활약하는 데이비드 베레비(David.

Berreby)는 인간부류를 규정하는 모든 것은 우리가 처한 상황과 마음에 달려 있다고 강조한다.

인간을 분류하는 단위는 국가, 종교, 민족, 인종에서부터 가족과 자신의 취미활동으로 속한 스포츠클럽까지 범위가 실로 넓고 다양하다. 그 집단 속에서 '우리'와 '그들'을 구분하는 것은 마음이 어떻게 움직이는가에 따라서 전혀 다른 결과가 나오는 것이다. 그것은 우리가 너무 당연히 믿었던 것들이 근거 없이 편향된 것임에도 불구하고 오랫동안 당연시하고 있음에 대한 성찰이다. 18세기 노스캐롤라이나 출신의 백인 찰스 존스턴이 좋은 예다. 평범한 백인으로 산 그는 1790년 쇼니 인디언 부족에 포로로 붙잡히고 말았다. 다른 포로라고는 흑인 노예 한 명뿐. 그때를 존스턴은 이렇게 회상했다. "다른 상황이었다면 가까이 하지 않았을 불쌍한 깜둥이가 내 동료이자 친구가 됐고, 내 마음은 아주 편안했다." 존스턴은 '흑인 대 백인'이라는 분류가 아무 소용없고 오히려 '쇼니 인디언 대 영어 사용자'라는 분류가 더 적절한 상황에 놓였던 것이다. 그리고 그러한 상황은 존스턴이 평생 고수해온 인종 구분을 무시하게 만들기에 충분했다.

베레비는 이처럼 인간 부류를 규정하는 것은 상황과 마음이라고 결론을 내린다. "누군가를 구분 짓는 코드는 바로 당신의 머릿속에 있으며 당신에 의해 매일 새롭게 만들어진다. 다시 말해 '우리-그들'의 코드가 당신을 지배하는 것이 아니라, 당신이 그 코드를 지배한다. 인간 부류와 더불어 어떻게 살아갈지는 당신 스스로에게 달려 있다." 그는 집단의 정체성을 형성하는 데 결정적으로 작용하는 것이 인간의 '부족적 감각'이라고 설명한다. 예를 들면, 작은 방 안에서 자신 스스로의 의견이 자신을 제외한 자신이 속한 그룹의 의견과 다르면 다른 의견을 낸 사람은 누가 봐도 그 그룹의 의견이 틀리다는 점이 명백하더라도 자신의 의견을 바꾼다는 것이다. 이것은 우리가 안다고 확신하는 상식이 얼마나 다른 답을 제시할 수 있는지를 보여준다. 우리는 타인들이 보이는 모습을 보고 민족이나, 종교, 국가 등을 구분하지만 우리 마음속에 작동되는 그것의 원인과 결과는 전혀 다른 것으로 보일 수 있다. 인간이 무엇인가를 생각하고 결정해서 행동하게 만드는 원인이 자신이 '어떤 사람인가'가 아니라 '어떤 상황인가'가 더 결정적으로 그 사람의 행동과 방향을 선택하게 한다는 것이다. 인간이 어떤 식으로 자신과 주변을 분류하는지 그리고 그렇게 탄생한 부류들이 어떤 식으로 서로에게 깊은 영향을 미치는지에 대한 흥미로운 사실은 부류가 되었기 때문에 집단이 요구하는 상황으로 닮아간다는 이야기다. 그는 그러한 사실들을 여러 가지 사례를 통해 명백하게 보여주고 있다.

인간은 이미 각자의 선험적 경험의 내용과 양이 다르고, 처해진 환경과 살아가는 조건이 다르며, 행동양식의 기준이 되는 사고체계와 기억을 관장하는 뇌의 운용시스템이 다르기 때문에 제각각 다르게 살 수밖에 없다. 그런 인간들이 사회조직 속에서 생존하려면 어딘가에 소속되어 있어야 안정감을 느끼며 그것은 '우리'와 '그들'이라는 분류를 통해, 스스로 자신의 집단에 동화되어가며 우리-그들 간에 호감과 적대감을 드러내며 집단화되어 간다. 그런 집단적인 극단의 사례인 나치즘, 군국주의, 인종차별은 대부분 근거 없는 생물학적 인종 분류에서부터 시작되었고, 그것은 결국 조종자들에 의해 조종된 집단이 인간의 예상을 뛰어넘는 폭력과 광기를 표출하는 역사를 만들었다. 언어와 사고와 상징을 이용하는 인간들은 가지가지 방식으로 내편과 상대편을 분류하고 무리를 지어간다. 그러나 그러한 분류나 계열화는 상황에 따라 언제든지 변화될 수 있음을 안다면 집단적인 정체성이 가지는 오류를 간과해서는 안 된다.

인간은 서로 비슷한 사람들이 한 부류가 되는 것이 아니라, 한 부류가 되고 나서 서로 비슷해진다. 인간 부류 형성에 중요한 것은 어떤 사람이냐가 아니라 어떤 상황에 놓여 있느냐이다. 글로벌화 시대에 다양한 국적과 다양한 피부색을 가진 수많은 인종의 사람들이 우리 사회로 빠르게 유입되고 있고, 서로 다르다는 것은 낯설음이 주는 불편함뿐 아니라 인종, 민족의 구별 지움이 전해주는 배타적 감정을 불러일으킨다는 점은 차치하고 한국에서 최근 들어 연속적으로 문제화되는 것은 다름에 따른 구분이 아니고 그것을 넘어선 인종에 따른 서열화에 대한 것이다. 우리는 우리 사회의 이방인에 대해 우리도 모르는 사이에 국적과 인종이라는 부류로 나누어 그들을 생각하고 대우한다. 그들은 한국에 오기 전에 이미 지구에서 유일한 사람이면서 자신만의 이름을 가졌지만 한국인에게는 여전히 어떤 국적인지, 어떤 인종인지가 중요하고 그것의 내면에는 이미 기존에 내가 속한 부류에 의해 형성되어 자리 잡힌 그 집단에 대한 편견이 작동되고 있음을 부인할 수가 없다.

월러스틴(Immanuel Wallerstein)[33])은 집단과 집단을 구별 짓게 하는 특성에는 문화가 있다고 했다. 그러나 문화는 서로를 구별 짓는 것뿐 아니라 상호관계를 통해서 다시 재탄생되기도 한다. 서로의 차이를 강조할수록 오히려 그것 때문에 차별이 많은 사회일 수 있다. 그래서

---

33) '세계체제 분석'에 선구적 업적을 쌓은 미국 사회학자, 미국예일대 석좌교수.

들뢰즈(Gilles Deleuze)는 기존의 가치와 삶의 방식을 고수하지 않고 새로운 것을 창조하는 유목주의를 의미하는 노마디즘(nomadism)이라는 용어로 현대사회의 문화심리현상을 설명했다.

사람들 사이에 그리고 문화들 사이에 등급을 매기고 어느 쪽이 우월하고 어느 쪽이 열등하다는 식의 평가를 내리는 것은 매우 위험하다. 낯설고 심지어 우스워 보이기도 하는 관습을 목격하게 되었을 때, 자신의 문화와 가치관을 기준으로 함부로 해석하고 평가하는 것을 삼가야 한다. 자기의 생각과 느낌에서 일단 벗어나서 그 문화를 있는 그대로 보려고 노력해야 한다. 그러다 보면 오히려 그 문화들 안에 나름대로 합리적인 이유가 있음을 발견할 수도 있다. 반복되는 경험에 의해 생겨난 심리적 습관을 문화라고 하면, 사람은 다른 동물과 달리 본능의 명령에 따라서만 살아가지 않는다. 탄생할 때 자연적으로 부여받은 유전자 프로그램이 진화를 거듭하면서 보다 더 정교해지고 복잡하게 채워졌지만 아직도 설명되어지지 않는 부분이 있는데 그 빈 부분을 메워주는 것이 바로 문화다. 문화는 생각과 느낌 그리고 행동의 프로그램이다. 그것은 인간에게 저절로 주어지는 것이 아니라 유무형의 경험과 학습을 통해서 체득되는 것이다. 그리고 문화는 오랜 역사 속에서 형성되고 변화하는 것으로, 사회에 따라 크게 다를 수밖에 없다.

그렇다면 무슨 문화든 다 보편적이고 합리적 타당성이 있는가에 대해서는 담론의 여지가 있다. 단지 자신이 속하지 않은 다른 사회라는 이유만으로 그 안에서 벌어지는 일들을 용인해야 한다면 이것은 매우 중요하고도 핵심적인 전제가 된다.

예를 들어 옛날 아스테카문명에서는 사람을 신에게 제물로 바치는 의례를 행했다고 한다. 살아 있는 사람들을 끌어다가 사원의 높은 곳에 눕혀놓고 그 가슴을 열어 심장을 꺼내어 제단에 바치고 시체는 아래로 굴러 떨어뜨렸다. 과거의 이야기이기는 하지만 비인간적인 행위가 종교라는 이름으로 자행되는 일은 지금도 종종 벌어진다. 어떤 관습이나 믿음으로 생명을 파괴하고 그것을 정당화하는 경우가 많다. 특히 사회적 약자의 인권이 짓밟히고 인간의 윤리적 잣대로 인정되기 어려운 행태 등이 여전히 존재함에도 그것도 나름의 문화는 문화이다.

문화상대주의의 입장에 철저하게 선다면 그것 나름대로 존재 가치가 있다고 용인해야 되지만, 여기에서 생각해보아야 할 것은 '다른 문화'의 경계 설정의 단위는 국가만이 아니다. 일례로, 한국사회 안에도 수없이 다양한 문화가 공존한다. 만일 한국에서 어느 종교 집단이 이상한 교리로 사람들을 현혹하면서 개인과 가족을 전부 파탄으로 몰아가고 있다든지, 어떤 특이한 부류의 사람들이 기이한 세계관에 사로잡혀 비정상적인 일상생활을 하고 있다면, 문화상대주의에 입장으로 관찰하여 어떤 태도를 취하는 것이 합당한지에 대해 그것도 하나의 문화로서 인정하고 방관하는 쪽을 택하면 매우 무책임한 것으로 비난을 받게 될 것이다. 왜냐하면 한국이라는 사회 내에서 벌어지는 일이기에 무책임하게 외면해서는 안 된다고 일반적인 논리로 생각하는 것이다.

그렇다면 그것은 문화상대주의를 포기하는 것이 바람직한 것인지 의구심이 들지만, 문화상대주의는 어떤 문화를 우선 있는 그대로 바라보기 위해 필요한 출발점으로서 언제나 유용하다. 그리고 그렇게 해서 이해된 문화에 대해 가치를 판단하는 시점에 서면 신중한 태도를 취하게 될 것이다. 서로 다른 지역에서 한 시대를 공유하는 지구촌 인류가 서로에게 보편적인 사랑과 책임감을 갖고, 어떤 사람에게나 존재하는 자연적인 욕구와 권리를 존중한다면, 문화상대주의를 지키면서도 휴머니즘을 실현할 수 있을 것이다.

04

사회와 정의

하나의 국가 안에서 구성원이 서로 다른 영역으로
구분하여 살아가는 것은 여러 면에서 갈등의 근간이
되며, 구성원들이 어떤 방식으로 스스로를 동일한 집
단으로 인식하는지 가늠하는 것은 다문화사회에서 대
단히 중요하다. 그들이 속한 특정 형태의 정체성과 다
른 집단에게 대하는 어떤 유형의 개인적 심리가 어떤
결과로 이어지는지 고찰하기로 한다.

제1장 정의

정의라는 개념이 사회와 분리된 개별적인 자아가 지니는 정의와 집단과 공동체 영역에서의 정의의 관점은 다를 수 있기 때문에 롤즈(John Rawls)[1]는 다원주의사회의 모든 구성원에게 정당화될 수 있는 자신의 정의론에 사회와의 협동이라는 개념과 함께 새로운 도덕적 인간상을 도입시킨다(정순미, 1995). 결국 사회가 지니는 기본구조의 근간이 되는 정치, 경제, 사회제도에서의 정치적 의미로서의 정의로 범위를 축소시켜서 '공정의 정의'처럼 도덕적 개념의 광범위가 아닌 관점으로 다루었다(Mulhall & Swift, 1993). 그는 정치적인 의미의 정의를 통해서 개인의 특정 짓는 선의 개념에 상관없이 모든 시민이 공유할 수 있는 정의를 확립하고자 했으며(Mulhall & Swift, 1993: 181-183), 그것은 자신의 자유주의적인 측면에 공동체주의적 요소를 확대한다. 그러나 샌들(M. sandal)은 롤즈의 개념이 형이상학적이라며 개인이 가지는 특정 목적과는 분리된, 본질적이고 자연적인 인간관을 전제한다고 롤즈의 인간 개념을 비판한다. 롤즈는 자신의 인간개념이 '형이상학적(metaphysical)이 아니라 광범위한(comprehensive)' 것으로

---

1) John Rawls의 정의의 원칙: 기본적 자유와 권리의 최대한 평등한 보장과 정당한 불평등 배분의 원칙을 무지의 베일에 싸여 있는 계약 당사자들이 동의할 것을 주장.

써 시민으로서 인간개념뿐 아니라 광범위한 도덕적·철학적·종교적 교리를 포함한다고 하더라도 형이상학적인 주장이 아니라고 반론한다. 롤즈에게 중요한 것은 자신의 인간개념이 공공 정치문화에 잠재되어(latent) 있다는 사실이지 그 개념이 현실과 합치한다는 것은 아니다(Mullhall & Swigt, 1993; 174-178)라고 했다.

한편 테일러(C. Taylor)는 롤즈의 이론에 있어서 개인이 사회에 우선하고, 개인과 사회관계에 대해 부적절한 원자론적 이해를 하고 있다고 비판한다. 테일러에 의하면 인간의 자기이해는 타인과의 관계, 즉 가치의 저장장소인 공동체와의 관계에서만 밝혀진다. 이에 대해 롤즈는 공적으로 정당화될 수 있는 정의 즉, 공정으로서의 정의가 사람들로 하여금 자신들이 자유롭고 평등하며, 가치의 개념들을 형성, 수정, 추구하게 하는 교육적 역할을 한다고 주장한다. 롤즈에 의하면 이러한 일련의 공공성(Publicy)은 다시 공적문화와 그 안에 내재하는 인간과 사회개념들로부터 시민으로서의 자기이해를 형성한다고 말한다. 개인적 자율성의 이상에 대한 롤즈의 특수한 사회환경의 중요성에 대한 관찰은 테일러의 요구, 즉 자유로운 개인은 자유로운 사회의 조합에 의존한다는 요구를 만족시킨다.[2]

---

2) 윤영돈, 2010, 『다문화시대 도덕교육의 프리즘과 스펙트럼』, 서울: 이담북스. 182-185.

 # 제2장 국민정체성과 시민의식

    한 사회에 속한 구성원들이 동일한 특징으로 규정되어 다른 집단과 구별되는 집단적인 정체성이 유형·무형으로 존재하며 다양한 인종과 민족이 혼재되는 사회는 그것 역시 고정되지 않고 변동적이지만, 일반적으로 국민정체성은 종족적-혈통적 모델(ethnic-genealogical model)과 시민적-영토적 모델(civic-territorial model)로 구분될 수 있다.3) 종족적-혈통적 모델은 귀속적 속성이 강하고 민족의 구성에 있어 영토보다는 혈통을 중요시하는 개념이다. 또한 민족공동체 또는 문화공동체에 기반이 되는 동일조상의 후손, 전통과 문화적 유산의 공유, 공동의 정치운명에 대한 집단기억의 공유 등을 포함하고 있다(Smith, 1991).

    반면에 시민적-영토적 모델은 민족의 구성에서 영토와 정치적 공동체로서 자격요건이 중요하게 강조된다. 또한 선택적이고 자발적 속성이 강한 개념으로 국민으로서 동등한 권리 및 의무의 행사, 제도와 같은 정치적 의지와 자본주의적 이해를 포함하는 개념이다(Jones & Smith, 2001: 최현, 2003).

---

3) Smith, National identity, (London, Penguin Books, 1991), pp.1-178. ;Smith, Nations and Nationalism in a Global Era, (Cambridge, UK: Polity Press, 1995).; Jones and Smith, "Individual and Societal Bases of National Identity: a Comparative Multilevel Analysis," European Sociological Review Vol.17 No.2, pp.103-118.

국민정체성은 한 국가의 구성원들이 '국민됨(nationhood)'에 대하여 생각하고 이야기하는 방식 또는 스스로를 규정하는 자기인식이라고 정의할 수 있다.[4] 국민정체성은 국가의 구성원인 국민이 느끼는 소속감으로서 상상의 공동체에 참여하는 구성원 모두가 공유하고 있는 이미지 또는 집합적 정체성으로 이해될 수 있다.[5] 또한 국민정체성은 사회정체성(social identity)의 한 형태로서 특정국가 또는 국민과 연관하여 사람들이 가지고 있는 신념과 감정을 의미한다고 볼 수 있다(Wiggins and Zandedn, 1994: 정기선, 2004). 이러한 국민정체성은 국가구성원인 국민과 국민 아닌 사람으로 구분을 통하여 자신이 속한 집단과는 동일시하지만 '타자'와는 거리를 두는 포섭과 배제의 이중적인 태도를 보이는 정체성의 메커니즘으로 설명될 수 있다(Hjerm, 1998: Castles & Miller, 2003; 황정미 외, 2007). 또한 국민정체성은 시민권(citizenship)[6]과 국적(nationality)[7]을 결정하는 가장 중요한 문화적

---

4) Brubaker, *Citizenship and Nationhood in France and Germany*, (Cambridge, Mass: Harvard University Press, 1992), pp.13-14.

5) Gellner, *Nations and Nationalism*, (Oxford: Blackwell, 1983), pp.1-144.; Shils, "Nation, Nationality, Nationalism and Civil Society." Nationsand Nationalism Vol.1, pp.93-118.; Jones and Smith, "Individual andSocietal Bases of National Identity: a Comparative Multilevel Analysis."
European Sociological Review Vol.17 No.2, pp.103-118.

6) 시민권은 근대 이후 등장한 개념으로서 매우 중요한 사회적 울타리로서의 역할을 한다. 이러한 시민권은 누가 한 국가의 시민으로서 그 나라의 중요한 정책을 결정할 수 있는지, 국가에 의해 보호받을 자격이 있는가에 대한 국가의 결정이라고 할 수 있다. 또한 이는 국민들만이 누리는 물질적 부, 사회적 기회와 보상 등을 국민이 아닌 사람이 누릴 수 없도록 만들뿐 아니라 그들이 국민이라면 마음 놓고 출입할 수 있는 한 나라의 영토에 들어가는 것을 막는다(Brubaker, 1992, 최현, 2003: 144재인용).

7) 국적은 일반적으로 어떤 개인을 특정한 국가에 귀속시키는 법적인 유대라고 설명된다. 곧 국적이란 자연인이 특정 국가에 대하여 특별한 유대를 가지고 있는 경우 국제법의 원칙에 따라 그 국가의 국내법에 부여한 법적 인연이라고 하는 것이다. 이로써 국적은 국민으로서 신분 또는 국민이 되는 자격이라고 할 수 있고, 어떤 개인이 특정한 국가의 구성원이 되는 자격 또는 지위라고 정의할 수 있다(전재호, 2005).

요인으로 간주되고 있고, 시민권과 국적은 그 나라의 국민 됨의 범위를 규정하는 국민정체성의 지표가 되는 것이다(Brubaker, 1992; 전재호, 2005).[8]

국민국가 단위의 국민정체성은 개인이 개별적으로 느끼는 국민정체성 인식과 구별될 필요가 있다. 국민정체성은 그 국가가 겪은 역사적인 경험과 제도적·정치적인 과정을 통하여 형성되는 반면 국민정체성 인식은 한 개인이 누구를 어떻게 어떤 기준으로 같은 국민으로 정의하고 수용할 것인가는 사회심리적인 현상 속에서 각 개인의 심리로 이해할 수 있기 때문이다. 동일한 국가에 속한 국민들은 동질의 국민정체성을 지니지만, 개인에 따라 기준이 국민정체성에 관한 모델이 다르기 때문에 국내외의 많은 연구들은 국민정체성을 종족적 요인과 시민적 요인으로 구분하여 국가 간 국민정체성의 특징과 유형을 비교하거나, 각 요인별 성향에 따른 이주자와 소수인종 민족집단에 대한 태도의 차이 등을 연구하였다. 하지만 국민정체성을 종족적 요인과 시민적 요인으로 구분하는 것은 그 경계가 모호할 뿐만 아니라 한 국가의 국민들이 수용하는 정체성의 전체적인 면모를 담아내는 데 일정한 한계가 있다는 비판이 제기되고 있다.[9] 즉, 국가적 역사

---

8) 윤인진. 2010. 『한국인의 이주노동자와 다문화사회에 대한 인식』. 이담북스.

9) Herring, Jankowski, and Brown, "Pro-Black Doesn't Mean Anti-White: the structure of African-American group Identity." The Journal of politics Vol.61 No.2, pp.363-386.; Brown, Contemporary Nationalism: Civic, Ethnocultural and Multicultural Politics(London: Routledge, 2000);
Shulman, "Challenging the Civic/Ethnic and West/East Dichotomies in the study of Nationalism" Comparative Political Studies Vol. 35 No5, pp.554-585.; Oliver and Wong, "Intergroup Prejudice in MultiethnicSettings." American Journal of Political Science Vol.47 No.4, pp.567-582.; Hochman et al., op. cit, pp.6-7.; Holley and Vicki, "National Identity: Civic, Ethnic, Hybrid, and Atomised Individuals." EUROPE-ASIA STUDIES Vol.61 No.1, pp.1-28.

적 차원의 국민정체성 형성과 개인적이고 심리적 차원의 국민정체성 인식은 서로 차이가 있어서 개인적 차원에서는 종족적 요인과 시민적 요인이 서로 배타적이지 않고 복합적으로 작용할 수 있다는 것이다.

예름(Hjerm, 1998), 히스와 틸리(Heath and Tilley, 2005), 호치만 외(Hochman et al., 2008)는 국민정체성 인식의 종족적 요인과 시민적 요인이 상호 배타적인 개념이라는 관점보다 두 요인을 함께 고려하여 각 요인의 중간 값을 기준으로 4가지 유형(혼합형(mixed), 종족형(ethnic), 시민형(civic), 다원형(plural))으로 국민정체성을 구분하여 측정하였다 (표 1). 각각의 선행연구에서 공통적으로 나타난 결과는 시민적 요인과 종족적 요인 두 요인 모두를 중요하게 여기는 혼합형(mixed)이 이민자에게 가장 배타적인 태도를 보이고 두 요인 모두를 중요하게 여기지 않은 다원형(plural)이 가장 관용적인 도를 보이는 것으로 나타났다.[10] 즉, 국민정체성 인식의 두 요인 모두를 중요하게 여기는 집단은 이민자의 감소와 불법이주자의 강제퇴거를 선호한 반면 이주민에 대한 차별금지법에 대하여서는 소극적인 태도를 보이는 것으로 나타났다. 하지만 시민적 요인이 우세한 집단과 두 요인 모두를 중요하게 생각하지 않는 다원형 집단은 다문화주의와 관련된 정책에 우호적인 입장을 나타내고 있다. 호치만 외(Hochman et al., 2008)는 혼합형이 여타의 유형보다 배타적인 성향이 높은 것은 국민정체성 인식의 시민적 요인보다 종족적 특성이 이민자에 대한 태도에 더 큰 영향을 미쳐서 나타난 결과라고 설명하였다.

---

10) Hjerm, op. cit, pp.; 341-345.; Heath and Tilley, op. cit, pp.121-130. Hochman at al, op. cit, pp.11-17.

〈표 1〉 시민적 요인과 종족적 요인에 따른 국민정체성 인식 유형

		시민적 요인 (Civic factor)	
		강함(Strong)	약함(Weak)
종족적 요인 (Ethnic factor)	강함(Strong)	혼합형(Mixed)	종족형(Ethnic)
	약함(Weak)	시민형(Civic)	다원형(Plural)

자료: Hochman et al.(2008); Hochman.

할리와 비키(Holley and Vicki, 2009)도 종족적 요인과 시민적 요인을 나누어서 구분하지 않고 종족 외 집단에 대한 관용의 수준과 종족 내 집단에 대한 애착의 정도에 따라 국민정체성 인식을 4가지의 유형(시민형(civic), 종족형(ethnic), 혼종형(hybrid), 세분형(atomized))으로 구분하고 그 수준을 측정하였다(표 2). 종족정체성에 대한 유대감이 강한지 약한지에 따라서, 또한 외집단인 이주자에게 관용적 태도를 보이는지 불관용적인 태도를 보이는지에 따라서 국민정체성 인식을 4가지의 유형으로 구분하여 분석하고 있다.[11]

분석결과, 내부집단에 대한 애착과 외집단에 대한 관용의 수준이 동시에 높은 혼종적(hybrid)인 집단은 내부집단에 대해 유대와 결속을 강조하면서도 이민자 집단이나 소수집단에 대한 권리인식과 관용적인 태도 또한 가장 높게 나타나고 있다. 반면에 내부집단에 대한 애착과 외부집단에 대한 관용의 수준이 낮은 세분화(atomized)된 정체성을 소유한 집단은 자신들이 속한 내집단과 외집단 모두에게 부정적인 태도를 유지하고 있어 민주주의와 투표 참여율이 낮고 동시에 이주민에 대한 배타적인 태도가 높은 것으로 나타났다.(윤인진, 2010)[12]

---

11) Holley and Vicki, op. cit, pp.1-28.

	외집단에 관용적 (Tolerant of out-group)	외집단에 불관용적 (Intolerant of out-group)
약한 종족적 유대감 (Weak Ethnic Attachment)	시민형(Civic)	세분형(Atomized)
강한 종족적 유대감 (Strong Ethnic Attacment)	혼종형(Hybrid)	종족형(Ethnic)

자료: Holly & Vicki(2009).

1. 시민의식 · 시민권

시민의식, 책임감, 충성심 그리고 협동심은 정체성과 자신뿐 아니라 개인적 관심사를 넘어서 공익을 위한 의무감을 나타낸다. 이러한 능력을 가진 개인은 강한 의무감을 갖고, 개인적 이득보다 집단의 이익을 위해 일하며, 동료들에게 충실하며 자기 능력에 맞는 일을 할 수 있다는 신뢰를 준다. 좋은 동료, 생산적인 정신, 공동체에 대한 책임감 등의 능력은 더 나아간 척도이다. 이러한 능력을 지닌 개인은 투표, 시민단체에의 가입, 또는 사회적 · 환경적 문제에 대해 시간이나 돈을 투자하는 것 등을 통해 그들의 공동체에 일어나는 시민적 사건들에 대해 더 활동적으로 참여한다. 정치적 항의 역시 이러한 능력을 드러낸다. 미국인들에 대한 조사는 시위에 참가하는 사람들은 대부분 더 큰 공동체에 대한 의무감에서 그렇게 한다는 것을 보여준다(Verba, Schlozman & Brady, 1955). 이러한 가치를 보여주는 사람들의

---

12) 윤인진, 2010, 『한국인의 이주노동자와 다문화사회에 대한 인식』, 서울: 한국학술정보(주), pp53-57.

공통점은 그들이 개인적인 목표보다는 공공의 목표를 우선적인 가치로 여긴다는 것이다. 그들은 공공의 이익에 공감하며, 미래의 세대를 위해 더 좋은 세상을 만들기를 원한다.

그들은 다음과 같은 말에 동의할 것이다:

- 나는 내가 사는 세상을 개선할 책임이 있다.
- 모든 사람은 그들이 사는 마을이나 나라의 이익을 위해서 시간을 투자해야 한다.
- 사회적 · 경제적 불평등을 해소하기 위해 일한다는 것은 나에게 개인적으로 중요하다.
- 어려움에 처한 다른 사람들을 돕는 것은 나에게 개인적으로 중요하다.
- 환경을 정화하는 프로그램에 참여하는 것은 나에게 개인적으로 중요하다.

시민의식, 책임감, 충성심 그리고 협동심 등은 완전한 동의어가 아니며 그 구분은 매우 중요하다. 시민의 의무와 시민의 약속 등과의 관련성은 차치하고라도 시민권은 법적 상태를 포함하는 개념이다. 그것은 국가조직 또는 정치적 공동체 구성원에 대한 구성원으로서의 자격을 말하며, 그 자격의 구성요소로서 권리와 의무가 필수적임을 뜻한다. 왈즈너(Walzner, 1989)는 시민을 '구성원으로서 어떤 특권을 부여받거나, 의무가 지워진 정치적 공동체의 구성원'이라고 표현한다. 단체, 공동체, 국가조직 등에서 개인이 권리를 누리는 것은 자격에 따른 효력 덕분이다. 하지만 집단에 대한 충성심, 의무감과 그 원칙들이 권리를 보장해주는 것이다.

마찬가지로, 윌리엄 제임스(William James, 1976)가 말해왔듯이, 의무감과 공익에 대한 책임 등 좋은 시민의 미덕은 "국가의 주춧돌(a rock upon which states are built)이다(p. 668)." 바꿔 말하면, 정체에 대한 시민의 책임과 그 원칙은 정치적 안정성을 보장한다. 하지만 좋은 시민이 맹목적으로 복종한다는 뜻은 아니다. 그보다는 시민이 전체의 관심에 대해 정보에 근거한 판단을 한다는 것이다. 때때로 이것은 부정한 법에 대한 도전을 불러오기도 한다. 사실 남아프리카공화국이나 미국의 인종차별에 대한 반대운동에서 나타나는 시민의 저항행위들은 책임 있는 시민의 표시였다.

얻는 것이 없더라도 남을 돕는 행위의 기반으로 정의되는 책임감은 비슷한 의미의 다른 단어들에 비해 이타적인 의미를 갖는다(Berkowitz & Lutteman, 1968). 충성심은 확고한 헌신, 친구관계나 단체의 원칙, 목적에 대한 충실함과 같은 신뢰감의 유대 등을 내포한다. 충성심은, 다른 나라에 적대적인 국수주의 개념이 아니라 고향이나 조국에 대한 충성심의 징표이다. 이러한 능력은, 특히 후자가 공공적인 방향으로 드러나면서, 자신의 직계후손들 이외에도 후대를 위한 지속적인 기여를 한다는 생산성의 측면을 공유한다. 협동심은 우리가 나열했던 여러 가지 유의어 집단에서 가장 행동적인 측면이 강한 용어일 것이다. 그것은 개인이 집단의 공동이익을 위해 다른 사람과 같이 일할 수 있는 능력, 즉 공동으로 일하고, 서로 돕는 것을 말한다.

이들은 본질적으로 개인적인 능력일지라도 분명히 인간 사이의 관계적인 것이라서 개인의 행동을 인간관계의 맥락에서 설명하고자 한다. 더 중요한 것은 이러한 강점은 인간의 행동을 집단에서의 관계, 즉 친구, 친족, 국가에 대한 충실함, 개인이 속한 집단에 대한 책임감 그리고 국가에 대한 시민의 책임과 그 구성원들을 하나로 묶어주는 원칙들과도 관련지어 설명한다는 것이다.

특히 시민의식은 정치학의 영역이었고, 초점은 공익을 추구하는 시민들을 묶어주는 사회적·정치적 속박들에 맞춰왔다. 시민의식의 이념에 대한 논의는 국가를 위해 행동해온 사람이 덕이 있는 사람으로 인식되었던 고대 로마와 그리스의 공화국들로 거슬러 올라간다. 당시 국가는 여자와 노예를 제외했을 때 동질적인, 거의 가족적인 사람들로만 구성되었기 때문에 시민들은 서로를 알았고 믿을 수 있었다. 아리스토텔레스(1948)는 국가를 공동의 이익을 위해 뭉친 친구들의 네트워크이자 정치적 연합으로부터 이익을 얻을 필요가 없거나 얻을 수 없는 짐승, 신 등과는 분리된 집단이라 표현했다.

이후 루소의 『사화계약론』에서 시민의식은 자치, 동의, 상호성 등의 관념에 기반을 둔다. 시민은 동료 시민들을 묶어주는 원칙을 형성하는 것에 대해 목소리를 낼 수 있었기 때문에 그들이 합의한 원칙들을 지킬 책임을 느끼고, 공공의, 시민적인 행동들을 통해 행복을 찾는 것은 자명하였다.

하지만 이런 전통 속에서도 권리의 수호와 공동의 자유는 활발한 시민적 참여에 의해서만 보장된다(Walzner, 1989). 특히 국가의 구성원들이 스스로를 통치하는 민주주의 틀 안에서 시민의식은 수동적인 개념이 아니다. 사회계약의 관념, 즉 시민들이 공공의 후생을 위해 지니는 의무는 롤즈(1971)의 『정의론』에 두드러지게 나타난다.

하지만 실제로는 이러한 능력을 지닌 개인들은 장기적인 집단의 이익을 위해 당장의 개인적 만족을 희생하는 경우가 많다. 물론 단기적 이득을 억제함으로써 그들은 공공의 이익을 유지하고, '적절하게 합의하에 보장되는 개인의 이익'을 현실화하는 것이다. 심리학자들은 이러한 능력을 공감의 요소를 갖는 것(Eisenberg, 1986), 또는 충성과 신뢰를 반영하는 도덕적 추론(Higgins, Power & Kohlberg, 1984)으로 본다. 이러한 능력을 지닌 사람들은 다른 사람들을 희생시키면서 개인의 이익추구를 단호하게 거부하는 경향이 있다. 실험적 연구들은 익명성이 보장되는 상황에서조차 1/4에서 1/3의 참가자들이 집단의 희생을 통해 얻은 개인의 이득을 거부했다는 것을 보여준다(Dawes, van de Kragt, & Orbell). 그러므로 원칙적으로 상황에 관계없이 보편적이어야 하지만, 집단의 이익을 위해 행동하는 성향에는 개인차가 존재한다. 이러한 능력이 여러 가지 상황들 속에서도 명백한지 평가하는 연구는 없었다.

하지만 장기적인 연구나 이러한 능력의 측정에 대한 검사, 재검사 증거들은 개인들이 집단과 뜻을 같이한 사람들은 공동체의 이득을 위해 개인적 이득을 포기하려는 경향을 보인다(Brewer & Gardner, 1996). 집단이나 그 집단의 목표와 뜻을 같이하는 것이 이러한 능력들을 발달시키는 데 중요한 역할을 하지만, 사회적 책임감이나 충성심이 전통을 유지하느냐 아니면 변화를 유도하느냐를 결정하는 것은 집단과 집단이 표방하는 가치의 문제다. 빅 파이브(Big Five) 안에서 이러한 능력들은 양심과 신뢰성의 성격구조를 보여준다. 전통적인 가치와 집단에 충실한 사람이라면 이러한 특성은 보수적 성향을 내포한다.

하지만 집단의 결속과 대의에 대한 충성은 사회적 변화를 위한 활동가들의 능력이기도 하다. 민족적이나, 인종적인 결속감은 해리스(Harris, 1999)가 반시민문화라고 부른 항의 활동으로 체제를 유지하는 시민활동에 참여하는 많은 흑인의 정치적 행동주의에서 동기를 유발하는 요소가 된다. 집단과의 결속과 대의에 대한 동의는 변화를 달성할 가능성이 높을 때 특히 중요할 수 있다. 그러한 능력들은 개인들이 반대편의 방어벽에도 불구하고 그들의 상황에 대한 불확실성에 대처하는 데 도움을 주는 듯하다(Keniston, 1968). 하지만 맹목적인 복종과 순응은 충성자들에게조차 뚜렷한 특징이 아니다. 그 뜻에 관해서 논쟁이 있지만, 미국인들 사이에서는 국가의 이상을 위한 책임을 지우는 시민적 참여 및 정부에 대한 비판적 평가가 충성주의의 징표에 포함된다는 합의가 존재한다(J. L. Sulivan, Fried & Dietz, 1992).

일반적으로 능력이라고 고려되지만, 집단의 결속과 충성에도 언급되어야 할 단점들이 존재한다. 집단의 구성원들에게 이익을 가져다주는 그 과정들(강한 결속, 신뢰, 충성)이 집단 외부의 사람들이 조직에 접근하는 것을 막을 수 있다(Portes, 1998). 만약 집단의 결속이 신입 구성원을 배제하거나, 집단 외부의 사람을 희생하여 집단 내부의 사람을 편애하게 되면 그 충성들이 다양한 민주적 정치조직을 훼손할 수 있다. 배타적인 조직 내의 충성은 다음과 같은 민주적 성향을 가진 사람들과 직접적으로 대조된다.

- 공통의 목표를 위해 자신과 다른 사람과도 일할 준비가 된 것
- 자신이 원하는 것을 모두 얻을 수 없다는 것을 깨달음으로써 타협할 준비와 강한 신념을 겸비함
- 개인성에 대한 감각과 개인이나 하나의 소집단에게 귀속되지 않는 시민적 이익에 대한 책임

(Elshtain, 1995)

협동심은 외부 집단에 대한 적대감에 중점을 둔 연구자들에게도, 기본적인 인간의 동기로 여겨진다(Allport, 1979). 그리고 집단과 조직에 대한 소속과 연대는 정체성을 확립하는 데 필수적이다. 에릭슨(Erikson,

1968)은 의미가 있는 조직의 소속과 공동체에 대한 연계가 없이는 청소년들이 '정체성의 부재', 즉 그들의 삶에서 방향성과 목적의 상실 그리고 사회로부터 이탈 등을 겪는다고 우려했다. 개인의 성격을 지속시키는 것은 정체성 형성의 목표지만, 집단과 그 집단의 이상에 대한 충성과 결속 역시 필수적인 요소이다(Erickson, 1956). 그리고 개인들은 다른 구성원들과의 결속을 느낄 때 집단과 그 집단의 이상에 대해 더 충실한 경향을 보인다. 또한 소속감과 사회적 연대감은 사람들이 자원봉사활동에 참여하는 이유가 된다. 부모와 특별히 가까운 유대관계가 없는 성인들에게는 사회적 결속과 동료 자원봉사자들과의 유대가 그들의 조직적 작업에 대한 책임을 유지시키는 중요한 측면이다(Clary & Snyder, 1999).

합리적 선택이론과 시민적 계약의 비용-손익 계산은 정치학에서 지배적인 이론이지만 시민행동에 대한 그러한 모형들은 경험적인 근거가 매우 약하다. 합리적 선택이론은 극소수의 사람들만 활동적일 것이라고 예측하지만 실제로는 많은 사람이 활동적이다. 설문조사에서 미국인들에게 왜 시민적·정치적 활동에 참가하는지 물어봤을 때 그들은 그들의 개인적 이익을 증진시키기 위해서보다는 공공의 이익을 고려해서 그렇게 행동한다고 말했다(Verba et al., 1995). 훈련과는 상관없이 대부분의 진술은 이러한 강점들을 드러내는 사람들은 어떤 식으로든지 자신의 복지에 관심을 가지는 사람들이나 집단에 일체감이나 연대감을 느낀다는 것을 함축한다.

또한 시민에 대한 왈즈너(Walzner, 1989)의 정의에서는 서로 관계 있는 세 가지 특성인 자격요건, 특권, 의무가 강조된다. 뒤의 두 가지 (권리와 책임)는 미국의 역사 속에서 성쇠를 거듭한 자유주의와 시민적 민주주의에 뿌리를 두고 있다. 자유적인 전통에서 개인의 권리는 강조되고 의무는 비교적 덜 중요하게 여겨진다. 하지만 민주주의적인 전통에서는 사회적인 책임감의 미덕과 타인에 대한 고려가 강조되고, 개인의 이익을 공공의 이익과 관련짓는다.

요컨대 이러한 능력들의 정수는 타인과 집단에 대한 개인의 사회적 유대, 그리고 그러한 관계를 형성하고 유지하기 위해 노력하는 것에 내재되어 있다. 슈발츠(Schwartz)의 인간의 가치에 대한 유형에서는 이러한 능력들은 스스로를 높이는 성향의 반대개념으로 자기 초월성을 보여준다. 그러므로 개인들은 스스로의 목표달성이나 사회적 우월성 등을 그들의 가치체계에서 높게 두기보다는 박애와 타인의 복지에 대한 고려 등을 우선시할 것이다. 더 넓은 공동체에 대한 이러한 책임은 자아실현을 한 사람들의 특징으로 여겨진다(Maslow, 1970).

특히 국가의 구성원들이 스스로를 통치하는 민주주의 틀 안의 시민의식은 수동적인 개념이 아니다. 사회계약의 관념, 즉 시민들이 공공의 후생을 위해 지니는 의무를 롤즈(1971)의 정의론에서는 두드러지게 강조한다.

벨라, 매드슨, 설리번, 스위들러, 그리고 팁튼(Bellah, Madson, Sullivan, Swidler & Tipton, 1985)은 그들의 책『마음의 습관(Habits of Heart)』에서 민주적인 사회의 성격은 그 사회의 사람들의 가치관 및 성격과 깊은 관계가 있다고 주장한다. 미국 10대들의 민주주의에 대한 관점을 조사한 한 연구에 의하면, 청소년이 개인적인 목표나 가족의 가치와 깊이 관련되어 있는 한 민주주의의 이러한 측면들을 지지할 수 있다고 한다. 물질적인 성취가 중요하거나, 가족이 타인에 대한 불신을 강조하는 청소년의 경우에는 개인의 자유나 권리를 더 강조하는 경향이 있다. 반면에 이타적인 가치관을 갖거나 가족이 동정심을 강조하는 청소년들은 민주주의를 관용과 시민적 자유를 강조하는 정부의 형태라고 말하는 경향이 나타났다(C. A. Flanagan & Faison, 2001).[13]

한편 다문화적 시민권은 특정한 종족 집단이 자신의 문화적 정체성 때문에 차별받지 않을 권리로 캐나다의 정치철학자 킴리카는 다문화적 시민권이 자치권과 집단 대표권, 다문화권, 차별 보상권으로 구성된다고 주장했다. 한국에서는 다문화가정과 혼혈문제에 적용돼 사회통합에 기여할 것으로 기대되는 개념이다. 전 지구적 시민권은 국력의 격차에 따른 시민권의 불균등한 발전을 막기 위해 보편적 인권을 세계적 제도로 현실화하려는 시도로 논의된다.

'시민으로서 갖는 권리'를 의미하는 시민권(Civil right)은 고대부터 시작된 개념으로 그 원형은 역설적이게도 폐쇄적·특권적 신분을 뜻한다. 어원인 'Civitas'는 '로마 시민(Civis)의 지위'를 뜻하며 이는 공동체 성원으로 군복무를 했던 남성에게만 부여되는 특권이었다. 아리스토텔레스가『정치학』을 통해 이렇게 규정한 시민권은 그 특수성과 협소함으로 비판에 직면한다. 키케로는 '만민법'을 통해 시민권을 만민에게 부여해야 한다고 주장했고 가이우스는 '정치적 결정권'에 국한된 기존 시민권을 재산권과 신체의 자유에까지 확장시켰다. 개인적 자율성과 정치적 민주주의를 위한 법적이고 사회적 틀로서의 시민권은 서구 정치철학의 중심축이었다. 그래서 시민권은 반복해서 재고찰되고 있는 지적·정치적 전통이고 오늘날 일련의 시민권 담론을 만

---

13) Christopher Peterson & Martin E. P. Seligman(2009),『Character Strengths and Virtures a Handbook and classification』. (문용린 외), 서울: 한국심리상담연구소, pp.438-443.

들어내고 있는 것이다. 근대 이전의 국가는 민족과 결합해 국민국가 (nation-state)로 거듭나는데, 이 국민국가의 기초가 되는 민족은 '상상의 공동체(앤더슨, 2002)'이다. 한 국민국가의 성원 즉, 국민이 되기 위해서는 같은 민족(들)이라고 상상되는 집단에 속해야만 한다. 바꾸어 말하면 특정한 민족에 속한다고 상상되는 일군의 집단 이외의 사람들은 그 국민국가의 성원이 될 수 있는 자격으로부터 원천적으로 배제된다.

하지만 이런 국민국가적 상상력은 언제나 특정한 인종을 기초로 하고 있다. 영어에서 국민과 민족은 같은 단어, 'nation'을 쓰지만, 이 'nation'은 "영어에서 13세기부터 흔하게 사용되기 시작했으며, 정치적으로 조직된 집단화라는 의미보다는 애초부터 인종적 집단이라는 일차적 의미를 가지고 있었다(Williams 1976: 213)." 위에서 언급했듯이, 인종적 집단으로 일군의 사람들을 분류하는 것은 '객관적인' 근거나 '과학적인' 이론에 기초한다기보다는 자의적인 일, 다른 말로는 정치적이고 문화적인 일일 수밖에 없다.

근대적인 국민국가는 자유, 평등, 박애 같은 보편적인 가치를 내세우지만, 그 보편적인 가치를 행사하거나, 혜택을 받기 위해서는 민족이라고 하는 자의적 기준에 부합해야만 하는 우연성을 전제로 한다. 이러한 모순은 세계 최초로 시민혁명을 통해 봉건제를 무너뜨렸다고 하는 프랑스에서도 마찬가지이다. 1789년 혁명 이래 200년 동안 민족성이 시민권의 부여의 기준이었으며 민족성과 시민성 사이의 긴장과 위기는 항상 존재해왔다(에티엔 발리바르, 1992: 112). 이제 전 세계가 국민국가로 통합된 현재, 인간으로서 존엄과 권리, 보편적인 가치를 주장하기 위해서는 어느 한 국가에 한 국민의 성원으로서 포섭되어, 시민권을 부여받지 않으면 안 되는 것이다.

사회학자 니콜라스 로즈(Nikolas Rose)는 이를 '생물학적 시민권'이라는 개념으로 정식화한다. "명시적이든 묵시적이든 특정한 생물학적인 가정이 많은 시민권 프로젝트의 근저에 깔려 있으며 시민이란 무엇인가 하는 관념을 형성하고 (실제적, 잠재적, 곤란한 그리고 불가능한) 시민 사이의 구별을 가능하게 한다(Rose, 2007: 132)."

인종, 퇴화, 우생화, 인구학, 센서스, 혈통, 지능 같은 생물학적 관념들이 국민국가의 탄생 시에 동원된 자의적인 관념이란 것은 이미 널리 알려진 사실이다. 이들 자의적인 관념은 대외적으로 인종 간의 우열에 따른 식민주의를 정당화했지만, 국민국가 내에서는 시민권 부여의 기준이 되어왔다. 생물학적 시민권이란 "개인과 가족과 계보, 공동체, 인구와 인종, 그리고 종으로서 인간의 생물학적 존재에 관한 믿음을 시민에 대한 관념을 연결 짓는 모든 시민권 프로젝트를 포함한다(같은 책: 132)." 이러한 생물학적 시민권은 정치적 권리행사를 가능케 하는 정치적 시민권, 또 유럽이 복지국가로 이행하면서는 사회적 시민권의 근저에서 포섭과 배제의 기준이 되어왔다. 두 번째로 생물학적 시민권은 인간의 생물학적 존재 그 자체, 생물학적 생존에 대한 권리, 출생과 질병, 노화와 같은 생물학적 사실이 국민국가로 구획된 정치 지형 속에 이미 포획되어 있음을 나타내는 개념이다.

생물학적 시민권이라는 개념을 처음 고안한 인류학자 페트리나(Petryna, 2002: 2005)는 체르노빌 참사 이후에 대한 연구14)에서 시민권이라는

---

14) 소비에트 연방에서 새로이 독립한 우크라이나는, 그 이전의 소비에트와는 달리 시민들의 민주적 의지에 기반한 통치를 지향한다고 선언했다. 이에 대해 1986년 체르노빌 사고로 방사능에 누출된 주민들은 그러한 선언에 근거해 정부로부터 의료혜택과 사회보장을 받을 권리가 있다고 주장. 소비에트에 속했던 많은 신생독립 공화국들이 국가 정체성 문제

개념이 피해주민들 사이에서 어떻게 형성되는지를 보여준다. 아감벤 (Agamben, 1998)은 푸코가 파편적으로 서술한 생정치(biopolitics)의 개념을 확장하면서, 삶과 죽음에 대한 권리가 근대 이전부터 이미 정치의 영역에 속한 것이라고 주장했지만, 더 구체적으로는 근대 세계체제에서 인간의 생물학적 삶과 그를 둘러싼 생정치(biopolitics)는 국민국가의 영역 안에서 존재하게 되었다.

여기서 중요한 것은 생물학적 시민권이 단순히 위로부터 시민을 만들어내기 위해 부과된 것만은 아니라는 점이다. 생물학적 시민권은 개인들이 스스로의 정체성을 인식하고 사회관계를 설정하기 위한 준거 틀로 작동한다. 모든 사회관계가 그러하듯이, 이는 지속적으로 변화하며, 타협이 가능하고, 편입과 배제의 대상이 된다. 그리고 생물학적 시민권은 한 국민국가 안에서 개개인이 자신의 정체성을 규정하면서 스스로가 타자를 생산해내고 배제하는 담론의 문제이기이도 하다(남영호, 2008, pp.157-159).[15]

근대에 시민권은 대체로 공권력에 대항하는 '자유권'적 성격을 띠었다. 자유권은 생명권·재산권 등 개인의 자유로운 영역에 국가 권력의 간섭 또는 침해받지 않을 권리다. 로크는 시민권을 정부의 권력 남용을 저지하고 공공선을 보호하도록 견제하는 권리로 이해했고, 이 시기에 쓰인 버지니아 기본권 선언과 미국, 프랑스 헌법은 자유권을 보장할 것을 천명했다. 19세기엔 자유권적 성격이 평등권으로 확대되고 그에 따라 일반 시민의 투표권 획득이 가능해졌다. 현대의 시민권

로 혼동의 기간을 거치는 가운데 그 밑바닥에는 국가와 시민 양쪽으로부터 몸에 대한 권리조차도 특정국가의 성원으로서만 확보할 수 있다는 관념이 형성되는 것이다.

15) 남영호(2008): 『혼혈에서 다문화로』, 전경수 외, Ⅲ장, 「주둔지 혼혈인과 생물학적 시민권」, 서울: 일지사, p157-159.

은 더 많은 개인과 집단을 포용하는 '사회권'적 성격까지 확장돼 국
민이 생존을 유지하거나 생활을 향상시켜 '인간다운 생활'을 하도록
국가에 적극적 배려를 요구한다. 특히 1980년대 초부터 서구에서는
복지국가가 후퇴하고 신자유주의가 도래하면서 축소된 시민권을 재
조명하는 논의가 활발히 진행됐다. 이때 재조명된 마셜의 '사회적 시
민권' 담론은 시민권이 참정권, 정치권, 사회권 모두를 포함해야 한다
는 내용으로, 사회경제적 약자에 대한 복지와 보장을 주장한다.

한편, 다문화주의 이론을 대표한다고 할 수 있는 킴리카의 『다문화
주의 시민권』은 기존의 자유주의 이론들이 개인의 평등과 자유를 공정
히 실현하기 위해 공통적 시민권의 개념(common rights of citizenship)
에 의존하였지만, 이러한 공통적 시민권 개념은 집단 간(group
differences) 차이를 적절히 수용하지 못함으로써 결과적으로 개인 간
의 평등한 자유를 실현시키는 데 실패하였다고 주장한다는 점에 있
다. 킴리카는 특히 민족(nation)과 인종문화집단(ethnic groups)에 초점
을 맞추어 집단차별적 권리(group differentiated rights)를 이들 집단에
게 부여할 것을 주장한다. 킴리카는 다문화주의 모델로, 소수민족
(national minorities), 이민자집단(immigrant groups), 고립주의적인 인종
종교집단(isolationist ethnoreligious groups), 메틱스(Metics) 그리고 미
국흑인(African-Americans)의 다섯 가지 유형으로 구분한다. 특히 문
화적 다양성과 관계하여 킴리카는 다민족국가(Multination States)와 다
인종문화국가(Polyethnic States)를 구분한다. 다민족국가는 한 국가 내
에 여러 민족이 공존하고 있는 국가를 지칭하며, 다인종문화국가는
주로 이민을 통해 이루어지게 되는 다양한 인종문화적 집단들이 존
재하는 국가를 의미한다. 이러한 구분과 함께 킴리카는 집단차별적

권리를 해결책으로 제시한다. 즉, 다민족 국가에 적용될 수 있는 '자치정부권리(self-government rights)', 인종문화적 소수집단들이 자신의 문화적 독특성과 자긍심을 표현할 수 있게 하는 '다인종문화적 권리(polyethnic rights)', 그리고 소수민족 또는 인종문화적 소수집단이 광범위한 전체사회에서 경시되지 않도록 이들의 목소리를 보장하기 위한 특별집단대표권(special group representation rights)을 주장한다.

그러나 킴리카의 이러한 집단 차별적 권리는 다음 두 가지 조건을 충족시켜야 한다. 즉, 소수자집단권리가 해당 집단의 구성원들의 기본적 자유와 권리를 제한하는 내부적 제재는 거부되어야 하고, 집단 간 평등의 관계를 증진시킬 수 있어야 한다는 것이다. 이러한 조건하에서 집단 차별적 권리는 개인 자유를 증진시킬 수 있다는 것이며 이런 이유로 킴리카의 다문화주의는 자유주의적 다문화주의(liberal multiculturalism)라 할 수 있다.

# 제3장 정의와 도덕-심리학적 접근

　한 사회가 움직이는 과정에서 나타나는 수많은 결정들이 어떤 배경에서 나오게 되었는지를 이해한다면 사회 전체를 올바른 방향으로 나아가게 할 수 있고, 개인이 올바른 삶을 살아가는 데는 자유사회의 시민은 타인에게 어떤 의무를 지는지, 개인의 권리와 공익은 상충하는지, 진실을 말하는 것이 잘못인 때도 있는지 등 마이클 샌덜(Michael J. Sandel)[16]은 정의에 대해 "아리스토텔레스에게 정의란 사람들에게 그들이 마땅히 받아야 할 것을 주는 것이다. 그런데 무엇이 마땅히 받아야 할 것인가? 능력이나 자격의 근거는 무엇인가? 이는 분배되는 것이 무엇인가에 달렸다. 그리고 그와 관련한 미덕은 무엇인가에 달렸다"며 그는 설명한다.

　한편, 정의와 관련하여 사람들이 다른 사람들과 어떻게 관계하는지에 대한 심리학 연구 중 하나인 형평성이론으로 사회인지심리학 분야에서 주로 연구되며 여기에서는 사람들이 정의롭게 행동하는 조건들에 대해서 그리고 인간의 행동들에 대해서 살펴보려고 한다. 이

---

16) Michael J. Sandel: 1953년 미네소타에서 출생. 브랜다이스대학교를 졸업하고 27세에 최연소 하버드대학교 교수가 됨. 자유주의 이론의 대가인 존 롤스의 정의론을 비판한 『자유주의와 정의의 한계』(1982)를 발표하면서 세계적 명성을 얻음.

접근의 이론들에서는 주로 사람들이 행동의 차이를 가져오는 외적 조건들에 대해서 연구를 하는데 예를 들면, 사람들은 어떤 상황에서 좀 더 균등하게 배분하고자 하고 이타적으로 행동하며 어떻게 자기 몫을 취하는지 등에 대하여 알아볼 것이다. 평등의 문제접근은 경제 이론들이 많기 때문에 논의하지 않고 주로 발달심리학 분야와 현상에 대하여 설명하고자 한다.

역사적으로 볼 때, 심리학이 도덕성에 대한 문제를 다른 분야인 철학이나 신학, 문학 등, 심리학 분야 중에는 비인지적 분야, 즉 죄의식이나 수치심 같은 도덕적 정서에 대한 정신분석학적 측면으로 논의되어 왔다.

그러나 20세기 초반에 들어서면 스위스 생물학자겸 철학자인 피아제(Piaget)가 그의 연구에서 도덕적 인지와 그런 능력의 발달에 대하여 중점적으로 밝히고자 하였다. 도덕발달의 통합요소로서 발달된 심리적 강점은 자기성찰과 그것의 결과인 자기인식이다. 자기인식의 중점적인 의미의 인지적 영역은 서구사회에서 고대 그리스의 미학 같은 개념으로부터 처음으로 분리되었다(Burt, 1955). 1900년대의 지능검사의 출현은 지능의 개념을 보다 현대적인 양상으로 만들었고, 1921년 6개 이상의 지능에 관한 정의가 제시되었다. 그 가운데 지적 능력을 '진리 또는 사실에 관한 견해를 가지고 훌륭한 대답을 할 수 있는 힘'으로 정의한 손다이크(Thorndike)[17]의 정의가 있다.

---

17) 손다이크(Thorndike): 파블로프의 고전적 조건반사설을 발달시켜 '결합설' 확립, 행동의 기능적, 생화학적 측면 강조(행동은 자극과 반응의 신경적 연합에 의해 나타난다고 주장), 시행착오 학습설(학습은 통찰보다는 시행착오와 보상의 점진적 연합에 의해 일어남. 자극과 반응의 연합은 바람직한 반응에 의해 더욱 견고해지고, 이런 과정이 되풀이됨으로써 강화되므로 연습의 중요성을 암시).

터먼(L. M. Terman)은 "개인은 추상적인 추론을 수행할 수 있느냐에 비례하여 지적(知的)이다"라고 진술했다. 정신구조 중에서 특히 사회성 영역은 약 60~70년간 다른 영역보다 유리한 자리를 선점해왔고, 가장 많이 개발되어 있으나 사회성 연구 분야가 발달하지 못하게 만든 퇴보도 있어서 이러한 실패들이 사회성이 독립적으로 측정하기 어려운 일반지능과 충분히 유사하다는 반복된 발견과 주로 관련지어졌다.[18] 이런 가운데, 길포드(guilford)의 지력에 관한 모델의 구조는 오늘날 사회성을 측정하기 위해 채택된 수많은 능력과제를 형성한 하나의 정의를 제공하였다. 오설리반, 길포드, 드밀(O'sullivan, Guilford & deMille)의 기술보고(Kihlstrom & Cantor, 2000, 61: O'sullivan, Guilford & deMille, 1965)는 사회성을 다음의 6가지 영역에서 주로 바라보았다.

- 행동 단위의 인지: 개인의 내적인 정신상태를 확인하는 능력
- 행동 부류의 인지: 유사성에 기초하여, 사람들의 정신상태를 분류하는 능력
- 행동 관련성 인지: 행동들 간의 의미 있는 관련성을 해석하는 능력
- 행동 체계의 인지: 사회적 행동의 순서를 해석하는 능력
- 행동 변형의 인지: 사회적 행동에서의 변화를 해석할 때 융통성 반응능력
- 행동이 갖는 함의의 인지: 대인관계 상황에서 일어나게 될 것을 예측하는 능력[19]

피아제가 연구한 도덕적 인지와 그러한 발달에 대하여 적용한 것은 구조주의적 전통에 근거하고 있다. 이 입장에서는 기본적으로 인

---

18) Kihlstrom & Cantor, 2000; Walker & Foley, 1973.

19) Christopher Peterson & Martin E. P. Seligman. 문용린 외(2009), 『Character Strengths and Virtues a Handbook and classification』. 서울: 한국심리상담연구소, pp.403-406, 참조: 인용 시 김인자 교수 허가 必要.

간의 인지능력은 현재 그가 지니고 있는 능력을 벗어난 문제 상황에 부딪히면서 부적합한 인지능력 단계로 인해 긴장이 만들어지므로 유기체와 환경 간 상호작용의 결과로 발달하게 된다는 관점을 견지한다. 세상을 이해하는 방식 또는 구조들의 보편적인 계열에 따라 새롭게 발달된 단계들은 이전의 단계들을 전제하는 것이며 그에 근거하여 논리적이고 기능적으로 발달한다고 본다. 그러나 도덕 판단에 대한 피아제의 연구는 분명히 미완성의 프로젝트였다. 인과관계나 시간 그리고 공간과 같은 더 과학적인 내용들에 대해서는 연구를 접어두었는데, 피아제의 연구가 1965년 영어로 번역되어 알려지기 전까지 영어권 국가에서는 이에 대해 정확히 아는 바가 없었다. 피아제의 연구가 다시 시작된 것은 1950년대 후반 콜버그(Kohlberg)에 의해서 이루어졌다. 콜버그는 피아제의 연구를 확장하여 아동기부터 성인기 후반까지를 포괄하는 도덕 판단의 발달모형을 고안하였다. 콜버그는 자기 행동의 물리적 결과에 대한 자기중심적 관점에서부터 도덕적 문제상황에 관련된 이해당사자들의 정당한 도덕적 주장들을 균형 있게 고려하는 안목까지 정의추론의 6단계를 보편적인 정의의 원리에 입각하여 체계화하였다. 이러한 6단계는 3개의 수준으로 구분하여 설명하면 <표 3>과 같다.

전 인습 수준	개인에게 가장 많은 이익을 주는 것은 도덕성, 정의	1단계	자기중심적, 행동의 옳고 그름의 판정은 권위나 힘을 지닌 자가 한다고 믿음
		2단계	상호교환의 도덕성, 타인을 돕는 것이 옳은 이유가 그들이 자신을 위해서 무엇인가 제공하기 때문. 자신에게 해를 끼치는 것은 나쁜 행동
인습적 수준	옳고 그름의 문제를 인간관계라는 사회적 관계에서 바라봄	3단계	직접적인 인간관계, 우정 유지 등에 중점
		4단계	넓은 사회적 단위인 가족이나 사회에 근거하여 판단. 옳은 것은 현재 사회의 체제와 질서를 유지하는 데 도움 여부
후 인습 수준	옳고 그름의 기준이 보편적 원리, 즉 정의의 원리가 됨	5단계	사회계약의 원리와 관련. 옳고 그름은 사회의 구성원으로서 따르기로 합의된 의무들의 수행 여부. 양심적 거부나 수정은 허용
		6단계	정의의 원리라는 추상화된 보편적 원리에 절대적인 충실함을 요구

콜버그의 단계모형은 이론적·경험적 비판을 포함하여 수많은 논쟁을 불러일으켰다. 그중 일부는 콜버그의 모형을 확장시키려는 우호적인 비판들도 있었다. 튜리엘(Turiel, 1980)은 콜버그가 사회추론들 중 하나의 영역인 도덕영역에 대해서만 밝혔다고 제안하면서 그 외에도 다른 영역으로 사회인습적, 개인적, 분별적 영역들을 설명하고자 했다. 길리건(Gilligan, 1979)은 콜버그가 도덕추론발달의 또 다른 경로를 놓치고 있다고 주장했으며 정의의 문제와 합리성의 문제에만 초점을 맞추고 있으나 많은 사람들은 옳고 그름의 문제를 결정하는 데 있어서 배려의 도덕과 인간관계에서의 책임문제에 근거해서 바라본다고 제안하고 있다.

다른 일부의 비판세력들 중에는 콜버그의 모형이 전제하고 있는 기본가정에 대해 보다 근본적인 문제제기를 하고 있고, 스네리(Snarey, 1985)와 슈베더, 마하파트라 그리고 밀러(Shweder, Mahapatra

& Miller, 1987) 등은 콜버그의 모형이 과연 보편적인지에 대해 의문을 제기하고 있다. 그들은 도덕발달단계는 문화적 특수성을 지닌다고 주장하고 있다. 27개 나라에서 이루어진 정의추론 연구 45개에 대한 종합적인 리뷰에서, 스네리(Snarey, 1985)는 콜버그의 단계모형은 "상당히 문화적으로 공정하다"라고 결론을 내렸다. 보편성에 대한 주장은 5단계 모형에서 첫 번째 4단계까지는 분명하게 지지되었다. 유일하게 문제가 되는 발견은 5단계(후 인습적, 원리적 수준) 정의추론이 도시중산층 문화에서만 발견되고 일반대중 문화집단에서는 발견되지 않았다는 것이다. 스네리는 이러한 발견이 5단계에 대한 채점방식에서 자민족중심주의 결과일 가능성이 있다고 결론을 내렸다. 또한 5단계는 서구철학의 전통에 근거하고 있는데 경험적 지지자료가 희귀하다.

깁스(Gibbs, 1977)는 콜버그의 발달단계들 중 마지막 두 단계는 보편적 구조가 아니라고 제안하고 있다. 이러한 도전들에도 불구하고 콜버그의 구조 발달론을 뒷받침해주는 통계자료들이 방대하게 모아졌으며(Collby & Kolberg, 1987) 단계들이 존재하고 그것들은 불변의 계열에 따라 발달하며 인지적·사회적 발달과 관련이 깊다는 것은 분명하다. 그리고 도덕심리의 다른 측면은 예를 들어 행동, 인성 그리고 가치들과 관련이 있는데 이런 주장들은 마지막 두 단계가 상대적으로 드물게 나타나기 때문에 마지막 두 단계보다 앞의 4단계에 더 강한 설득력을 지닌다고 할 수 있다.

남녀 간 성차와 도덕추론능력에 대한 주요 연구결과는 5가지가 제시되고 있는데 첫째, 실질적으로 남자와 여자 모두 도덕적 문제를 바라보는 데 있어서 정의와 배려 관점에 모두 친숙하다는 사실이다. 둘째로, 대부분의 사람들은 실제적으로 그들의 도덕적 관심사를 논할 때 정의와 배려추론 모두를 사용하고 있다는 점이다(Gilligan, 1987; Walker et al., 1987). 셋째로, 정의추론에 대한 최근 연구 대부분(MJI 와 DIT) 남자와 여자 모두 정의추론 능력에서 동등한 발달수준을 보여주고 있다는 사실이다(Walker, 1984). 넷째로 측정에서 사용되는 딜레마의 특성이 그것을 다루는 경향성에 영향을 준다는 점이다. 즉, 권리지향 딜레마는 정의추론을 보다 더 유도하고 관계중심 딜레마는 배려추론을 하게 하는 경향이 있다는 것이다(Clopton & Sorell, 1993). 마지막 다섯 번째로, 유일하게 발견된 남녀 간 차이는 참여자에게 자신의 일상경험에서 도덕딜레마를 요구받았을 선택딜레마에서 사용된 언어들의 차이였다(Walker et al., 1987). 그러한 조건하에서 여성들은 배려추론과 관련시키는 경향이 있었고, 배려추론을 더 많이 하고 있었던 반면, 남성들은 정의추론과 관련시키고 정의추론을 많이 하는 경향을 보여주었다. 이는 능력 면에서의 차이라기보다는 선호하는 인간관계 방식과 경험의 차이에서 비롯된 것으로 나타난다.[20]

I. 공정함과 배려

공정함은 사람들이 도덕적으로 옳은 것, 나쁜 것 그리고 도덕적으로 그래야만 하는 것 등에 대해 결정하는 과정인 도덕 판단의 산물이

---

20) Christopher Peterson & Martin E. P. Seligman(2009), 『Character Strengths and Virtues a Handbook and classification』, (문용린 외), 서울: 한국심리상담연구소, p.478.

다. 도덕발달에서 다른 측면들도 있고, 판단을 넘어선 도덕적 이해도 있지만 과거 심리학자들의 입장을 따르고 도덕발달과 도덕행동을 가능하게 하는 데 도덕추론이 결정적이라고 간주하며 도덕추론 능력의 발달은 사회심리학적 기술과 삶의 방식의 발달을 통하여 심리적, 사회적으로 구현된 포괄적인 가치들의 결과이다. 모든 사람들과의 관계에서 공정하게 하고자 하고, 공정하게 일을 처리하는 기술을 개발하고, 사회정의의 문제에 민감하게 대처하고, 타인에 대한 공감과 애정 그리고 배려들을 실행하고, 관계적 이해에 필요한 안목들을 키우는 것은 바람직한 발달의 결과들이다. 이러한 것들을 가리켜 책임 있는 시민과 신뢰 가는 친구 그리고 일반적으로 도덕적인 사람이 되게끔 하는 심리적 강점과 미덕이라고 한다. 공정함과 관련된 심리적 강점들을 지닌 사람들은 다음과 같은 말들을 강력하게 뒷받침해줄 것이다.

- 모든 사람들은 그들의 정당한 몫을 받을 수 있어야 한다.
- 사람을 이용하는 것은 나쁘다.
- 나는 내가 속임수를 당하고 싶지 않기 때문에 남을 속이지 않을 것이다.
- 나는 모든 사람에게 친절하려고 한다.
- 모든 사람들은 존경을 받을 자격을 가지고 있다.
- 우리 모두는 함께한다.
- 인간은 그 자체로도 목적이다.
- 어느 누구도 그의 피부색으로 인하여 차별받아선 안 된다.
- 우리는 우리 자신의 행동에 대하여 책임이 있다.
- 사회가 옳다고 하는 것일지라도 그것이 정의에 대한 나의 원칙에 맞지 않는 것이라면 나는 그것을 행하지 않을 것이다.

도덕적 정체성과 도덕성에 대한 이해는 상호보완적 관계이다. 종교적 전통에 충실하고자 하는 것과 같이 도덕적 기준으로 자신의 정체성을 형성해갈수록 사회적 부정의에 의해서 고통을 받고 있는 사람을 보면 이로 인하여 마음 깊이 무언가를 느끼게 되는 것은 신념과 의지에 따른 행동이건, 통찰에 따른 행동이건, 도덕적 기준과 그러한 기준이 내면화된 그 사람의 정체성은 더욱더 그 사람의 관심과 취향을 이끌어주고 세상과 사물을 바라보고 이해하는 여과의 창이 될 것이다. 동시에, 도덕적 이해와 판단력이 발달하고 도덕적 평가가 그 사람의 일반적인 평가능력의 일부가 되면 될수록, 도덕적 평가 자체가 자기평가로 나타나게 되며 자기존중감으로 이어질 가능성이 높아진다. 이때 정체성은 정체성과 관련된 관심과 행동에 대한 욕구에 의해서 발달에 도움이 되며, 이 관심과 행동은 도덕적 정체성을 형성하는 데 대한 인식에 기여하게 된다.

정의에 대한 책임감의 발달과 함께 동반되는 공정함에 대한 민감성, 공평한 해결책들을 협상하게 되는 현실에 대한 대안적 해석의 경험 그리고 타인에 대한 애정을 키우는 감정적 반응성과 통찰력 등은 자신이 누구이고 세상을 어떻게 인식할 것인가의 문제를 꾸준하게 변화시키고 도덕적인 삶에 관련시키게 하는 도덕적 경험의 요소들이다. 이러한 역동성은 도덕적 정체성 형성을 더 확대된 정체성과 자기인식의 끊임없이 변화하는 과정으로 만든다. 이는 단순히 그 사람이 배려적인 사람이라거나 공정함을 매우 중시하는 사람이라거나 하는 피상적인 것이 아니라, 그 사람의 인격과 그 사람이 자신을 어떻게 바라보는지에 대한 보다 통합적이고 근본적인 정체성, 매우 심원한 정체성이다. 이러한 의미에서 정체성은 의미를 기술하는 것뿐만 아니라 매우 동기유발적인 것이다(Colby & Damon, 1992).

도덕 판단능력은 도덕적 상황과 그 상황에 관련된 사람들, 그리고 관련된 가치나 원리들에 대한 숙고를 통하여 윤리적으로 옳고 그름을 인식하는 인지적 능력의 발달을 말한다. 이는 도덕적 문제에 대하여 추론을 하고, 어떤 행동이 도덕적으로 정당하고 행동으로 옮겨져야 하는지에 대하여 판단하는 능력을 의미한다. 물론 도덕적 숙고는 추상적인 인지 작용 이상의 것을 포함한다. 도덕 판단은 정서적, 인지적, 행동적 그리고 성격적 차원 모두를 포괄하는 도덕심리적 능력 총합의 일부이다(Berkowitz, 1997: Sherblom, 1997). 사람들이 그들의 경험과 선택들의 도덕적 측면들, 즉 무엇이 옳고 행해져야 하는가에 대해 숙고하는 방식은 대체로 도덕 판단 접근들과 관심사들의 혼합으로 이루어진다는 사실은 심리학 연구에서 분명하게 확립되었다.[21]

도덕심리학에서의 광범위한 연구에 의하면, 사람들이 도덕적 갈등에 임했을 때 배려와 정의를 바탕으로 한 도덕적 언어와 사고방식을 사용하면서 순간적으로 갈등을 해결한다고 한다.[22] 물론 일부 사람들은 하나의 접근만을 활용한다고 하는 연구도 있지만 대부분의 사람들은 두 가지 접근 모두에 친숙하며 각 접근들이 중요하게 여기는 가치들을 신봉하여 나아가 도덕에 대한 상식적인 견해들은 두 원리를 모두 포함한다는 것이 합의된 내용들이다(Clopton & Sorell, 1993: Galotti, 1989).

배려추론은 정의추론과 두 가지 점에서 다르다. 첫째는, 배려추론에서는 도덕영역과 도덕적 숙고에서 인간의 경험들 중 어떤 측면이 포함되어야 하는지에 대한 판단의 준거가 다르다. 배려의 윤리는 도

---

21) Blum, 1988; Flanagan & Trevethan, 1987; Gilligan, 1987; Higgins, 1980: Nucci, 2001; Walker, de Vries & Trevethan, 1987.

22) Gilligan & Attanucci, 1987; Jaffee & Hide, 2000; Walker, 1991.

덕성에 대한 정의추론적 접근에 배려와 동정심의 덕목을 추가함으로써 정의추론 중심접근의 안목을 넓혀준다. 또한 배려윤리는 공감이나 다른 관계적 이해와 같은 인식의 방식에 대한 강조를 통하여 정의추론방식을 보완해준다. 둘째로, 배려윤리의 궁극적 목적은 정의추론과 다소 다른 점이 있다. 정의추론에서는 도덕적 권리와 책임의 원리를 중시하는 반면, 배려윤리에서는 사람들이 필요로 하는 것이 가장 잘 충족될 수 있는지에 대한 동정적 이해를 중시하고자 한다. 배려추론을 하는 사람들 역시 중심적인 일은 판단이다. 배려와 정의추론 모두에서 사려 깊은 사람들은 도덕적 문제와 각 선택과 행동에 따른 결과들을 해석하면서 도덕적 맥락에 대해 추론한다.

도덕영역에서 심리학적으로 다르게 작동하는 방식으로서 정의추론과 배려윤리 간 개념적 이론적 차이들은 우리들의 경험의 도덕적 측면들이 철학적 관점에 따라 분명하게 나뉠 수 있는 것이 아니며 우리의 실리적 능력 역시 분절될 수 없다는 사실을 간과해서는 안 된다.

배려추론을 포함하는 도덕추론의 확장은 사회과학 중 여성주의적 입장에서 이루어진 비판의 일부이며, 전통적으로 여성들이 지니고 있는 행동 특성들에 대한 심리학적 의미에 대한 탐색이다(Gilligan, 1979, 1982; Nodding, 1984: Tronto, 1987).

배려 행동 또는 돌봄과 관련된 성격 특성들은 여성성과 깊이 관련되어 있고 여성의 일로 간주하는 성차별적 주장이 서구문화권 곳곳에 존재했었다. 누군가에 대해 배려하거나 공감하는 성향들은 개인적인 성향이지만 전형적인 여성들의 성향으로써 여성들에게 기대되었다. 그러나 서구철학에서 완전히 배제된 것은 아니지만, 배려접근과 관련된 관점이나 가치 그리고 행동들은 주로 주변적인 측면이 되고

반면에 반대추론, 논리, 소위 객관적 방식 등을 강조하는 남성적 접근들에 대해선 매우 우호적이다.23)

콜버그의 인지발달이론이 발달하면서, 비판적 입장에 선 사람들은 정의에 대한 관심이 일반적으로 도덕적이라고 생각되는 것 모두를 다루진 못하며, 오히려 인지적 측면에 대한 강조가 도덕적 숙고의 과정에서 나타나는 다른 심리적 측면들을 인식하거나 발견해내는 것을 배제해버린다고 주장한다(Larrabee, 1993; Martin, 1980). 배려의 관점에 있는 이론가들은 배려의 윤리는 하나의 철학적 관점(윤리학)으로서 정당하고 일관된 자리매김을 하고 있으며, 사람들이 도덕적 숙고를 하게 되는 순간 배려의 윤리를 순간적으로 사용하게 된다고 주장하고 있다(Brown, Debold, Tappen & Gilligan, 1991; Gilligan & Attanucci, 1987; Nodding, 1984). 이들 주장들의 철학적·경험적 근거들에 대해 많은 논쟁이 있었고 일부 주장들은 지지되지 않았지만 대부분의 사람들이 배려의 윤리를 인정하고 있고 배려추론은 도덕영역과 도덕추론의 중요한 부분이라고 말하는 것은 타당하다.24)

---

23) blum, 1980; Connel, 1995; Flanagan & Adler, 1983; Kitty & Mayers, 1987.

24) Christopher Peterson & Martin E. P. Seligman(2009), 『Character Strengths and Virtures a Handbook and classification』. (김인자 외), 서울: 한국심리상담연구소, pp.460-465.

Ⅱ. 자기 인지적 도덕행동에 근거한 자아존중감

도덕발달의 통합으로서 발달된 다른 심리적 강점은 자기성찰과 그 결과인 자기인식이다. 타인의 관점을 채택한다는 것은, 그것이 어떤 형태로건, 불가피하게 자신의 입장을 반영하게 되고, 새로운 입장에서 이해하게 된다. 물론 그것이 모순되는 관점이나 신념, 가정 그리고 가치들이 아니라면 대조적이고 대안적인 관점을 제공해주기도 한다. 자기성찰은 또한 도덕적 정체성 형성의 요소이기도 하다. 자기성찰은 어떤 부류의 사람인지 어떤 기준과 어떤 목적을 지지하는 사람인지, 또한 적어도 어떤 일은 하지 않을 것 같은 사람인지 인식하게 하는 과정이다. 도덕적 정체성의 한 부분은 그 사람이 구현하게 되는 자기 선택적 책임들의 네트워크이다. 이러한 의무들과 이러한 책임들이 그 사람의 삶에 얽혀 있는 방식들에 대한 성찰은 그 사람의 정체성을 더 세련되게 해주고 그들 자신의 가치와 그러한 가치와 관련된 자신의 모습에 보다 충실하게 한다. 다른 사람의 관점에 의해 움직여지고 자신이 좀 더 도덕적으로 민감하게 된 모습을 보게 된 경험은 자신을 도덕적인 존재로서 알게 되는 과정의 일부이기도 하다.

자기 기대에 충실한 것, 즉 자신의 이상에 따라 충실하게 사는 것은 그 사람의 자아존중감에 중요하다. 자기 기대의 핵심인 도덕적 정체성과 그러한 정체성에 충실한 결과로부터 얻게 되는 자아존중감은 사람들이 공정하고 배려적인 삶을 살게 해주고 또 이러한 삶에 대해 언어적으로 그리고 관계적으로 긍정적인 보상을 받게 되는 선순환을 형성하는 데 도움을 준다. 그 사람들의 정체성과 자아존중감은 이후에 만나게 되는 모든 사람들과 비슷한 방식으로 대하게 함으로써 더욱 강화된다. 그 사람의 삶에서 중요한 사람들, 가족, 모델이 되는 사람, 정신적 도움을 주는 사람들 모두 이러한 긍정적 사이클을 형성하고 유지해야 한다.[25]

Ⅲ. 고정관념과 편견

고정관념(stereotype)이란 어떤 부류의 사람들은 어떤 특성을 갖고 있다는 식의 믿음인데 대개는 합당한 근거가 없이 관습적으로 내려오는 것들이 대부분이다.

고정관념의 개념적 특성을 정리하면 아래와 같다(Kaplan, 2004; Moore, 2006, Rothbart & John, 1993; Simon, 1993; Walker, 2005).

> 첫째, 사람의 의도와는 상관없이 의식이나 표상에 반복적으로 떠올라 사람의 정신생활을 지배하고 인간의 행동에 광범위하게 영향을 미치는 기본적이고 보편적인 지각개념이라고 할 수 있음.
> 둘째, 단순하고 표준화된 이미지에 따라서 개인이나 집단을 분류하고 그 특성을 특정대상의 탓으로 돌리려는 경향을 일컬음.
> 셋째, 인식 판단의 근거를 개인적이기보다 집단에 초점을 맞춤.
> 넷째, 사람들은 외부집단보다 자신이 속한 내부집단을 더 동질화하여 이질적인 외부집단에 대한 고정관념을 형성하여 그 집단이 생소할수록 더 강함.

---

25) Christopher Peterson & Martin E. P. Seligman(2009), 『Character Strengths and Virtures a Handbook and classification』. (김인자 외, 역). 서울: 한국심리상담연구소, pp.471-472.

다섯째, 어느 사회나 어느 정도는 고정관념이 존재하고 완전히 사라지기는 어렵다고 함. 왜냐하면 보통 사람들은 어떤 상황이나 사건을 설명하기 위해 그 집단이 속한 일반적인 특성을 찾아내서 활용하기 때문임.

결국 어느 사회에서나 존재하는 고정관념은 잘 변하지 않는 동시에 보편적인 인간행동에 결정적인 영향을 미치는 지각관념이며, 타인에 대해서는 지나치게 단순하고 일반화된 생각을 함과 동시에 그 집단이 가지는 특성에 초점을 맞춘다는 것을 알 수 있다. 고정관념의 대상이란 고정된 관념이 적용되는 상대 주체를 말하며 이를 정리하면 다음과 같다(Tajfel, 1981; 이수원, 2001; 주성욱, 2007).

첫째, 개인에 대한 고정관념을 들 수 있다. 인간은 누구나 지성, 감성, 생물적 본성, 심미적 기준 등에 있어서 취향, 선호가 다를 뿐만 아니라 후천적으로 사회화 과정에서 얻게 된 사회적 경험이 다른 데서 비롯되는 특정 개인들 간의 차이가 존재한다. 이러한 개인 간 차이는 고정관념이나 차별의 기준으로 작용할 수 없는 것들이다. 문제는 특정 개인에 대하여 사회적 사건 이해를 위한 수단이나, 어떤 부당한 행위를 정당화하기 위하여 또는 인간 본성이라고 할 수 있는 자기중심주의 등으로 인하여 왜곡된 고정관념을 형성하고 유포하여 개인을 괴롭히고 못살게 하며 희생시킨다는 데 있다.

둘째로 집단차원의 고정관념을 들 수 있다. 사람들은 일반적으로 '우리'와 '그들'로 대상을 범주화하는 경향이 있고, 자신의 자아존중감을 높이기 위해 자신이 속한 집단을 타 집단에 비해 높이 두려고 한다(Tajfel, 1981; 김혜숙, 1999; 주성욱, 2007). 욕구충족을 위하여 추구하는 가치의 희소성 때문에 가치관의 차이 등으로 각 사회집단 간 갈등이 유발되고 그런 갈등은 상호집단 간의 비판과 비난이 편향되고 부정적인 관념의 형성과 유포계기를 만들게 된다(전희옥, 2002).

고정관념 대상집단의 소속원은 단지 그 집단의 회원이라는 이유로 개인의 자질이나 인격과 상관없이 희생양이 될 수 있다. 9·11테러를 일으킨 집단이 이슬람교도라는 이유로 모든 이슬람교도들이 경계의 대상이 된 것을 대표적인 예로 들 수 있다(전희옥, 2007). 다인종사회에 만연하는 고정관념의 경우 집단 간에서 발생하는 모든 유형의 사회적·경제적·정치적 불평등이 더 커서 사회의 커다란 집단의식으로 자리 잡게 되는 경우가 흔하다. 고정된 의식이 자리 잡게 된 사람은 아무리 반대되는 증거를 시청하더라도 과거의 신념에 감정적으로 집착함으로써 고정된 관념을 바꾸기 어려운 양상을 보이게 된다(Moore, 2006).

집단 차원적 고정관념에 따른 하위 유형은 지역, 성, 세대, 민족, 인종 등에 따른 분류가 있다. 먼저, 지역집단에 대한 고정관념을 들 수 있는데, 사람은 대부분 일정 지역에 연고를 두고 생활하는 경향이 강하며, 한국의 경우 전통사회에서는 가족을 중심으로 자신이 속한 혈연과 지연의 의식과 모임을 통하여 집단결속력을 강화한 바 있다(박재환, 2004, 이영자, 정수복, 1996). 그다음에 성 집단에 대한 고정관념을 들 수 있다. 역사적으로 볼 때, 계층제도 측면에서 대체로 남성이 여성보다 우월한 위치를 차지해온 것이 사실이다(안진, 2002). 현대 자본주의 사회에서 여성은 사회적 생산에서 배제되고 재생산 즉, 가사노동 전담자로 규정되고, 사회적 생산노동에 참여하는 경우에도 단순미숙련 하위직에 고용되어 노동의 대가를 제대로 받지 못하는 경우가 많다고 할 수 있다(전희옥, 2007). 또한 세대집단에 대한 고정관념을 들 수 있다. 사회는 유년, 청소년, 청년, 노년 등 다양한 연령층의 성원들로 구성되는데, 현대사회에 들어 노인집단의 경우 사회적 지위 약화, 역할 축소 외에도 건강과 경제적 어려움을 안고 있다는 면에서 고정관념의 대상이 될 가능성이 매우 크다고 할 수 있다(고영복 외, 1991). 아울러 인종·민족 집단에 대한 고정관념을 들 수 있다. 다민족 및 다인종으로 구성되는 미국과 같은 사회의 경우, 주류집단이라고 할 수 있는 백인집단이 흑인 및 아프리카, 아시아, 남미 등지로부터 온 이민자들에 대한 고정관념이 존재한다고 본다(Moore, 2006).

한편, 사람들은 타인의 인종을 구별할 때 무의식적으로 옷차림 같은 미묘한 요소들에 의존한다는 최신 연구가 나왔다고 사이언스 데일리와 라이브사이언스 닷컴(Science Daily & Live Science. com)이 보도했다. 이는 인종에 관한 관념이 옷차림 같은 단순한 사회적 지위 지표로도 바뀔 수 있음을 말해주는 것이다. 미국 터프츠대학(Tufts University)과 스탠퍼드대학(Stanford University), UC어바인대학(University of California, Irvine) 과학자들은 대학생들을 동원한 실험결과, 인종에 관한 관념은 피부색이나 얼굴의 특징 같은 뚜렷한 외모에 의해서만 결정되는 것이 아니라 옷차림 같은 더 미묘한 요소에 의해서도 바뀌는 것으로 나타났다고 미 공공과학도서관 학술지에 발표했다.

연구진은 대학생 34명에게 컴퓨터로 조합한 얼굴 16개의 인종을 알아맞히도록 주문했다. 각 얼굴들은 피부색이나 코의 모양 같은 여러 특징을 13단계로 조합한 것인데 얼굴을 포함한 상반신만 보여주는 사진의 절반에는 고급정장을 입혔고 나머지 절반에는 잡역부의 작업복을 입혔다. 그러자 인종 구분이 쉽지 않은 경우에 정장을 입은 사람들은 대부분 백인으로, 작업복의 주인공들은 대부분 흑인으로 지목됐다. 연구진은 이어 피실험자들이 각 얼굴을 '흑인'이나 '백인'으로 선택할 때 이들이 보이는 컴퓨터 마우스의 동선을 추적했다. 그 결과 이들의 손동작 역시 사회적 지위 지표에 관한 고정관념에 미묘하게 영향 받는 것으로 나타났다.

즉, 피실험자들이 결국 작업복의 주인공을 백인이라고 판단하거나 정장의 주인공을 흑인이라고 판단할 때도 이들은 인종에 관한 고정관념에 이끌려 한동안 반대 답 가까이에서 머뭇거리는 것으로 밝혀졌다. 연구진은 "실험결과는 인종에 관한 고정관념이 워낙 강해 타인에 관한 시각정보 처리 같은 기본적인 과정에도 영향을 미치며 그 결과 우리가 세상을 보는 방식까지 철저하게 왜곡시킨다는 사실을 보여주는 것"이라고 강조했다.

언론에서 고정관념을 다루는 긍정적인 사례는 다음 경우도 있다. 한동안 미국과 한국사람들에게 충격을 준 버지니아공대 총격사건에 대해서 미국 주요언론들이 범인의 이름을 한국계라는 인상을 강하게 주는 '조승희(Cho Seung-Hui)' 대신 미국식 표기방식인 '승희조(Seung-Hui Cho)'로 바꿔 부르고 있다. 또한 이 사건을 보도할 때 언론들은 범인에 대해 한국계라는 표현을 쓰는 것도 자제하는 모습이었다. 이는 조승희 씨 유가족이 사과 성명서를 AP통신에 보내면서 조 씨의 이름이 성을 나중에 쓰는 미국식 방법을 따르고 있다고 말해주었고, 미국식과 달리 성을 먼저 쓰는 이름 표기가 인종적 편견을 낳을 수도 있다는 우려에 따른 것이다. 워싱턴 포스트(WP)는 21일, 조 씨의 성장 및 가족사를 파헤친 '낯선 세계에 고립된 아이'라는 1면 머리기사에서 조 씨 이름을 종전과 달리 'Seung Hui Cho'로 표기하고 별도의 편집자주 기사를 통해 이처럼 표기 순서를 변경하게 된 경위를 자세하게 설명했다. WP는 이름을 표기할 때 하이픈(-)을 넣지 않는다.

WP는 조 씨의 가족이 AP통신에 밝힌 이름표기 방식을 존중하기 위한 것이라면서 많은 아시아계 이민자가 미국사회에 대한 적응의 일환으로 이름의 순서를 바꾼다고 소개하고 초기의 이름 표현은 대학과 경찰의 발표를 따랐기 때문이라고 밝혔다.

AP통신은 조 씨 가족이 이름표기를 미국식으로 해줄 것을 요청해 왔다면서 아시아 아메리칸 기자협회(AAJA)를 인용, 조 씨 가족이 지난 1992년 조 씨가 8살 때 미국으로 이민 왔다는 사실과 함께 많은 한국계 미국인 가정에서 미국식 이름표기를 따르고 있다는 기사를 사과성명 발표 직후 내보낸 바 있다.

이 밖에 CNN방송도, 미국 공영라디오 방송인 NPR도 20일 한인들이 많이 사는 로스앤젤레스 지역신문인 LA타임스 등도 조 씨의 이름표기를 미국식으로 하고 있다고 언급하며 이름표기를 변경했고 뉴욕타임스도 지난 18일부터 성을 마지막에 붙여 표기하고 있다. 이 같은 미국 언론의 이름표기 변경은 조 씨가 국적은 한국이지만 어릴 때 미국에 건너와 초등학교부터 대학까지 미국 교육을 받은 영주권을 가진 이민자인 데다 이번 사건이 정신병력을 가진 개인이 저지른 범죄이고 총기문제 등 미국사회 병리현상의 단면을 보여주고 있다는 점을 감안한 것으로 분석됐다. 앞서 아시안 아메리칸 언론인협회(AAJA)는 미국 주요 언론사에 공문을 보내 현재까지 버지니아텍 총격사건의 범인인 조 씨가 한국계라는 사실이 범행에 어떤 영향을 미쳤다는 증거가 없다며 범인의 인종을 강조하는 것이 사건해결에 전혀 도움이 안 될 뿐만 아니라 특정 인종에 대한 편견을 심어줄 우려가 있다고 주장한 바 있다.

한국사회 역시 얼굴이나 몸의 생김새, 또는 출신지역을 근거로 한 고정관념들이 많다. 하물며 국내에 거주하는 외국인들의 생김새나 그들 나라에 대해 일방적인 자의적 관념으로 해석하는 것이 아직은 비교적 제한된 정보에 기초하여 그들을 관찰하고 그러다 보면 그들의 행동 경향에 대해서 잘못된 인상을 각인하는 경우가 많다.

그러나 한번 형성화된 인상은 그대로 일관성을 유지하는 경우가 많다 보니 그렇게 편향된 시각으로 결정적인 집단화가 되면 어느 사회나 그렇듯이 사회문제의 발단이 되는 것이다. 혼합사회에서 사회정의를 구현함과 동시에 사회 전체 수익 역시 중점을 두다 보면 직접적으로 경제논리적인 수익구조에 개입되어 있는 사람들과 그 반대쪽 어딘가에는 소수의 목소리를 내지도 못하고 의견 반영은 엄두조차 기대할 수 없는, 새로운 사회에서 이제 적응의 노력으로 힘겨운 삶을 지탱하는 다수자와 피부가 다른 또 다른 소수자인 지구촌 가족을 간과해서는 안 될 것이다.

Ⅳ. 반편견 교육

다문화 교육을 위한 반편견 접근법을 제시한 Derman-Sparks(1989)는 반편견 교육은 기존의 선입견, 고정관념, 편견에 도전하는 능동적이고 적극적인 접근법이라고 하였으며 그것은 성(gender), 다양한 문화, 인종, 민족, 장애, 사회, 경제적, 종교적 배경에 상관없이 모든 사람을 존중하고 교육함으로써 특정한 부분에 대해 잘못된 인식을 갖지 않도록 하는 것이며 자아존중감을 향상시켜서 편견에 대응하는 능력을 길러주는 교육이라고 하였다(이경우, 이은화, 1999). 이처럼 다문화교육은 자기 자신을 존중하고 타인의 삶에 대한 이해와 존중을 기본으로 자신과 다른 다양함을 수용할 수 있는 태도를 형성하여 긍정적인 자아정체성 확립과 타인에 대한 폭넓은 관심과 이해능력을 발달시키는 것에 주안점을 두고 있다.

Hall과 Rhomberg(1995)는 유아기부터 사회화되어가는 과정에서 물들기 쉬운 편견의 영역으로 다음 <표 4>와 같이 능력, 연령, 외모, 신념, 계층문화, 가족구성, 성, 인종, 성적 관심 등 10가지를 제시하였다. 이러한 편견에 가장 문제가 되는 고착화된 고정관념의 제거를 위한 능력으로 반편견 교육의 효과적인 실시에는 환경 구성 역시 대단히 중요하며, 단편적인 예가 교사가 교실에서 반편견 교육과정을 실시하고자 할 때 가장 먼저 해야 되는 일이 교사가 자신과 관련된 반편견 인식을 성찰한 후 고정관념이 담긴 부적절한 재료들을 제거한 다음에 실행하여 효과적이라고 Hohensee과 Derman-Sparks(1992)의 연구에서 밝히고 있다.

<표 4> Hall과 Rhomberg(1995)의 편견의 영역

편견의 영역	정의
능력 (ability)	신체, 정신, 정서 및 관련범주에 해당하는 인간의 능력을 의미
연령 (age)	나이가 많거나 적음, 외관상 어려 보이거나 들어 보임을 의미
외모 (appearance)	키가 크거나 몸이 마르거나 화상으로 상처를 입은 모양 등 외관상으로 보이는 상태
신념 (belief)	개인이 믿거나 믿지 않는 것. 다양한 종교, 무신론, 정치적 신념들
계층 (class)	개인의 생활양식을 반영. 사회경제적 가치. 직업, 주거유형, 옷차림, 교육적 배경 등
문화 (culture)	집단의 구성원들이 공유하는 일련의 생활방식, 사고방식, 신념, 언어, 공휴일, 기념일, 관습 등
가족 (family)	가족구조를 나타내며 각 구성원의 역할과 관련
성 (gender)	남성 또는 여성. 사회적 역할과 관련된 것으로 젠더와 관련된 차별은 성차별 주의(sexism)로 정의
인종 (race)	피부, 모발 색과 형태, 얼굴 및 신체 모습 등 생물학적 요인과 관련된 집단. 인종은 다양한 민족에 포함되어 있음
성적 지향 (sexuality)	성적인 지향이나 선호. 게이와 레즈비언으로 이루어진 가족구성 및 동성애 혐오(homophobia) 등의 문제와 관련

05

불어 문화권의
다문화

교차문화현상에 대한 연구는 초국가주의(Trans-
nationalism)에서 비롯되는 '과잉'과 영토성, 소수문화,
단일문화주의가 지니는 '결핍'의 특성을 모두 지양하
면서 좀 더 균형 잡히고 차분하며 구체적이고 치밀한
성찰들에 기초해야 한다.

낯선 인종에 대한 타자화는 본디 한 개체 혹은 민족이 자신의 정체성을 확립하는 데 필수적으로 거쳐야만 하는 사회적 과정이다. 자신과 외부의 존재를 구분 짓는 것은 자기인식의 측면에서 요구되는 허구적이지만 필요한 절차인 것이다.

그러나 지배의 목적으로 이를 일정 집단에 적용하다 보면 본질적인 우월·열등의 대립구도를 낳게 된다. 식민지시대에 서구열강들이 전략적으로 '제조해낸' 열등한 피식민 국민이라는 담론도 우월한 서구를 확립하기 위해 허구에 기반한 타자 만들기의 산물이었다.

일테면 마그레브지역에 대한 프랑스 통치는 아랍인에 대한 '타자'화 및 면면히 반복되고 이어져온 고정관념(stéréotype)[1]을 필요로 하였다. 일례로 1930년대 프랑스 영화 가운데 가장 성공한 영화「망향」에서 인물들은 대사, 언어, 행위 등 다양한 층위에서 1930년대 당시 동서양을 구분 짓는 불균등한 시선을 직간접적으로 반영한다. 그 영화에서 알제리 출신 조연급 인물들의 연출방식 또한 식민담론이 형성하는 피식민지 사람들의 상투적인 모습을 반영한다. 비서구인들은 배신, 거짓말, 밀고와 같은 부정적인 요성들로 특징지어져 있다. 특히

---

1) 고정관념이란 대상에 대한 지식이나 경험 없이 만들어지는 것이면서도 마치 진실인 것같이 작용하며, 복제, 반복을 통해 존속하는 성질을 띤다.

영화에 나오는 '레지스와 아이랍' 같은 인물상은 '아랍인'이라는 전형적인 의식의 소산이라고도 할 수 있다(이수원, 2009).[2]

한 인간과 그 영혼의 절대적 실체인 언어를 끊으려 하는 것을 가장 극단적으로 볼 수 있었던 시대가 흔히 말하는 19~20세기 초반의 식민 제국주의 시대이다. 알제리도 예외는 아니어서 식민지배 기간 동안 독립전쟁을 과격하게 하고, 독립 이후에도 프랑스에 대한 증오심을 갖고 있는 것을 보면 프랑스인들이 종교는 물론 언어나 교육과 관련하여 무차별적으로 알제리인들을 차별했기 때문으로 보인다.

프랑스는 알제리의 무슬림들을 자신들의 종교인 기독교로 강제로 개종시키려 하지는 않았다. 하지만 이슬람 색채를 약화시키고 자신들의 지배를 수월하게 하고자 알제리인들의 언어를 신속하게 프랑스어로 대체시키려 했다. 그러나 프랑스인들은 그런 정책을 진행하면서도 그 대가로 알제리인들에게 진정한 시민권을 주지 않았다. 게다가 알제리인들에 대한 교육도 제대로 시키지 않았고, 소수 엘리트 알제리인을 양성하는 데 식민당국의 교육과 언어정책이 한정되었다. 그런 과정 속에서 알제리인들은 차별과 억압을 느끼고 프랑스인들은 오히려 알제리인들의 정신 속에 지금까지 자리하여 오늘날 '프랑스어권 국가연합(Francophonie)' 회원국이 아니면서도 세계에서 두 번째로 프랑스어를 많이 사용하는 국가로 알제리를 부각시켰다. 상당히 역설적이지만 프랑스어는 알제리에서 문학은 물론, 미디어 매체, 지식인, 문화예술, 교육 분야 등에서 주로 사용하는 언어가 되었다. 식민지배 초기 알제리에서의 프랑스 정책은 단순 무력에 의해 알제리인들을 굴

---

2) 이수원(2009), 「"망향"에 나타난 프랑스의 알제리 식민통치」, 『프랑스학연구』 48, 403-404 인용.

복시키려는 것이 아니었고, 또한 그렇게 할 수도 없었다. 왜냐하면 프랑스인들의 식민정책, 그 가운데에서도 언어와 문화정책은 일부 알제리인을 포함하여 자국 혹은 유럽인들까지도 포함시켜야 하는 문제였기 때문이다. 통치와 일상의 생활에서 유럽인들은 알제리인들과 의사소통이 필요했고, 식민당국은 자신들의 수월한 통치를 위해 언어와 교육정책이 필요했다. 따라서 언어교육정책은 새로운 체계를 만들어가는 데 필요한 정책적인 도구일 뿐이었다. 하지만 정책적인 도구는 정신구조나 문화에까지 영향을 미쳐서, 오늘날 알제리에서의 사회문제나 예술, 문화와 관련하여 왜 언어 문제가 특이성을 지니게 되었는지 묻게 한다.

프랑스 식민 지배 이전 알제리는 외부인들의 침략과 점령으로 인해 그 문화적 정체성은 상당히 복잡하다. 그런 의미에서 '해가 지는 쪽'이라는 의미의 '마그레브(Maghreb)'라고 중동의 아랍인들을 일컫는 의미도 다른 아프리카국가나 중동국가들과 차별하기 위한 것이며, '섬'이라는 알제리의 아랍 이름 'ElDjezair'라는 말 또한 이 지역이 여타 중동국가와는 다른 문화적 정체성을 갖고 있음을 의미한다. 이 나라 사람들은 알제리인들의 아랍어 또한 중동의 아랍어와는 구분되는 아랍어 방언을 사용한다. 이와 같은 차이는 이 지역이 페니키아로부터 로마, 비잔틴 이후에 아랍인과 터키인들까지 지중해를 두고 벌어진 정복과 혼합의 역사로 점철되어 단 하나의 문화로 규정할 수 없는 다양한 문화가 교류했던 지역이기 때문이다.

특히 이 지역의 토착민인 베르베르인들은 자신들의 언어와 문화에 대한 정체성을 강하게 유지하고 현재까지도 주장하고 있다. 베르베르인들은 알제리 사회는 물론 북아프리카 문화를 이해하는 데 상당히 중요하다. 왜냐하면 이들은 종교를 제외한 삶의 방식과 의식구조, 언어 사용까지도 아랍인들과 다소 구별되고 있기 때문이다. 따라서 과거부터 현재까지 알제리 사회에서 베르베르 문화는 그것이 아랍문화건, 로마나 프랑스 문화이건 간에 수많은 충돌을 야기했고, 현재는 아랍문화의 충돌과 공존을 거듭하고 있다(이수원, 2009).[3]

프랑스어권 문학을 대표하는 거장들의 작품 속에서 문화적 개념의 요소가 되는 용어나 사고를 살펴보면, 캐나다의 칼튼대학교 프랑스학과 교수인 파스칼 진(Pascal gin)은 트랜스컬처(Transculture)의 개념에 대한 인식론적 타당성을 검토하기 위하여 문학 자료를 중시하는데 그는 까뮈(Albert Camus)의 단편 「배교자(Le Renégat)」(1957)와 스리랑카 출신의 캐나다 작가인 미카엘 온다체(Michael Ondaatje)의 두 소설 「사자의 가죽 속에(In the skin of a Lion)」(1987)와 「애닐의 유령(Anil's Ghost)」(2000)을 비교 분석하면서 트랜스문화작용(Transculturation)의 상관관계를 설득력 있게 보여준 바 있다.[4]

까뮈가 「적지와 왕국(L'exile et le Royaume)」에 소개된 「배교자」의 주인공은 20세기 후반부를 살아가던 인물이다. 북유럽에서 남유럽으로 그리고 유럽에서 북아프리카로 방랑을 하면서 가톨릭교, 개신교, 이슬람교, 물신숭배를 다양하게 체험한다. 하지만 이러한 그의 경험은 이질적 문화들 사이의 존재하는 소통의 부재를 확인하는 것이었고, 결국 작품의 주인공은 문화적 단절에서 야기되는 정체성의 혼란 때문에 광인이 된다. 파스칼 진은 문화적 정체성과 갈등의 문제를 이

---

3) 이수원(2009), 「"망향" 나타난 프랑스의 알제리 식민통치」, 『프랑스학연구』, pp.440-442.

4) Gin P. "Transits épistémologiques de la Transculturation", *Canada and the Americas: Multidisciplinary perspectives on Transculturality*, Antares Publishing house of Spanish Culture, York Univesity, Toronto, 2008, pp.25-32.

인물이 대변해주고 있다고 진단한다.

반면 1980년대에 세계화의 초입단계를 경험하는「사자의 가죽 속에서」의 주인공은 아메리카 대륙의 캐나다와 유럽대륙의 스칸디나비아 사이에 존재하는 문화적 교류 즉, 수평적인 상호문화성을 인식한다. 그리고 영화 '잉글리시 페이션트(The English Patient)'의 원작자이기도 한 온다체는「애닐의 유령」에서 전쟁을 겪고 있는 스리랑카 섬을 배경으로 유엔난민고등판무관실(UNHCR)이 파견한 젊은 의사의 고뇌를 그렸는데, 21세기로의 전환기에 디지털 문명의 도래와 더불어 전개되는 본격적인 세계화시대를 살아가는 주인공은 유년기에 스리랑카에서 미국으로 이주했다가, 인권운동가로 다시 미국에서 스리랑카로 회귀한다. 한마디로 온다체가 그려내는 주인공들은 이질적인 문화 사이에서 갈등하고 충돌하기 보다는 화합하고 적응하는 인물들이다. 특히「애닐의 유령」의 주인공은 자유롭고 신속하며, 소통적인 현대세계의 '전 방위적인 교차문화성'을 구현하는 인물이다.

이렇게 까뮈의 주인공과 온다체의 주인공들을 비교하면서, 세계화의 진행이 문화적 충돌의 벽을 허물고 있음을 확인하는 파스칼 진은 세계화시대의 트랜스문화성 인식을 위한 몇 가지의 논점들을 제시하는 바, 그것은 유럽중심적인 단일문화성(Monoculturalité)의 해체, 문화의 제한된 영토성(Territorialité)에서의 해방, 탈식민주의적 복수성과 혼합성(la Pluralité et la Mixité), 상호적 긴장과 반사성(Reflexibilité), 이동성과 지역화, 다양성과 신유목주의(Néo-nomadisme) 등이다.

질 들뢰즈 (Gilles Deleuze)[5]는 이주민과 유목민은 다르다고 한다.

---

5) 질 들뢰즈(Gilles Deleuze), 20세기 후반 프랑스의 철학자, 사회학자, 작가이다.

유목민은 좋은 환경을 찾아서 다른 곳으로 떠나는 이주민이 아니라, 황폐한 땅, 불모의 땅에 고착하며 살아가는 방법을 창안하는 자라고 한다. 그래서 거꾸로 유목민은 쉽게 움직이지 않는 자이다. 다시 말하면, 겉으로 드러나는 이동의 양상보다는, 그 떠남은 무엇보다도 자기 자신으로부터 자신의 정체성, 삶의 방식을 바꾸는 것을 말한다. 유목민은 홈을 따라 물이 흘러가도록 하는 이주민의 개념이 아니라, 새로운 곳에서 그들이 정체성을 다시 재구성하는 전혀 뜻밖의 방향으로 갈 수 있는 것, 이것을 노마드라고 할 수 있다.

반면에, 이주문화는 코엘료(Coellho)에 의하면 결국 주류문화에 타문화가 녹아드는 '동화'적 통합의 단계로 나타난다고 주장한다. 이주민들은 공통적으로 새로운 나라에 입국한 후 다음과 같은 '문화적응'의 4단계를 거친다.

첫째, 도착과 새로운 인상의 형성기이다. 노마드는 이주 후 처음 몇 주간은 새로운 나라에서 펼쳐질 삶에 대한 기대와 더불어 약간의 불안을 경험한다. 특히 오랜 시간 자국의 문화에 익숙한 인프라 노마드에게는 자국에서 느끼던 신분불안과 경제적 문제가 없을 것이라는 안도감에 잠시나마 빠져든다. 사실, 의식주 문제를 해결하고자 이리저리 바쁘게 뛰어다니고 자녀의 학교 입학과 초기 적응 등에 골머리를 쓰다 보면 초기의 적응기는 빠른 시일 내에 지나간다.

둘째, 문화 충격이 가해지는 시기이다. 이 시기는 어수선한 정착기를 거쳐서 새로이 접하는 이국의 환경이 본국과는 크게 다르다는 것을 깨닫는 시기이다. 이 시기에 정체성의 혼란을 겪고, 자신과 인종적·문화적 동질성을 보이는 집단구성원들에게 더욱 친밀감을 느낀다. 이 시기에 다문화가정의 구성원들은 자신들의 사회적 소외가 타국에서도 벗어날 수 없는 족쇄임을 어느 정도 지각한다.

셋째, 문화 충격의 극복과 낙관의 시기이다. 앞선 문화 충격 시기를 벗어나 소외극복의 방법을 암묵지의 형태로 간직하는 시기이다. 이 시기를 제대로 극복해야만 자신의 문화적 정체성과 새로운 문화에 대한 적응이라는 두 가지를 다 얻을 수 있다.

넷째, 문화적응기이다. 이국에서 생활이 2년을 넘어가면 대부분의 이주민들은 새로운 정체성에 기초하여 내부적 갈등을 해결하려고 한다. 새로운 정체성 형성의 방향은 두 가지로 나타난다. 그 하나가 '동화'이고 다른 하나가 '통합'이다. 자신이 본래 가진 문화적·종교적 정체성의 간직 여부가 이 둘을 가르는 기준이 된다.[6] 그러나 이주문화는 또 다른 형태의 문화의 교차와 혼종을 통한 변형된 문화의 탄생을 나타낼 수도 있다. 요컨대, 다양한 문화들이 '교류, 이동, 운동, 혼용'하는 문화적 세계화의 시대에 파스칼 진이 제안하는 교차문화현상에 대한 연구는 초국가주의(Transnationalisme)에서 비롯되는 '과잉'과 영토성, 소수문화, 단일문화주의가 지니는 '결핍'의 특성을 모두 지양하면서 좀 더 균형 잡히고 차분하며 구체적이고 치밀한 성찰들에 기초해야 한다는 것이다. 그가 문화적 주체들 상호 간의 접촉과 개인적인 문화 경험의 중요성을 강조하는 것도 바로 그런 이유 때문이다. 그의 이러한 논의는 세계화 현상의 결과로서 복합적인 트랜스문화성에 대한 인식론적 성찰과 그 이론화의 가능성을 열어주고, '멀티, 인터, 메타, 트랜스문화론'에 대한 문화·문학·역사·철학의 학문적 연계를 통한 다(多)학문적인 시너지 효과도 창출해낼 수 있을 것이라고 생각한다.

---

6) 조영달(2006), 다문화연구의 필요성과 과제. 「다문화가정 자녀 교육지원방안연구대회 발표 자료」 재인용.

참고문헌

김남국, 2008, 「한국에서 다문화주의 논의의 전개와 수용」, 『경제와 사회』 80.

김영옥, 2007, 「새로운 '시민들'의 등장과 다문화주의 논의」, 『아시아여성연구』 46, 숙명여자대학교동아문제연구소. pp.129-159.

박영욱, 2009, 『(데리다 & 들뢰즈) 의미와 무의미의 경계에서』, 김영사.

베네딕트 앤더슨(윤형순 역), 2002, 『상상의 공동체』, 서울: 나남.

윌 킴리카(장동진, 장휘, 우정열, 백성욱 옮김), 2006, 『현대 정치철학의 이해』, 동명사.

곽준혁, 2008, 『아세아연구』 제51권 2호 서문.

모경환, 2011, 「사회과 다문화교육의 현황과 과제」, 『교육문화연구』, 인하대학교 교육연구소, pp.261-290.

박부진, 2002, 「문화적 변혁기의 새로운 가족 패러다임」. 『철학과 현실』 55, pp.59-68.

서울대학교 불어문화권연구소 , 2005, 『프랑스: 하나 그리고 여럿』, 서울: 강.

엄한진, 2011, 『다문화사회론』, 小化.

오경석 외, 2007, 『(한국에서의) 다문화주의: 현실과 쟁점』, 파주: 한울아카데미.

윤영돈, 2010, 『다문화시대 도덕교육의 프리즘과 스펙트럼』, 서울: 한국학술정보(주).

원숙연, 2008, 「다문화주의 시대 소수자 정책의 차별적 포섭과 배제: 외국인 대상 정책을 중심으로 한 탐색적 접근」, 『한국행정학보』 42(3).

위르겐 하버마스(홍유미 옮김), 1990, 『포스트모더니즘의 이해』, 문학과지성사.

이왕주, 2005, 「포스트모던 시대의 문화윤리: 답 없는 물음, 찾는 윤리」, 부산대학교 출판부.

이현정, 2009, 『우리의 미래 다문화에 달려 있다 : 한국의 다문화, 갈등을 넘어 소통으로』, 서울: 원앤원북스.

이용재, 2009, 「차이해석을 통한 다문화주의 비판적 고찰＝A Critical Perspective on the Multiculturalism by the Interpretation of Difference」, 경북대학교 대학원 박사논문.

이상하, 2007, 『상황윤리』, 서울: 철학과 현실사.

이용재, 2005, 「알제리전쟁을 어떻게 가르칠 것인가—프랑스의 식민유제 청산과 역사 교육—」, 한국프랑스학회 학술발표회, pp.191—204, 한국프랑스학회.

이용재, 2010, 「다문화정책에서의 새로운 배제」, 『젠더와 문화』 3, 계명대학교 여성학연구소. pp.131—173.

이홍균, 2005, 「사회이론에서의 '문화로의 전환'과 우리 학문: 호네트와 마르쿠제의 자아 이론 비교·통합」, 사회이론학회 사회이론 27, pp.165—193.

이화인문과학원, 2010, 「탈 경계시대의 지구화와 지역화」, 『탈경계인문학 학술총서』 4, pp.72—76.

김응종, 2001, 「아날학파의 역사세계—로제 샤르티에 읽기＝(Le monde historique de l'ecole des Annales—lecture de Roger Chartier)」, 『역사와담론』 31, 호서사학회, pp.151—178.

백훈승, 2006, 「찰스 테일러와 헤겔에 있어서 자아정체성 및 공동체의 형성에 관한 연구」, 『哲學硏究』 100, 대한철학회, pp.355—383.

전경수 외, 2008, 『혼혈에서 다문화로』, 서울: 일지사.

전수용, 1997, 『탈식민주의 존재 양태로서의 잡종성(Hybridity)—루시디(Rushdie)의 악마의 시(The satanic verses)를 중심으로」, 『현대 영미소설』 제4집 1권.

정미라, 2005, 「문화다원주의와 인정윤리학」, 『汎韓哲學』 36, pp.211—233, 범한철학회.

정영태, 2009, 『서구다문화사회의 국제이주민 정책과 실태』, 인하대학교 한국학연구소.

조병준, 1999, 「라신느 작품에 나타난 밤의 이미지 분석—(앙드로마끄, 브리따니뀌스, 베레니스)를 중심으로—」, 『한국프랑스학 논집』 26, 한국프랑스학회.

조병준, 2008, 『그리스 신화 패러다임＝Paradigms of Greek mythology』, 만남.

조동기, 2010, 「이주자에 대한 사회적 거리와 시민권에 대한 태도」, 『한국인구학회』 33, pp.53—73.

지주형, 2008, 「대처리즘의 교훈: 그람시적인, 너무나 그람시적인—스튜어트 홀 저, 임영호 역 ≪대처리즘의 문화정치≫」, 『시민과 세계』, 참여연대 참여사회연구소, pp.365—371.

최진석, 2009, 「타자윤리학의 두 가지 길: 바흐친과 레비나스」, 『한국노어노문학회지』제21권 3호, pp.173-180.

한건수, 2008,『다문화 사회의 이해: 비판적 다문화주의, 유네스코·아시아 국제이해교육원』, 서울: 동녘.

나시카와 나가오(이목·한경구 옮김), 2006,『국경을 넘는 방법』, 서울: 일조각.

미셸 푸코(이정우 옮김), 1992,『지식의 고고학』, 서울: 민음사, p.100.

George Friedman(송휘칠 옮김),『프랑크프루트학파의 사상적 연원』.

Kymlicka, Will(장동진 외 옮김), 2010,『다문화주의 시민권』, 東明社.

Baldwin, Elaine(조애리 외 옮김), 2009,『문화코드, 어떻게 읽을 것인가?: 문화연구의 이론과 실제』, 파주: 한울.

Adamson, Walter L.(권순홍 옮김), 1989,『헤게모니와 혁명: 그람시의 정치이론과 문화 이론』, 학민사.

Colebrook, Claire(백민정 옮김), 2004,『Gilles Deleuze』, 태학사.

Durkheim, Emile(황보종우 옮김), 2008,『(에밀 뒤르켐의) 자살론』, 파주; 청아.

Mouffe, Chantal(장상철, 이기웅 옮김), 1992,『그람시와 마르크스주의 이론』, 녹두.

Ziauddin Sardar&borin van Loon(이영아 옮김), 2002,『문화연구』, 서울: 김영사.

Giddens, Anthony(이윤희, 이현희 옮김), 1991,『포스트모더니티』, 서울: 민영사.

Edward T. Hall(최효선 옮김), 2003,『문화를 넘어서』, 서울: 한길사.

Foucault, Michel(정일준 옮김), 1999,『자유를 향한 참을 수 없는 열망: 푸코-하버마스 논쟁 재론』, 새물결.

Edward T. Hall(최효선 옮김), 2003,『The silent language: 침묵의 언어』, 서울: 한길사.

Kurzweil, Edith(이광래 옮김), 1985,『구조주의 시대: 레비스트로스에서 푸코까지』, 서울: 종로서적.

Martiniello, Marco(윤진 옮김), 2002,『현대사회와 다문화주의: 다르게, 평등하게 살기』, 서울: 한울.

Rancière, Jacques, 2009, "(해외 저명학자 초청강연) 자크 랑시에르: 민주주의와 인권=Jacques Rancière: Démocratie et droits de l'homme", 서울대학교.

Néstor García Canclini, "Diferentes, desiguales, desconectados: mapas de la interculturalidad』, Barcelona: Gedisa, 네스토르 가르시아 칸클리니, 2004,「차이, 불평등, 단절: 상호문화성의 지도 그리기」, 서울대 라틴아메리카연구소, p.223.

Jameson, Fredric, "The Cultures of globalization", 1998, Duke University Press

E. Levinas, 1976, Difficile Linerté, Paris: Fata Morgana, p.20.

Schonfeld, E., 2010, "E. Levinas, OEuvres 1: Carnets de Captivite et autres inedits. Grasset/Imec, 2009", Revue internationale de philosophie/65, pp.291-297,

Press: Universitaires de France.

E. Levinas, 1974, Otherwise than Being or Beyond Essence, A Lingis(trans) Dordrecht: Klumer Academic Publisher.

Ansell Pearson, Keith, Germinal Life: The Difference and Repetition of Deleuze, London: Routlege, 1999.

Will Kimlicka, 2002, Contemporary Political Philosophy: An Introduction, Second Ed., New York: Oxford Univ. Press, pp.346−362.

Welsch Wolfgang, 1999, Transculturality: The Puzzling Form of Cultures Today, Spaces of Culture: City, Nation, World, Eds. Mike Featherstone and Scott Lash, pp.194−213.

Parekh, Bhikhu, 2006, Rethinking Multiculturalism: Cultural Diversity and Political Theory, New York: Palgrave Macmillan.

Eller, Jack David. 1997. Anti−Anti Multiculturalism. American Anthropologist 99(2): pp.249−256.

Gellner, 1983, Nations and Nationalism. oxford: Blackwell. pp.1−144.; Shils, "Nation, Nationality, Nationalism and Civil Society." Nationsand Nationalism Vol.1, pp.93−118.; Jones and Smith, "Individual and Societal Bases of National Identity: a Comparative Multilevel Analysis.", European Sociological Review Vol. 17 No.2, pp.103−118.

Smith, National identity, 1991, London, Penguin Books. pp.1−178.; Smith, Nations and Nationalism in a Global Era. (Cambridge, UK: Polity Press, 1995).; Jones and Smith, "Individual and Societal Bases of National Identity: a Comparative Multilevel Analysis." European Sociological Review Vol.17 No.2, pp.103−118.

Brubaker, 1992, Citizenship and Nationhood in France and Germany, Cambridge, Mass: Harvard University Press, pp.13−14.

Berry, J., 1993, "Multicultural and Ethnic Attitudes in Canada: Contemporary Views about the Multiculturalism Policy and Ethno−cultural Groups", /TEMANORD− COPENHAGEN−/, pp. 51−58, Nordisk Ministerrad.

Ankara, E., 1998, "Race, Hybridity and Multiculturalism in Maryse Conde's Heremakhonon and Maya Angelou's All God's Children Need Traveling Shoes", ANNUAL SELECTED PAPERS −ALA/24, pp.417−426, Africa World Press.

J. Berman (Ed.), 1998, Cross−cultural perspectives, Psychology of accumulation in. University of Nebraska Press; Berry J. W. & Annis R. C., Ethnic psychology.

Research and practice with immigrants, refugees, native peoples, ethnic groups and sejourners. Lisse, Swets & Zeitlinger; Clanet C., 1990, L'interculturel. Toulouse, PUF.; Lavallée M, 1991, Identité, Culture et changement social, Paris, L'Harmattan.

Hewstone M. & Brown R., 1986, Contact and conflict in intergroup encounters, Southampton, Camelot Press.

Berry J. W., 1990; Furnham A. & Bochner S., 1986, Culture shock, London, Methuan.

Aboud & Skerry, 1984, The development of ethnic attitudes: A critical review, Cognitive Develoment abstracts/—, Carfax pub. co, pp.239—240.

C. Clanet, Introduction aux approches interculturelles et en sciences humaines. Toulouse, Presses Universitaires du Mirail, 1993, p.211.

Camilleri C., 1990, Stratégies identitaires, Paris, PUF; Clanet C., 1990, L'interculturel, Toulouse, PUF; Liebkind K., 1989, New identities in Europe, Hampshire, Gower.

Jahoda G., Crossroads between culture and mind, New York, Harvester Weatsheaf; Schwartz T. & White G. M. & Lutz C. A., New directions in psychological anthropology, Cambridge Univ. Press.

Matar, N., 2009, "Britons and Muslims in the early modern period: from prejudice to (a theory of) toleration", PATTERNS OF PREJUDICE/43, pp.213—231, Taylor & Francis.

Brewer, M. B., 1991, "The Social Psychology of Prejudice: Getting It All Together", ONTARIO SYMPOSIUM/7, pp.315—330, Lawrence Erlbaum Associates.

Yoon, I.—J, 2010, "Multicultural Minority Groups and Multicultural Coexistence in Korean Society", Korea observer/41, pp.517—558, INSTITUTE OF KOREAN STUDIES.

Chung, E. A., 2010, "Korea and Japan's Multicultural Models for Immigrant Incorporation", Korea observer/41, pp.649—676, INSTITUTE OF KOREAN STUDIES.

Bernard—Maugiron, N., 2001, "Human Rights and Democracy: The Role of the Supreme Constitutional Court of Egypt, edited by Kevin Boyle & Adel Omar Sherif," JOURNAL OF LAW AND RELIGION/15, pp.567—570, HAMLINE UNIVERSITY SCHOOL OF LAW.

Rickabaugh, C. A., Thompson, S. C., 1996, "Christopher Peterson Steven F. Maier Martin E. P. Seligman Learned Helplessness: A Theory for the Age of Personal

Control", Contemporary psychology/41, pp.706−707, American Psychological Association.

Brown, R., "Commentary−Henri Tajfel's `Cognitive aspects of prejudice' and the psychology of bigotry", The British journal of social psychology/41, 2002, pp.195−198, BRIT PSYCHOLOGICAL SOCIETY.

Barclay, L., "Kymlicka, Will, Multicultural Citizenship: A Liberal Theory of Minority Rights", Australasian journal of philosophy/75, 1997, pp.124−125, Australasian Association of Psychology and Philosophy.

M. Abdallah−Pretceille, L. Porcher, 1999, Diagonales de la communication interculturelle, Anthropos, Paris.

김성윤, 「잡종문화와 민족문화의 사이에서」, 『중앙대학교 대학원 신문』 173호, 서울문화이론연구소.

http://www.ilstu.edu/−jrbaldw/372/Adaptation.htm(검색일 2011. 11. 12).

http://www.geert−hofstede.com(검색일 2011. 11. 6).

06

한국의 다문화
인식과 현황

한국은 한국사회에 맞는 다문화주의의 논의와 체계화된 정책적 제도의 기반이 구축되기도 전에 급속하게 다인종·다문화사회로 진입하였다. 이러한 시대적 변화가 사회 전반에 어떤 형태로 표출되고 있는지, 또 그 진행방식의 주체가 되는 정부조직이나 단체의 구체적인 사업현황을 알아보고 분석함으로써 다문화사회에 대한 인식의 변화를 현실화시키고자 한다.

머리말1)

　한국은 수천 년간 사실여부와 상관없이 '단일민족'이라는 공통의
자긍심을 가진 나라로서 캐나다, 호주 ,미국, 프랑스처럼 다른 국가에
서 대량으로 이주민이 유입된 역사가 없는 나라이다. 그러나 1990년
대 중반 이후부터 본격적으로 외국인이 증가하기 시작하여 최근 몇
년 사이에 빠른 속도로 그들 중 많은 수가 국내에 장기체류하거나 아
니면 아예 정주하는 외국인이 늘고 있다.2) 결국 한국은 다문화사회
의 제대로 된 체계적 준비 없이 급작스럽게 나타나는 사회변화와 그
로 인한 예상치 못한 문제 그리고 다양한 양상의 혼재된 문화 속에서
여러 가지를 해결해야 되는 복잡한 상황을 맞고 있다. 이런 시점에서
정부의 다문화정책 추진실태에 대한 조사결과 다문화사회를 대처하
는 한국의 국가정책은 다문화에 대한 개념 정의에서부터 심도 깊은
논의가 진행되지 않은 채 부처별 비생산적인 중복적이고 산만한 계
획과 현황이 진행됨을 알 수 있다. 이러한 현상은 기존의 다문화에

---

1) 이 장은 국회입법조사처에서 2009년도 12월에 보고한 『정책보고서』 vol. 2 중 "다문화정
　책의 추진실태와 개선방향" 부분과 2010년 11월에 국회예산정책처에서 보고한 『예산현안
　분석 제38호』 중 "다문화가족지원사업과 문제점"을 인용 · 참조하면서 재분석한 것으로 자
　세한 것은 NARS 정책보고서(2009) 제2호와 국회예산정책처(nabo), 법무부출입국 외국인
　정책본부 통계, 행정안전부의 '지방자치단체 외국계주민 현황조사 결과'를 참조할 것.
2) 법무부 출입국 통계에 따르면 2011년 6월 말 현재 139만 2,167명.

관련된 법률이 '결혼이민자' 또는 '다문화가족'이나 '다문화자녀' 등 일부 대상에만 집중되어 있고, '건강한 다문화사회'를 구현하기 위한 전체적 관점으로 구성된 법률의 부재가 그 중요 원인이라 할 수 있겠다. 또한, 우리나라 정부의 다문화 관련 정책은 크게 한국어교육 사업, 교육자료 및 프로그램 개발, 강사 등 교육인력 양성사업, 다문화 관련 축제, 서로 다른 나라 문화체험 등 일회성 행사에서 많은 중복 현상을 보이고 있다. 모든 정책추진이 그렇듯이 다문화 관련 정책사업의 중복은 결국 국민의 세금 낭비로 직결되기 때문에 심도 깊은 논의와 정부 부처 간 유기적 협력체계를 통한 통합된 정책이 일관성 있게 체계적으로 집중·통합 조정해야 될 것이다.

 # 제1장 한국의 다문화 현황

한국에서 다문화주의를 논의하기 전에 이미 시행되고 있거나 현재 나타나는 현황을 제대로 인식함으로써 시민권의 한 영역인 '자유와 존중'의 필요성이 과연 어떻게 또 다른 '타자'들에게 인식되어가고 있는지 또한 현재 한국사회의 이주자들이 경험하는 현실적인 문제를 중심으로 한국사회의 다문화주의의 방향성과 정체성을 살펴보려고 한다.

세계에서도 보기 드문 단일민족과 단일혈통이라고 교육받았던 한국사회가 인종적으로 다양해지고 있는 최근, 외국인 이주의 증가와 함께 인구 구성의 다양한 변화가 표면화되고 있다. 통계청 조사에 의하면, 국제결혼 비율은 1990년 1.2%에서 2005년 13.5%를 정점으로 2004년 이후 10% 이상을 지속적으로 유지하고 있다.

또한 최근 실시한 다문화가족 실태조사에 따르면 우리나라에 거주하는 여성결혼이민자 가구소득은 전반적으로 낮고,3) 단순노무직이 대다수인 한국인 배우자의 평균연령은 43세이다. 그래서 향후 10년 내지 15년이 경과한 시점에는 한국인배우자의 고령화에 따른 노동력 상실이 예상되므로 다문화가족 소득 수준은 더욱 심각한 수준으로

---

3) 여성결혼이민자 가구의 78.6%가 월평균 가구소득 300만 원 미만이다.

떨어질 것으로 보인다. 또한 적극적으로 결혼이민자에 대한 일자리 지원 등 정부의 선제적 지원이 필요한 시점이고 다문화가족 자녀는 현재[4] 만 12세 이하가 대다수(87.2%)를 차지하고 있는데, 향후 10년이 경과한 시점에는 이들이 청소년기를 거치면서 경제적 빈곤, 사회적 차별 등을 겪으면서 정체성 문제가 발생될 가능성에 대비하여 지금부터 다문화가족 자녀들을 위한 정부의 종합적이고 체계적인 준비 전략이 필요하다.

게다가 국내거주 외국인이 계속 증가하고 있는 상황에서 다문화사회를 글로벌시대의 경쟁력 증진과 선진화 기회로 활용하기 위해서는 일관성 있고 통합적인 정책추진과 이를 심층 고찰하는 지속적이고 현실적인 연구가 다양한 국적의 외국인이 증가하고 있는 우리 사회에서 지역의 구성과 양상은 무엇이 누구에 의해 달라지고 있는지 그리고 그것은 사회전체와 어떻게 연결되는지 살펴보고 분석함으로써, 발생되는 문제점을 최소화하고 근본적인 원인을 해결하려는 시도는 사회구성원 간의 사회적 갈등을 줄이고 공동의 건강한 사회로 정착하는 데 필요불가결하다. 그뿐만 아니라 다문화 관련 사업을 하고 있는 중앙행정기관, 지방자치단체 등에서 조직, 인력운영, 사업내용과 문제점 등을 고찰하여 개선방향을 모색하는 데도 그 효과가 있을 것이라 기대된다.

---

4) 2010년 11월 현재.

Ⅰ. 국제결혼

국내체류 외국인의 수는 1990년의 49,507명, 2000년 491,324명에서 2011년 6월 말 현재, 139만 2,167명[5]으로 급증하였다. 2008년 총 혼인 건수에서 외국인과의 혼인은 총 36,204건이고, 2010년 혼인건수는 32만 6천 건으로 전년보다 1만 6천 건 증가한 것이고 외국인과의 혼인은 3만 4천 2백 건으로 총 혼인 중 10.5% 수준이다.

〈표 1〉 연도별 국제결혼 현황[6]

(단위: 건, %)

	2002년	2003년	2004년	2005년	2006년	2007년	2008년	2009년	2010년
총 혼인건수	304,877	302,503	308,598	314,304	330,634	343,559	327,715	309,759	326,104
외국인과의 혼인	15,202	24,776	34,640	42,356	38,759	37,560	36,204	33,300	34,235
(총 혼인 중 비중)	(5.0)	(8.2)	(11.2)	(13.5)	(11.7)	(10.9)	(11.0)	(10.8)	(10.5)
증감	679	9,574	9,864	7,716	-3,597	-1,199	-1,356	-2,904	935
증감률	4.7	63.0	39.8	22.3	-8.5	-3.1	-3.6	-8.0	2.8
■한국남성+외국여성	10,698	18,751	25,105	30,719	29,665	28,580	28,163	25,142	26,274
증감률	10.5	75.3	33.9	22.4	-3.4	-3.7	-1.5	-10.7	4.5
■한국여성+외국남성	4,504	6,025	9,535	11,637	9,094	8,980	8,041	8,158	7,961
증감률	-6.9	33.8	58.3	22.0	-21.9	-1.3	-10.5	1.5	-2.4

이(34,235건) 중에서 한국남성과 외국여성이 결혼한 것은 26,274건이고 한국여성과 외국남성이 결혼한 것은 7,961건으로 한국남성과 외국여성의 결혼 비율이 한국여성과 외국남성 비율의 3배가 넘는다. 행정안전부·외국인주민 현황에 따르면 결혼이민자(혼인귀화자 포함)

---

5) 자세한 내용은 법무부 출입국, 외국인정책본부.

6) 통계청, "e-나라지표", http://www.index.go.kr/egams/default.jsp(2011. 4. 20).

는 2009년에는 167,090명이고,[7] 2010년 1월을 기준으로181,671명이며, 2011년 6월 현재 211,458명이다.[8] 결혼이민자의 경우 경기도 국제결혼 이민자가 2010년 32,576명으로 전국 국제결혼 이민자의 26.1%를 차지하여 전국에서 가장 많았다. 성별로는 여성이민자가 85.1%, 남성이민자가 14.9%를 차지했다. 또한 혼인귀화자의 경우 2010년을 기준으로 경기도의 혼인귀화자는 17,279명으로 전국의 30.5%를 차지하여 전국에서 가장 많았다. 성별로는 여성귀화자가 91%로 절대 다수를 차지한 것으로 나타났다.[9]

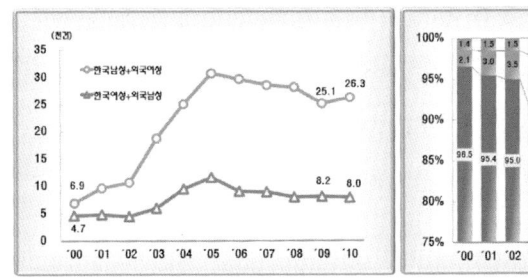 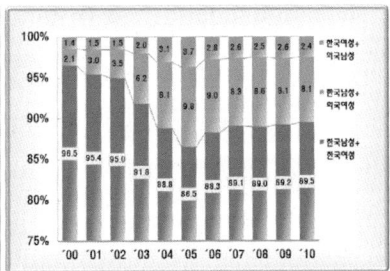

〈그림 1〉 외국인과의 혼인추이

1. 국적

외국인의 여성 국적은 중국·베트남이 73.2%, 외국 남성의 국적은 중국·일본·미국이 74.1%를 차지하고, 한국남성과 혼인한 외국여성

---

7) 성별로는 여성이 89.7%, 국적취득자는 24.8%이다.

8) 행정안전부 각 연도 외국인 주민현황 참고.

9) 행정안전부의 「지방자치단체 외국계주민 현황조사 결과」(각 연도).

의 국적은 중국(36.6%), 베트남(36.6%), 필리핀(7.3%) 순이며, 상위 2
개국이 차지하는 비중이 73.2%를 차지한다.

중국 여성과의 혼인은 감소, 베트남, 캄보디아 여성과의 혼인은 크
게 증가했으며, 한국여성과 혼인한 외국남성의 국적은 중국(28.8%),
일본(26.3%), 미국(19.0%)순이고 중국, 일본 남성과의 혼인은 전년보
다 감소, 미국 남성과의 혼인은 증가했다.

〈표 2〉 국적별 외국인과의 혼인

(단위: 건, %)

	2000년	2001년	2002년	2003년	2004년	2005년	2006년	2007년	2008년	2009년	2010년	구성비	전년대비 증감
한국男+외국女	6,945	9,684	10,698	18,751	25,105	30,719	29,665	28,580	28,163	25,142	26,274	100.0	1,132
중국	3,566	6,977	7,023	13,347	18,489	20,582	14,566	14,484	13,203	11,364	9,623	36.6	-1,741
베트남	77	134	474	1,402	2,461	5,822	10,128	6,610	8,282	7,249	9,623	36.6	2,374
필리핀	1,174	502	838	928	947	980	1,117	1,497	1,857	1,643	1,906	7.3	263
일본	819	701	690	844	809	883	1,045	1,206	1,162	1,140	1,193	4.5	53
캄보디아	1	2	2	19	72	157	394	1,804	659	851	1,205	4.6	354
태국	240	182	327	345	324	266	271	524	633	496	438	1.7	-58
미국	231	262	267	322	341	285	331	376	344	416	428	1.6	12
몽골	64	118	194	320	504	561	594	745	521	386	326	1.2	-60
우즈베키스탄	43	66	183	328	247	332	314	351	492	365	317	1.2	-48
네팔	2	2	21	22	32	16	33	82	159	316	202	0.8	-114
러시아	70	155	236	297	315	234	203	152	110	139	119	0.5	-20
기타	658	583	443	577	564	601	669	749	741	777	894	3.4	117
한국女+외국男	4,660	4,839	4,504	6,025	9,535	11,637	9,094	8,980	8,041	8,158	7,961	100.0	-197
중국	210	222	263	1,190	3,618	5,037	2,589	2,486	2,101	2,617	2,295	28.8	-324
일본	2,630	2,664	2,032	2,250	3,118	3,423	3,412	3,349	2,743	2,422	2,090	26.3	-332
미국	1,084	1,113	1,204	1,222	1,332	1,392	1,443	1,334	1,347	1,312	1,516	19.0	204
캐나다	150	164	172	219	227	283	307	374	371	332	403	5.1	71
영국	64	69	86	88	120	104	136	125	144	166	178	2.2	12
호주	78	78	90	109	132	101	137	158	164	159	194	2.4	35
독일	82	94	81	94	109	85	126	98	115	110	135	1.7	25
파키스탄	36	63	126	130	100	219	150	134	117	104	102	1.3	-2
기타	326	372	450	723	779	993	794	922	939	936	1050	13.2	114

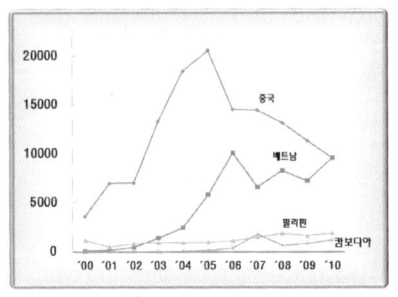

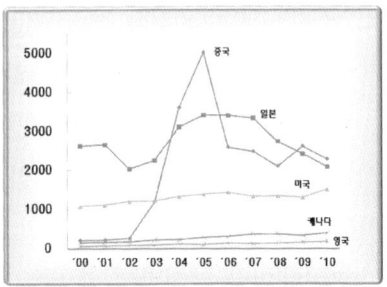

〈그림 2〉 한국남성과 혼인한 국적별 외국여성

〈그림 3〉 한국여성과 혼인한 국적별 외국남성

2. 부부의 평균 연령차

2010년 기준으로 한국남성과 외국여성 부부의 평균 연령차는 12.1 세로 2009년보다 1.0세 증가했으며, 한국인 부부의 평균 연령차보다 9.9세 많으며, 2000년에 비해 5.2세 증가한 수치이다. 또한 한국여성과 외국남성 부부의 평균 연령차는 3.4세로 2009년보다 0.3세 감소했으며 한국인 부부의 평균 연령차보다 1.2세 많으며, 2000년에 비해 3.2세 감소했다.

〈표 3〉 부부의 평균 연령차

(단위: 세)

	2000년	2001년	2002년	2003년	2004년	2005년	2006년	2007년	2008년	2009년	2010년
한국남성+외국여성	6.9	7.5	7.9	8.3	8.4	9.1	11.6	11.5	11.8	11.1	12.1
한국여성+외국남성	6.6	6.5	5.3	4.0	3.1	2.7	4.1	4.3	4.1	3.7	3.4
한국여성+한국남성	2.7	2.6	2.6	2.6	2.6	2.5	2.4	2.4	2.3	2.2	2.2

외국여성과의 혼인 비중이 가장 높은 지역은 전남(14.3%), 전북 (11.1%), 제주(11.0%) 순이며, 울산(5.9%), 대구(6.2%)는 낮은 편이고, 외국남성과의 혼인은 서울(3.6%), 경기(2.6%)가 전국 평균 (2.4%)보다 높고, 울산(1.0%), 광주, 강원, 전북, 경북(1.1%)이 낮은 것으로 나타났다.

Ⅱ. 외국인과의 이혼과 자녀

1. 이혼건수

2010년 기준으로 한국인과 외국인 부부의 이혼은 1만 1천2백 건으로 전년보다 3.8%(5백 건) 감소했으며, 2000년 이후 최초로 감소로 전환했다. 한국남성과 외국여성의 이혼은 7천9백 건으로 전년보다 4.8% 감소했고, 한국여성과 외국남성의 이혼은 3천3백 건으로 전년보다 1.5% 감소했다. 전체 이혼 중 외국인과의 이혼은 9.6%로 2009년보다 0.2%p 상승했고, 외국인과의 이혼 중 외국여성과의 이혼은 70.3%, 외국남성과의 이혼은 29.7%이다.

<표 4> 외국인과의 이혼

(단위: 건, %)

	2000년	2001년	2002년	2003년	2004년	2005년	2006년	2007년	2008년	2009년	2010년
총 이혼 건수	119,455	134,608	144,910	166,617	138,932	128,035	124,524	124,072	116,535	123,999	116,858
외국인과의 이혼	1,498	1,694	1,744	2,012	3,300	4,171	6,136	8,671	11,255	11,692	11,245
(총 이혼 중 비중)	(1.3)	(1.3)	(1.2)	(1.2)	(2.4)	(3.3)	(4.9)	(7.0)	(9.7)	(9.4)	(9.6)
증감	96	196	50	268	1,288	871	1,965	2,535	2,584	437	-447
증감률	6.8	13.1	3.0	15.4	64.0	26.4	47.1	41.3	29.8	3.9	-3.8
■한국남성+ 외국여성	247	387	380	547	1,567	2,382	3,933	5,707	7,962	8,300	7,904
증감률	24.7	56.7	-1.8	43.9	186.5	52	65.1	45.1	39.5	4.2	-4.8
■한국여성+ 외국남성	1,251	1,307	1,364	1,465	1,733	1,789	2,203	2,964	3,293	3,392	3,341
증감률	3.9	4.5	4.4	7.4	18.3	3.2	23.1	34.5	11.1	3.0	-1.5

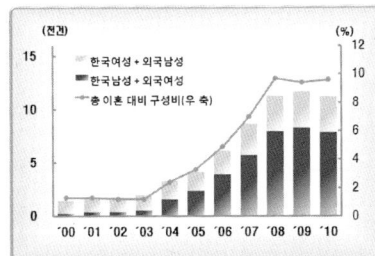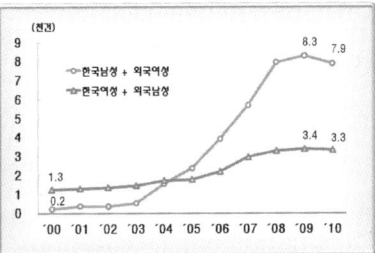

<그림 4> 외국인과의 이혼 추이

2. 결혼이민자 자녀 현황

결혼이민자 자녀는 2010년 현재 121,935명으로 2009년에 비해 14,246명이 증가하였다. 2007년 44,000명, 2008년 58,000명, 2009년 108,000명으로 매년 큰 폭으로 증가하고 있다. 연령별로 분류하면 만 6세 이하가 75,776명으로 전체 자녀의 62.1%를 차지하고, 만 7~12세가 30,587명으로 25.1%를 차지하고 있다. 초등학생 이하의 자녀가 87.2%로 대다수를 차지하고 있고, 아동의 연령이 낮을수록 어머니가 자녀양육에 미치는 영향력이 크기 때문에 다문화가족 자녀교육정책에서 여성결혼이민자 본인에 대한 프로그램도 아울러 수행할 필요가 있다.

〈표 5〉 결혼이민자 자녀 연령별 분류 현황(행정안전부, 2010)[10]

(단위: 명)

구분	계	만 6세 이하	만 7~12세	만 13~15세	만 16~18세
인원	121,935	75,776	30,587	8,688	6,884
비율	100	62.1	25.1	7.1	5.6

Ⅲ. 주요국의 관련 법률 및 정책

1. 국가정책으로서의 다문화주의

문화다양성을 위한 국가의 대처방식으로는 다문화주의, 동화주의, 통합주의 등의 방식이 있다. 다문화주의는 주로 호주와 캐나다에서 다양성을 인정하고 하나의 전체적인 국가 형성의 대처방식으로 발전되어왔다. 이는 민족적 다양성을 인정하고 개인들이 자신의 고유한 문화를 유지할 수 있도록 보장하는 것이 헌법 원리와 사회의 이념과 가치에 합치한다는 개념으로 문화적 다양성과 사회의 통합을 조화시키려는 시도라고 할 수 있다.

통합주의는 속지주의와 시민권 개념을 기반으로 주로 프랑스에서 발전한 방식이다. 프랑스는 이주민에 대하여 '동화정책'을 실시하면

---

10) 「2010년 지방자치단체 외국계주민 현황」, (행정안전부, 2010).

서 문화가 다른 사람들도 프랑스 시민으로서 포용하는 원칙을 가지고 있었지만, 공화국의 공공영역 내에서 민족공동체라든가 종교공동체로서의 권리를 주장할 수 없도록 하는 정책을 실시하였다. 이는 프랑스가 '시민공동체 즉, 모든 사람이 수호해야 하는 보편적 가치들을 정의하는 사회계약에 의해서 공통적으로 국가에 결합된 개인들의 총체'[11]만을 인정하는 것이었다. 이러한 '동화정책'은 20세기 초까지는 동일한 문화권에서의 이동이었기 때문에 별다른 문제를 일으키지 않았으나, 제2차 세계대전 이후 유입된 대다수의 북아프리카 출신 이민자인 이주노동자들의 사회부적응과 새로운 세대의 공교육 영역의 편입으로 인하여 점차 중요한 이슈로 부각하게 되었다.[12] 이슬람문화와 종교적 영향권 하에 살던 마그레브(Maghreb) 출신 이민자들은 프랑스와는 다른 문화적 관행과 가치를 가지고 있었기 때문에 내적인 갈등을 유발하게 되면서, 프랑스인들은 이민자들에 대한 비난을 가하게 되었고, 마그레브 이민자들은 그들에 대한 프랑스 극우파의 폭력과 인종차별주의로 인해 격분하게 되었다.[13] 이러한 사회 분위기 속에서 프랑스 정부는 1980년대에 들어서면서 '동화정책'을 '통합정책'으로 변화시킬 것을 천명한다. 결국 프랑스의 '동화정책'은 이민자들에게 일방적인 프랑스 문화의 수용과 적응을 요구한 반면, '통합정책'은 '상호적인 노력'과 '열린 자세'를 가진다는 점에 차이가 있는 것이다.[14]

---

11) 마르코 마르티니엘로, 윤진 옮김, 『현대사회와 다문화주의: 다르게, 평등하게 살기』, 한울, 2002, p.69.

12) 이가야, 「프랑스의 다문화사회: 동화에서 통합으로」, 『프랑스문화예술연구』 제28집, 프랑스문화예술학회, p.262.

13) 서울대학교 불어문화권연구소, 『프랑스 하나 그리고 여섯』, 도서출판 강, p.178.

14) 이가야, 앞의 논문, p.264.

다문화주의를 국가정책에서 다루는 경우에는 출입국 관점, 노동력 관점, 이주민 관점, 다문화 관점 등에서의 단계적 정책접근이 이루어져야 한다. 출입국 관점의 정책은 국가단위가 인구의 이동에 중요한 기준이 되고 국가가 주도적으로 자국의 산업과 자국민 보호를 위해 단속과 추방 등 규제에 의해 인구의 이동을 조절하고 통제한다는 것으로, 국가적 차원의 보호장벽이 높고 인적 교류와 재화의 수출입 규모가 적을 경우 일반적으로 통용되는 관점이라고 할 수 있다. 노동력 관점에서의 정책 접근이란 국가 간, 지역 간 단위 노동임금 등 노동생산성의 격차가 커지는 경우, 노동인구의 감소나 기피하는 노동직종이 생기는 경우에 노동경쟁력이 있는 국가나 지역의 노동자들을 국내로 불러들이는 정책이다. 이주민 관점에서의 정책이란 노동력으로 유입된 이주자들의 체류가 장기화되면서, 결혼·출산·육아·교육 등 가족문제와 생활, 복지의 2차적 문제를 해결하기 위한 정책이다. 다문화 관점의 정책은 이주민의 유입증가와 혼인, 귀화 등에 따른 정주화로 다인종, 다문화의 배경을 가진 국민과 이주민이 늘어나 이들에 대한 국가적 지원과 관심이 요청되는 단계를 말한다. 현재 우리나라는 다문화사회의 정책을 위한 입법적 요구가 제기되고 있는 단계라고 할 수 있을 것이다(박영도 외, 2008).[15]

---

15) 단계적 접근에 관한 내용: 박영도 외, 다문화사회 문화적 지원을 위한 법률제정안 연구, 문화체육관광부 연구용역 결과보고서, 한국법제연구원, 2008. 7. pp.43-45.

2. 주요국의 다문화정책

1) 미국

미국은 이민 및 국적 취득에 관하여 「미국법령집(U. S. Code)」과 「미국연방규정집(Code of Federal Regulations)」에 규정되어 있다. 이민정책과 시행은 국가 전체에 관한 사항이므로, 주립법이 이민법제에 미치는 영향은 미비하고 연방법으로써 규율되고 있다. 미국 이민법은 이주민뿐만 아니라, 단기방문 및 유학부터 외국인의 노동허가와 정착에 관한 문제까지 포괄적으로 다루고 있다.[16] 관련기구로는 연방행정부의 국토안전부, 국무부, 법무부, 노동부, 보건복지부 등 이민 절차와 관련된 5개의 주요 행정기관이 있고, 2009년 현재 대부분의 이민 관련 업무는 국토안전부에서 이루어지고 있다. 미국은 9·11테러 사건 이후 위험국가의 국민이 미국으로 입국하는 것을 제한하기 위하여 비자 발급을 제한하고, 외국인이 미국 입국 목적에만 국한하여 생활할 수 있도록 미국국민과 동일하게 부여되던 여러 가지 사회보장제도를 폐지하였다.

미국의 다문화정책의 주된 경향은 이민자들이 미국 사회의 지배적 가치관을 받아들일 것을 강조하는 동화주의였으나, 점점 문화적 다양성을 인정하는 방향으로 변화하고 있다. 미국은 불법체류자의 자녀교육과 모성보호에 한하여 사회복지 프로그램을 제한적으로 제공하고 있다. 이런 점은 한국사회 다문화정책에서 체류자 가정의 자녀와 모성보호에 관한 일정한 정책적 시사점을 준다.

---

16) 이영주, 「다문화가족지원법에 관한 고찰」, 『법학연구』 제31권, 한국법학회, 2008, p.209, p.236.

2) 프랑스

프랑스는 이주와 관련된 주제로 1945년에 처음으로 법령을 공표하였고, 이후 1974년,[17] 2003년,[18] 2006년에 제·개정과정을 거쳤다. 프랑스는 2006년에 「이민 및 사회통합법」이라는 새로운 이민법을 통과시켰다. 관련기구로는 2007년 사르코지 후보가 대통령에 당선되면서 4개 부서[19]에 분산되어 있었던 다문화정책이 '이민·사회통합·국가정체성·연대개발부'로 단일화되었다.

2006년에 제정된 「이민 및 사회통합법」은 시민교육과 언어교육에의 참여를 전제로 한다. 한편, 최소한 10년 이상 프랑스에서 살았던 이주자들에 대해 자동적으로 국적을 부여하였던 자동적인 합법화 법안은 폐지되었다. 위장결혼을 막기 위해 프랑스인과 외국인 간의 국제결혼이 이루어질 경우에, 결혼 이후 최소 3년간의 대기기간(기존에는 2년)과 충분한 언어능력을 입증해야만 10년 기간의 장기체류 허가를 받을 수 있게 하는 등 그 조건이 강화되었다. 「이민 및 사회통합법」은 프랑스의 경제나 명예에 도움이 되는 재능이나 능력을 지니고 있는 이민이나 취업목적의 이민, 석사학위 소지 이상의 외국인 학생이나 연수생에 대한 제한을 완화하고 있다.[20] 다문화정책의 모델로도 평가받고 있는 프랑스의 숙련기술을 갖춘 자의 '선택적 이민'은 한국

---

13) 1974년 개정된 법령은 석유파동의 여파로 인력모집 중단에 관한 것이었다.

18) 2003년 개정된 법령은 이주범위의 조정, 프랑스에 거주하는 외국인의 체류, 국적취득규정에 대한 것이었다.

19) 그 이전까지 외국인 관련 업무는 난민무국적자보호국, 인구이민국, 공공자유국, 법무부 중앙행정처 관할에 속하였다.

20) 이순태, 다문화사회의 도래에 따른 외국인의 출입국 및 거주에 관한 법제연구, 국법제연구원, 2007, p.107.

사회에 불법체류 노동자 체류 및 거주문제에 관하여 시사하는 바가 있다고 하겠다.

3) 캐나다

캐나다의 다문화주의는 문화 자체에 대한 깊은 철학적 사색으로부터 출발한 정책이라기보다는 당시 캐나다 사회에 대두되기 시작했던 퀘벡 분리주의자들과 기타 소수민족들의 소외감과 불만을 달래줄 정치적 대안으로 출발하였기 때문에 이후 많은 비판을 감수해야 했다. 특히 정치인들은 당시 수상이었던 트뤼도가 총선에서 소수민족들의 표를 얻기 위한 책략이었다고 공격하였는데 이는 이미 제3의 세력으로 성장한 소수민족들의 표는 선거 때마다 각 정당들에게 민감한 사안이었기 때문이다. 특히 퀘벡 분리주의자들은 캐나다 건국의 양대 주역으로서의 우월한 지위를 유지하고자 했던 프랑스계인들이 이 정책으로 인해 둘 중의 하나가 아니라 이제 다수 중의 하나로 전락할 수 있다는 우려가 커지면서 다문화주의 정책을 배격하였다. 연방의회에서 퀘벡의 독립을 정강정책으로 삼은 퀘벡연대(Bloc Quebecois)는 "캐나다 다문화주의란 커다란 용광로에 퀘벡의 문화를 녹여버리려는 연방정부의 집요한 공격으로부터 퀘벡을 보호해야 한다"고 공격하면서 다문화주의 정책의 철폐를 주장해왔다. 퀘벡 주 정부는 다문화주의 정책 대신 주류문화의 우위성을 견지하는 테두리 안에서 주류사회와 소수민족들이 서로 상호 수용하고 적응해야 한다는 "문화상호주의(Interculturalism)"를 대안으로 내놓았다. 영어권도 이 정책은 결국 캐나다를 일치시키는 것이 아니라 사회의 각 구성원들이 모래알처럼 분리되어 반목과 긴장이 더 고조될 것이라고 우려를 표명했으나 속셈은 자신들이 그간 누려왔던 배타적인 문화적 우월권이 손상을 입지나 않을까 하는 우려였던 것이다. 현재는 다시 보수당으로 통합되어버렸지만 보수적인 백인들로부터 지지기반을 갖고 있던 개혁당(Reform Party)은 1989년 아예 이 정책에 대한 경제적 지원의 철폐를 주장했다. 소수민족들의 의견도 다문화정책은 기껏해야 소수민족들의 축제를 재정적으로 보조하는 정도에서 그쳤기에 이 정책이 포장은 그럴 듯한데 실질적인 알맹이가 너무 부족하다는 비판들이 있었다. 특히 사회학자인 레지날드 비비(Reginald Bibby)는 미국과는 달리 캐나다는 국가적 이념이 취약하기 때문에 국가구성원을 하나로 묶을 수 있는 대안이나 비전을 제시하지 못하고 대신 과도한 개인주의, 상대주의, 다원주의가 팽배해지면 캐나다 사회는 결국 게토화되고 모래알처럼 흩어지게 될 것이라고 경고하였다. 다문화주의 비판자들도 사실은 자칫 이런 정책이 초래할 수도 있는 사회적 역기능이나 파편화 현상의 가능성을 염두에 두고 한 말이다(문영석, 2011). 캐나다의 「캐나다 자유와 권리의 헌장(Canadian Charter of Rightsand Freedoms)21)」은 다문화사회에 대비한 조항들을 포함하고 있으며, 1982년에는 위 헌장에 Section 27이 도입되었다.22) 또한 「캐나다 다문화주의법」(The

---

21) 이 헌장에서는 기본적인 자유 외에 평등권과 관련하여 모든 개인은, 법의 아래에 있어서 평등하고, 인종, 국적, 민족, 피부의 색, 종교, 성별, 연령 및 신체 또는 정신적 장해에 근거하는 차별을 받는 일 없이, 법에 따르는 평등한 보호와 이익을 얻을 권리가 있다고 선언하고 있다.

22) 1971년의 다문화주의 선언 이후 이를 캐나다 헌법에 어떻게 반영시킬 것인가 하는 점이 이슈가 되었다. 1970년대 헌법전문의 개정을 위한 논란이 있었으나 실패했고, 1982년에 이르러서야 헌장(Canadian Charter of Rights and Freedoms)에 Section 27을 포함시키게 되었다. Section 27은 캐나다헌장이 캐나다인들의 다문화유산을 보존하고 향상시키는 방향으로 해석되어야 한다고 규정하고 있는데, 이로써 다문화주의는 캐나다의 헌법상 원

Canadian Multiculturalism Act)이 1988년 7월 22일에 정식으로 공포되었다. 캐나다 정부는 다문화정책을 문화유산부 장관이 관련부서의 장관과 협의해서 집행한다. 캐나다 문화유산부가 다문화주의법의 주무부서로서의 공식적인 법적지위를 획득한 것은 1995년 제정된 「문화유산부법」에 의한 것이다. 캐나다는 문화유산부의 주도아래 20여 개의 산하단체와 25개의 지역본부를 통해 조직적으로 다문화주의 정책을 펼치고 있다.[23]

4) 호주

백호주의(白濠主義)라는 이름으로 알려져 있는 호주는 2009년 현재 다문화주의적 현실에 조응하여 다문화주의의 정착을 위한 다양한 노력을 진행하고 있다. 연방차원에서는 다문화주의에 관한 법률이 제정되지는 않았지만, 주 정부차원에서 공동체위원회(Community Relations Commissions)가 설치되었고, 「다문화주의 원칙에 관한 법률」과 「민족차별금지법」 등이 제정되었다.[24]

호주의 다문화정책의 종류는 이민정책, 정착지원정책, 다문화 공공

칙으로 법적인 지위를 획득하게 된 것이다.

23) 문화체육관광부한국법제연구원, 다문화사회 문화적 지원을 위한 법률제정안 16연구, 2008, pp.91-104.

24) 뉴 사우스웨일즈 주에서는 공동체관계위원회 및 다문화주의 원칙 법률 2000(Community Relations Commissions and Principles of Multiculturalism Act 2000)을 제정하여 뉴 사우스웨일즈 지역 거주민들이 서로 다른 언어, 종교, 인종 및 민족적 배경을 인정하고 존중하며, 이를 위해 NSW 주정부는 주민의 평등한 권한 및 책임을 도모할 것을 천명하였다. 이 법에 의하여 뉴 사우스 웨일즈의 공동체 관계위원회(CRC)라는 이름을 가진 법인이 구성된다. 위원회는 장관의 통제와 지시를 받는다. 정상우, 「호주의 다문화주의 정책과 법」, 『최신외국법제정보』, 2008-10, p.89.

정책으로 구분할 수 있으며, 이 중에서 가장 핵심적인 것은 이민정책이다. 호주의 문화정책을 총괄하는 부서는 연방정부의 이민·시민권부(Department of Immigration and Citizenship)이다.25) 호주의 이민 정책에서 중요한 시민권 부여의 조건은 기초적인 영어실력에 대한 요구와 시민권의 부여에 따른 책임과 권리에 대한 숙지이다.26) 다문화정책의 추진주체는 연방정부와 주정부, 그리고 시민사회와 비정부기구로 주로 이루어지며 연방정부와 지역단체와의 연계를 통한 협력 프로젝트가 많이 진행되고 있다. 호주의 다문화정책은 시민권 부여에 따른 국가에 대한 개인의 충성을 강조하고, 여전히 백인우월주의를 전제로 하고 있다는 점에서 비판을 받기도 한다. 그러나 과거 백호주의로 인한 차별주의를 극복하고 중앙정부와 지방정부의 다양한 시민사회집단과의 협조 속에서 다문화주의를 실현해간다는 점에서 시사점을 찾을 수 있다.

5) 일본

일본에는 중앙부처의 다문화 관련 정책의 근거가 되는 법률은 존재하지 않는다. 일본의 다문화정책 즉, 외국인 시책은 중앙정부보다 지방자치단체의 수준에서 활발하게 전개되어왔다고 할 수 있다. 일본에서는 지방자치단체가 실제 사업을 추진하고 중앙정부는 주요정책을 제안하고 재정을 지원한다. 이러한 현황을 배경으로 가와사키 시

---

25) 이민부의 명칭에 '시민권'이 들어간 사실은 현재의 호주 다문화정책의 방향이 다양성 강조에서 사회통합의 강조로 변화되고 있음을 보여준다.
26) 이용승, 「호주의 다문화주의」, 『동아시아연구』 제8호, 고려대학교 동아시아교육연구소, 2004, p.197.

에서는 「외국인시민대표자회의조례」를 제정하였고, 미야기 현에서는 「다문화공생사회의 형성의 추진에 관한 조례」를 제정하였다. 일본 총무성은 2005년 '다문화공생의 추진에 관한 연구회'를 설치하고, 2006년 3월 '지역에서의 다문화공생추진안(플랜)에 관하여'라는 보고서를 제출하였으며, 2007년 3월에는 후속 보고서를 제안한 바 있다.

이러한 다문화공생추진 플랜에서는 기존에 외국인을 단순한 지원의 대상에서 공생관계로 정책방향을 전환하였다는 점에서 중요하다. 이를 위하여 외국인 주민에 대한 행정서비스 향상, 인권보장, 이문화(다양한 문화)에 대한 시민들의 이해와 개방적인 태도가 확립된 지역사회 건설을 목표로 하고 있다. 구체적인 정책수단에 있어서는 의사소통을 위한 다양한 언어자원을 제공하고 거주와 교육, 노동, 의료, 복지, 보건, 방재 등 기본적인 생활환경을 보장하여 이문화에 대한 주민의 의식계발과 외국인 주민의 자립 및 사회참여를 촉진하여 상호교류가 활성화되도록 하는 데 주안점을 두고 있다.[27)]

우리나라는 다문화가족, 다문화가정, 다문화정책 등의 용어를 사용하면서 정책대상은 '결혼이주자' 또는 '재한외국인' 등에 국한하는데 반하여, 일본은 '다문화공생(多文化共生)'이라는 용어를 채택하고 있다. 이는 일본이 다문화주의를 받아들이기 위해서 필요한 기본가치에 대하여 고민한 흔적을 발견할 수 있는 부분이라 할 것이다. 우리의 정책 대상과는 달리 일본은 다양한 문화를 가지고 있는 민족들과 어떻게 하면 함께 협력하면서 살아갈 수 있는가에 대하여 고민하는 것이다. 즉, 다문화공생이란 일본에서 서로 다른 인종들이 지역사회

---

27) 정상우, 「일본에서의 다문화사회 지원을 위한 조례연구」, 『최신외국법제정보』, 2008-7, 한국법제연구원, p.88.

에서 함께 살아가는 방법을 나타내는 용어이다. 일본에서도 다문화, 다문화사회라는 용어를 사용하고 있으나 '다문화가족'이라는 용어는 사용하지 않고 있다. 우리나라의 '다문화가족'이라는 용어의 사용은 아직 정책의 중심이 가족에 국한되어 있어 오히려 가족을 지나치게 강조하는 문제가 있고, 다문화와 오히려 상반되는 가부장적 가족제도 를 고착시킬 수 있다는 우려도 제기된다.[28]

Ⅳ. 다문화정책의 추진실태와 개선방향

1. 다문화정책의 현황 및 추진실태

우리나라는 '관주도형 다문화주의'라고 지적될 정도로 다문화사회 의 전개과정에서 정부의 정책이 중요한 영향을 미치고 있다. 다문화 와 관련한 주요 의제들이 정부 차원에서 본격적으로 다루어지기 시 작한 것은 2006년부터이고,[29] 2007년 법무부는 다문화주의 정책수행 의 바탕이 되는 법적·제도적 기반을 구축하기 위하여 「재한외국인 처우 기본법」을, 보건복지가족부는 2008년 「다문화가족지원법」 제정 에 주도적으로 참여하였다. 「다문화가족지원법」은 다문화가족 구성

---

28) 정상우, 앞의 논문, p.93.

29) 2006년에 들어 '여성결혼이민자 가족 및 혼혈인·이주자 사회통합 지원방안', '다문화가 정교육 지원대책', '외국인정책 기본방향 및 추진체계' 등 외국인 일반 또는 특정집단의 이주민과 관련된 정책들이 등장하기 시작하였다. 「우리나라 다문화정책의 거버넌스 구축 에 관한 연구」, 한국여성정책연구원.

원이 안정적인 가족생활을 영위할 수 있도록 함으로써 이들의 삶의 질 향상과 사회통합에 이바지하기 위하여 제정하였는데 지금은 여성가족부가 이 법을 근거로 다양한 다문화 사업을 실시하고 있다. 「재한외국인 처우 기본법」은 재한외국인에 대한 처우 등에 관한 기본적인 사항을 규정하고 있으며, 재한외국인이 대한민국 사회에 적응하여 개인의 능력을 충분히 발휘할 수 있도록 하고, 대한민국 국민과 재한외국인이 서로를 이해하고 존중하는 사회 환경을 만들어 대한민국의 발전과 사회통합에 이바지하는 데 그 목적을 두고 있다. 이들 법 이외에도 각 부처에서는 소관법률을 근거로 다양한 형태로 다문화정책과 관련한 사업을 진행하고 있다.

다음 표는 부처별 다문화 소관정책 영역이다.

<표 6> 주요부처별 소관정책 현황

부처	정책 영역	정책 대상	정책 초점
법무부	출입국·국적·이민	입국 외국인·일반국민	− 외국인정책 총괄 − 이주민 사회통합
보건복지 가족부	가족복지·사회복지	다문화가족	− 다문화가족 정착·자녀 양육지원 − 다문화가족의 복지 증진
문화체육 관광부	문화·체육·예술·관광	이주민·일반국민	− 다문화에 대한 인식제고 − 이주민 문화·언어적 적응 지원
교육과학 기술부	제도권교육·인적자원개발	이주민·자녀	− 다문화가족 자녀 교육지원 − 학습능력 향상 환경 조성
고용노동부	고용	외국인 노동자	− 외국인 노동자 고용허가 − 사회적 적응
행정안전부	지방행정	이주민	− 이주민 지역정착지원
여성가족부	성 평등·여성인권	결혼이주여성	− 다문화가족 지원 − 다문화가족 지원센터 운영지원
농림수산 식품부	농업인 교육훈련	이주여성·농업인	− 이주여성농업인 − 맞춤영농교육

2. 부처별 다문화정책 사업 및 예산 현황

현행법은 다문화가족을 결혼이민자+한국인(출생), 귀화+한국인 (출생)인 경우로 제한하여 규정하고 있다. 현재 결혼이민자 수는 181,671명(2010년 1월 기준)이고, 성별로는 여성 161,999명(89.7%), 남 성 19,672명(10.3%)이며 결혼이민자 자녀는 121,935명(만 12세 이하의 자녀가 87.2%)이다. 다음은 다문화가족을 지원하기 위해 편성된 예산 현황이다.

〈표 7〉 다문화가족 지원 사업 부처별 예산현황

(단위:백만 원)

세부사업 명	2008년	2009년	2010년	2011년
총계	32,581	47,274	62,914	88,668
[여성가족부]	24,062	29,551	41,937	55,524
다문화가족 지원	816	814	1,275	1,489
결혼이민자 현지 사전정보제공 및 국제결혼중개업 관리	279	100	450	994
다문화가족 지원센터 운영지원	2,920	4,994	8,278	11,378
다문화가족 언어 및 교육지원	18,152	18,943	24,354	33,708
-다문화가족 방문교육사업 관리	1,500	1,350	-	1,494
-다문화가족 방문교육서비스 제공	16,652	16,652	19,800	24,194
-결혼이민자 통번역서비스	-	941	2,400	2,400
-다문화가족 아동청소년 언어발달지원	-	473	2,154	4,418
글로벌다문화센터 건립	-	-	2,000	1,785
폭력피해 이주여성 지원	895	3,500	4,730	4,770
-이주여성 보호 및 폭력피해 예방	176	2,298	2,249	2,539
-이주여성 긴급구호 및 상담전화 운영	719	1,202	2,481	2,231
여성 일자리 창출 및 기반조성				
-여성결혼이민자 일자리 지원	-	200	850	1,400
다문화 농촌정착 지원	1,000	1,000	-	-
[법무부]	1,530	3,660	4,670	4,788
외국인 사회통합 지원	1,530	2,460	1,861	1,868
사회통합 이수제	-	1,200	2,809	2,920

[교육과학기술부]	3,934	6,500	6,200	6,300
학교 다문화교육 역량강화	434	800	500	600
대학생 근로장학금 지원 -다문화가정 학생 1:1 멘토링 근로장학금 지원	-	2,200	1,500	1,500
시·도교육청 맞춤형 교육지원	3,500	3,500	4,200	4,200
[고용노동부]	-	52	467	-
직업정보제공 및 직업지도 -여성결혼이민자 취업지원 프로그램 개발·연구		52	50	-
민간취업기관지원 -결혼이민자 취업지원 민간위탁	-	-	417	-
[행정안전부]	469	2,429	820	1,360
외국인주민의 사회적응 및 자립지원	469	2,429	820	1,360
-결혼여성이민자 친정부모 초청행사	169	510	250	250
-다문화정착을 위한 지도자교육	-	928	348	348
-외국인주민 집중거주 지역 생활환경개선	300	180	180	700
-지자체 공무원 순회교육, 외국인주민 실태조사	-	38	42	42
-외국인주민 취업안내교육 등				
-다문화정착 우수사례 확산	-	773	-	-
	-	-	-	20
[문화체육관광부]	2,586	4,048	5,644	5,982
한국어 교원 양성 및 교육자료 개발 -다문화가족 한국어교원 양성지원	650	580	356	83
선진도서관 추진 및 미래지향서비스 환경개선 -다문화가정을 위한 도서관서비스 개선	-	182	347	570
어린이청소년도서관운영	54	82	580	560
-다문화가정을 위한 전래동화 콘텐츠 개발보급	39	50	500	500
-다문화체험전시	15	32	80	60
디지털정보자원 확충 -디브러리포털 다문화지식정보 구축	150	50	100	80
다문화사회 문화환경 조성	-	800	1,970	1,970
국립중앙박물관 -다문화교육 및 공연프로그램 운영	63	37	37	37
생활체육프로그램 지원 -다문화가족 생활체육지원	100	100	1,100	1,500
이주가정 자녀 대상 한국어 방문학습 교재 개발	-	500	750	750
국립어린이박물관 운영 -다문화가정 어린이를 위한 문화체험교육	-	95	17	17

생활문화 학술조사 및 도록발간 -다문화사회 문화다양성 조사	169	202	150	200
공연활동 지원 -다문화가정대상 초청축제			200	190
공연예술박물관 운영 -다문화가정 대상 세계악기 체험			12	-
국악원 공연활동 -다문화가족을 위한 공연			25	25
이주민 문화적응 및 교류지원	1,400	1,420	-	-
[농림수산식품부]	-	426	1,176	1,176
농업인 교육훈련 -이주여성농업인교육	-	426	1,176	1,176
[방송통신위원회]	-	608	2,000	2,387
EBS 프로그램 제작지원 -다문화가족 프로그램 제작	-	608	2,000	2,387
[보건복지부]	-	-	-	11,151
영유아 보육료 지원 -다문화가정 보육료 지원	-	-	-	11,151

1) 법무부

법무부의 다문화 관련 주요사업으로는 '다문화가정 법교육', '외국인 사회통합지원', '사회통합프로그램이수제 운영' 등을 들 수 있다. 다문화가정 법 교육은 다문화가정을 대상으로 지역 출입국사무소별 정부합동 고충 상담장에서 무료법률상담을 하고 생활법률책자를 보급하는 사업이다. 외국인사회통합지원 사업은 국제결혼이민자와 그 자녀, 외국인 근로자, 외국적 동포, 난민 등 체류외국인의 사회적응과 통합을 지원하기 위한 사업이다. 또한, 사회통합프로그램 이수제는 귀화대상자와 같은 외국인이 안정적으로 우리 사회 일원으로서 적응하도록 하여 향후 발생할 수 있는 사회적 비용과 갈등을 최소화하기 위한 프로그램이다.

<표 8> 법무부 다문화 관련 주요사업 및 예산[30]

(단위: 백만 원)

부처명		사업명	'08년 예산액	'09년 예산액	사업수행기관	비고(재원)
법무부	법교육팀	다문화가정 법교육	8,8	10	법무부	'09년 예산
	사회통합과	외국인사회 통합지원	1,530	2,460	법무부	
		사회통합 프로그램 이수제	-	1,200	법무부	

2) 보건복지가족부와 여성가족부

다문화가족 보육료 지원을 보건복지부에서 하며 여성가족부에서
는 다문화가족지원 사업으로 다문화가족지원센터 운영지원, 다문화
가족 언어 및 교육지원, 다문화가족 방문교육서비스 제공, 결혼이민
자 통번역서비스, 다문화가족 아동청소년, 언어발달지원 다문화가족
이중언어교실, 글로벌다문화센터 건립, 결혼이민자 현지 사전정보 제
공 및 국제결혼중개업 관리, 폭력피해 이주여성 지원 사업, 이주여성
보호 및 폭력피해 예방, 이주여성 긴급구호 및 상담전화 운영, 다문화
가족 대국민 인식개선, 동반·중도입국 청소년 초기적응 프로그램,
결혼이민자 취업지원을 하고 있다.

---

30) 법무부 제출자료, 2009. 11. 18.
　　법무부 2010년 예산은 46억 7천, 2011년 예산은 47억 8천이다.

<표 9> 여성가족부 다문화 관련 주요사업[31]

○다문화가족지원	02-2075-4500	www.mogef.go.kr
○다문화가족지원센터 운영지원		
○다문화가족 언어 및 교육지원 　-다문화가족 방문교육서비스 제공 　-결혼이민자 통번역서비스 　-다문화가족 아동청소년 언어발달지원 　-다문화가족 이중언어교실		
○글로벌다문화센터 건립		
○결혼이민자 현지사전정보제공 및 국제결혼중개 　업 관리		
○폭력피해 이주여성 지원 사업 　-이주여성 보호 및 폭력피해 예방 　-이주여성 긴급구호 및 상담전화 운영		
○다문화가족 대국민 인식개선		
○동반·중도입국 청소년 초기적응 프로그램		
○결혼이민자 취업지원		

3) 문화체육관광부

　문화체육관광부는 '이주민 문화적응 및 교류지원'과 '다문화사회 문화 환경조성' 사업을 하여 소속 및 산하기관에서 다문화와 관련하여 다양한 사업을 실시하고 있다. 국립중앙박물관은 다문화 대상자들의 정체성 확립과 문화 적응을 위하여 '다문화 대상자 교육프로그램' 및 '다문화 대상자 행사' 등을 실시한다. 국립국어원에서는 '다문화사회의 한국어교육 진흥' 및 '다문화가정 자녀대상 한국어 방문학습자료 개발' 등의 사업을 진행한다. 국립어린이청소년도서관의 '다문화가정을 위한 독서진흥 콘텐츠 개발' 사업은 국제결혼 및 취업으로 우

---

31) 보건복지가족부 제출자료, 2009. 9. 17.

리나라에 정착한 이주민과 가족들을 위해 한국 전래동화를 구연콘텐츠로 개발하여 각급 도서관을 통해 서비스하는 사업이다. 또한 국립국악원의 '다문화가족을 위한 공연'과 국립민속박물관의 '국립어린이민속박물관 운영(다문화교육)' 사업 등을 실시하고 있다.

〈표 10〉 문화체육관광부 다문화 관련 주요사업 및 예산[32]

(단위: 백만 원)

부처명		사업명	'08년 예산액	'09년 예산액	사업수행기관	비고(재원)
문화체육 관광부	문화예술국	이주민 문화적응 및 교류지원	1,400	1,420	한국문화원연합회, 이주민 관련 단체 등	일반회계
		다문화사회 문화환경 조성	-	80	한국문화예술교육진흥원, 이주민 관련 단체 등	일반회계

4) 교육과학기술부

교육과학기술부는 '다문화가정 자녀 교육 지원 사업'을 실시한다. 이 사업은 다문화가정 학생의 학습능력을 향상시키고 이들이 학교에 잘 적응할 수 있도록 지원하기 위해 현장 및 수요자 중심의 교육을 강화하고 교사, 일반학생 등의 다문화에 대한 이해제고 및 효과적인 인식개선을 위한 교육기반을 구축하는 사업이다. 사업수행은 중앙다문화교육센터, 교대 10개 대학, 평생교육진흥원, 유네스코 아태 이해교육원 등에서 진행하고 있으며, 총 예산은 일반회계 8억 원이다.

---

32) 문화체육관광부 제출자료, 2009. 10. 5.
   문광부 다문화관련 예산은 2010년은 56억 4천, 2011년은 59억 8천이다.

(단위: 백만 원)

부처명		사업명	'08년 예산액	'09년 예산액	사업수행기관	비고(재원)
교육과학기술부	교육복지정책과	다문화가정 자녀교육지원	434	800	- 중앙다문화교육센터('08 '09) - 교대 10개교, 평생교육진흥원, 유네스코 아태 이해교육원('09)	일반회계

5) 고용노동부

노동부는 '외국인 근로자 지원센터 지원', '외국인고용관리 사업', '외국인 취업자 관리' 등의 사업을 진행하고 있다. 노동부는 국적을 취득하지 않은 외국인을 정책대상으로 한다는 이유로 다문화에 포함되지 않기 때문에 관련 사업이 없다는 입장이지만, '다문화'의 개념을 포괄적으로 볼 때 국적을 취득하기 위하여 준비단계에 있는 외국인에 대한 정책도 '다문화 관련' 사업으로 볼 수 있다는 점에서 외국인 고용과 관련한 자료의 제공을 요청하여 이를 다문화 관련 주요사업으로 분류하였다.

〈표 12〉 노동부 다문화 관련 주요사업 및 예산34)

(단위: 백만 원)

부처명		사업명	'08년 예산액	'09년 예산액	사업수행기관	비고(재원)
노동부	외국인력정책과	외국인 근로자 지원센터 지원	7,877	12,346	노동부, 산업인력공단 및 민간수탁기관	고용보험기금
		외국인고용관리사업(고용체류지원)	360	705	노동부, 산업인력공단	일반회계
		외국인취업자 관리	41	80	노동부	일반회계

---

33) 교육과학기술부 제출자료, 2009. 11. 9.
   교과부 다문화관련 예산은 2010년 62억, 2011년은 63억이다.

6) 행정안전부

　행정안전부는 '외국인주민의 사회적응 및 자립지원' 사업을 실시하는데, 이 사업은 매년 급증하는 외국인주민을 지역사회 주민의 일원으로 정착시키기 위해 외국인주민에 대한 종합적이고 체계적인 지원체계를 구축하여 국가에서 다양한 외국인주민 통합정책을 수립·시행함으로써 외국인주민의 지역사회 통합과 다문화 수용에 대한 국민적 관심을 제고하고, 국가이미지를 향상시키기 위한 사업이다. 2009년도 예산은 2,429백만 원이며 민간·자치단체를 활용하여 사업을 수행하고 있다.

〈표 13〉 행정안전부 다문화 관련 주요사업 및 예산[35]

(단위: 백만 원)

부처명		사업명	'08년 예산액	'09년 예산액	사업수행기관	비고(재원)
행정안전부	자치행정과	외국인 주민의 사회적용 및 자립지원	-	2,429	행정안전부 (민간·자치단체)	일반회계

---

34) 노동부 제출자료, 2009. 12. 3.
　　고용노동부 다문화관련 예산은 2010년 4억 6천, 2011년은 0원이다.
35) 행정안전부 제출자료, 2009. 11. 25.
　　행안부 다문화관련 예산은 2010년 8억 2천, 2011년 13억 6천이다.

3. 우리나라 다문화정책의 현황 및 과제

1) 한국어교육 사업

부처별 다문화정책 사업 중 한국어교육에 관한 사업을 살펴보면, 법무부가 '이민자 사회통합프로그램 이수제' 사업에서의 한국어교육, 여성가족부의 다문화가족지원센터 설치·운영' 사업에서의 '한국어교육', 문화체육관광부의 국립국어원을 통한 이주민 대상 '한국어·문화이해교육 실시 사업'에서의 한국어교육, 국립중앙도서관의 '다문화가정을 위한 독서진흥 콘텐츠 개발 추진' 사업에서의 한글 동화구연 동영상 제작 및 배포, 노동부의 외국인 근로자지원센터에서의 한국어교육 등 부처별 중복현상이 발생하고 있음을 알 수 있다. 한국어교육은 이주민들을 위하여 가장 먼저 필요하기에 중요한 사업임은 분명하다 할 것이다. 그러나 한국어 교육에 대한 사업을 부처별로 제각각 수행하면서 상호연계 또는 보완적 기능을 실행하지 못하고 있기 때문에 예산집행의 비효율성을 보이게 되는 것이다. 이주민 교육 중 많은 비중을 차지하는 한국어 교육을 각 부처에서 중복하여 실시하는 것보다 부처 연계체계의 확립을 통하여 보다 체계적이고 집중적인 교육이 될 수 있도록 조정할 필요가 있다.

2) 교육자료 및 프로그램 개발사업

교육자료 및 프로그램 개발사업 역시 부처별 특성에 따라 각기 상이한 형태로 실시하고 있지만, 대부분 적은 예산을 투입하여 제작하고 있기 때문에 질 높은 교육자료 및 프로그램의 개발을 기대하기 어려울 뿐만 아니라 일정 부분 중복되는 요소도 발견되었다. 법무부는 2008년 '다문화가정 법 교육'을 실시하면서 생활법률 책자를 소량 제작한 바 있고, 프로그램으로는 '이민자 사회통합프로그램 이수제'를 실시하고 있다. 문화체육관광부는 '지역 다문화 프로그램' 사업과 '다문화 이해교육 프로그램 운영 및 전문강사 양성' 사업을 실시하면서, 국립중앙박물관을 통해 '다문화교육자료'를 제작하였고, 국립국어원을 통해 '결혼이민자 및 외국인 근로자를 위한 한국어 교육 교재'와 '다문화가정 자녀 대상 한국어 방문학습자료'를 개발하였다. 또한, 문화체육관광부는 국립중앙도서관에서의 '도서관 다문화 서비스 개발에 관한 연구'와 '영어 동화구현 동영상 콘텐츠'를 개발 보급함과 동시에 '다문화가정을 위한 독서진흥 콘텐츠 개발 추진' 사업을 진행하고 있다. 한편, 교육과학기술부는 '중앙다문화교육센터를 통해 다문화교육 관련 교재 및 프로그램 연구·개발 지원' 사업과 '다문화 이해교육 콘텐츠, 다문화가정 평생교육 프로그램 개발' 사업을 진행하였다.

다문화사회를 준비하기 위한 다양한 교육자료와 프로그램의 개발사업은 부처 간 긴밀한 연계를 통하여 중복요소를 배제하고 필요시 교재개발을 공동으로 참여하는 시스템을 만들어야 할 것이다.

3) 강사 등 교육인력 양성사업

교육인력 양성과 관련하여 여성가족부는 '다문화가족 자녀의 언어발달 지원' 사업에서 언어발달지도사를 양성하여 다문화가족지원센터에 배치하고 있고, 또한 '국제결혼 정보제공 프로그램 실시' 사업에서 전문강사를 양성하고 있다. 문화체육관광부에서는 '다문화 이해교육 프로그램 운영 및 전문강사양성' 사업에서 다문화 강사양성과정을 운영하고 있으며, 교육과학기술부는 '중앙다문화교육센터를 통해 다문화교육 관련 교재 및 프로그램 연구·개발 지원' 사업에서 다문화가정 학생 지도교사 연수 프로그램 개발 및 연수 사업을 실시하고 있고, 법무부에서는 다문화사회전문가 과정을 전국 ABT대학을 선정하여 교육하고 있다. 이처럼 각 부처에서 추진 중인 다문화 관련 강사 등 교육인력 양성사업 역시 상호 연계성이 없이 동시다발적으로 이루어지고 있으며, 지방자치단체에서도 별도로 교육인력을 양성하고 있기 때문에 일부 조정이 필요할 것으로 보인다. 또한, 교육인력 양성 목적이 특정대상에게만 집중되는 현상을 차단하고, 양성된 강사의 활용도를 제고하기 위한 부처 간 공동노력이 요구된다.

4) 축제·문화체험 등 행사성 사업

정부 각 부처에서의 축제 또는 문화체험 등 행사성 사업 역시 중복현상이 발생하고 있음을 발견할 수 있다. 법무부에서는 '다문화가정 결연사업'으로 지역협의회를 통해 생필품, 특산물 등을 지원하고 있고, '다문화가정 초청행사'를 몇몇 지방검찰청에서 실시하였다. 또한,

법무부는 매년 5월 20일 '세계인의 날 행사'를 개최하고, '건국 60주년 기념 다민족·다문화 한마당축제'를 개최하여 다문화가족 100쌍의 합동결혼식을 거행한 바 있다.

문화체육관광부도 '다문화콘텐츠 개발' 사업과 '지역 다문화 프로그램' 사업을 통해 뮤지컬 지역순회 공연 등 14개 지역에서 25개 프로그램을 선정하여 지원하였다. 특히 국립중앙박물관의 경우 여러 가지 실습 및 체험활동을 실시하고 있으며, 국립중앙도서관도 '문화체험전시회'를 개최하고 있다. 국립국악원은 2009년 2회의 공연을 개최하였고, 국립민속박물관은 음식문화 체험, 종이문화 체험, 흙 문화 체험 등 다문화교육을 실시하고 있으며, 고용노동부의 경우 국가별 문화행사를 지원하는 사업을 하면서 '2008 외국인로자와 함께하는 한마음축제'를 개최하였고, 행정안전부는 '외국인주민 생활정착 지원' 사업에서 '결혼여성이민자 친정부모 초청행사'를 개최하였으며, '세계인의 날' 행사도 지원하고 있다.

# 제2장 다문화정책에 대한 추진체계 및 법령의 문제점

I. 다문화사회에 대한 인식상의 문제점

한국에서 다문화와 관련된 정책은 2000년대 이후 여성가족부가 이주 여성을 중심으로 추진하기 시작하다가, 급속도로 증가하는 결혼이민자에 대한 정부의 다양한 지원정책이 추진되면서 2007년 「재한외국인 처우 기본법」의 제정, 2008년 「다문화가족지원법」의 제정으로 법적 근거를 마련하면서 본격화되고 있다. 이러한 정책은 결혼이민자를 중점적으로 지원하여 우리 사회에 잘 적응하고 동화하여 통합하려는 데 목표를 두고 실행되어온 것이 사실이다.

그러나 최근 결혼이민자의 급증뿐 아니라 외국인 근로자, 외국유학생 등의 증가로 인하여 우리 사회는 점차 다문화주의에 대한 인식의 개선과 수용의 문제가 대두되고 있다. 이러한 시점에 다문화사회의 중요대상이 되는 구성원을 어디까지 확대할 것인가의 기본적인 사항조차 정립이 안 된 상태의 다문화정책은 실제로 결혼이민자 중심의 예산 및 정책시행과 관련한 편중현상을 보이고 있으며 또한, 다문화와 관련한 정부정책의 시각도 재검토되어야 된다. 즉, 경제적 측면의 어려운 국가로부터 이주해온 다문화가정을 동반자의 입장이 아니라 지원의 대상으로 접근하고 있는 것도 문제이다. 실제로 공중파에서 공익광고를 하고 있는 경우에도 이러한 예는 쉽게 찾아볼 수 있다.

> 최근 다문화 관련한 TV 공익광고 어떻게 보셨어요? 저는 그 광고가 문제가 있다고 생각해요. 오히려 다문화와 관련해서 편견을 갖게 하는 광고일 수 있거든요. 첫 번째는 다문화가정은 늘 수혜를 받는 사람이고 우리나라 사람이 도움을 준다는 입장을 보여주고 있고 다문화가정은 딱 보기에도 가난해 보이고…… 도와주는 우리나라 사람은 부유한 가정으로 나오잖아요. 오히려 공익광고가 다문화가정에 대한 편견을 조장하고 있죠. 우리가 그 사람들에게 도움을 받을 수도 있는 거잖아요. (광주시청 광주다문화지원네트워크협의회 회장)

또한, 이러한 지원의 목적이 지원대상을 빠른 시간 내에 동화하기를 유도한다는 점도 문제로 지적할 수 있다. 또한 결혼이민자에 대한 무조건적이고도 조속한 한국화의 측면에서 접근하는 것이 문제라는 지적도 제기되었다.

> 결혼이민자와 관련해서 너무 한국 사람들이 그 사람들을 한국화시키려고 한다는 거예요. 시간이 필요한데 아이들한테도 빨리 한국화를 시키려고 하고. 솔직히 동남아 쪽은 빨리빨리 움직이기 쉽지 않아요. 30년 살아온 패턴을 한 번에 확 바꿀 수는 없어요. (안산시 외국인주민센터 담당자)

Ⅱ. 다문화정책에 대한 추진체계 및 법령의 문제점

1. 중앙정부 부처 간 다문화정책

중앙정부의 다문화정책은 부처 간의 상호협력이나 조정보다는 각 부처가 독자적인 방식으로 수행하고 있기 때문에 중복적으로 교육프로그램이나 관련행사가 이루어지고 있는 문제점이 발견되었다. 법무부는 다문화가정 법교육과 외국인사회 통합지원 및 사회통합프로그램 이수제를 운영하고, 여성가족부와 보건복지부는 결혼이민자에 대한 가족지원과 방문교육사업, 언어발달지원 및 결혼이민자 정착지원 등의 사업을 실시한다. 문화체육관광부는 이주민 문화적응 및 교류지원, 다문화사회문화환경 조성사업을 실시하고, 국립중앙박물관 교육팀, 국립국어원 등의 소관기관을 통하여 각종 교육프로그램 및 서비스 사업을 진행하고 있다. 교육과학기술부 역시 다문화가정 자녀교육 지원사업을 실시하고 있으며, 고용노동부는 외국인 근로자 지원사업을 실시하고 있다. 행정안전부는 외국인주민의 사회적응 및 자립을 지원하고 있으며, 이처럼 정책추진이 총괄적 조정 없이 부처별로 경쟁적으로 실시되다 보니 실제 정책집행의 현장에서는 '한글교육'이나 '이벤트성 행사'의 형식으로 중복하여 실시됨을 발견할 수 있었다. 또한 현재까지는, 이주자 본인이 문제를 해결할 수 있도록 지원하기보다는 일방적인 지원의 수혜자로 보는 대상화의 경향이 있다는 것이다. 사회통합을 위해서는 이주민이 가지고 있는 사회적·문화적 개성을 인정하고 이들이 사회발전에 긍정적 기여를 할 수 있는 사회적 토양의 마련이 필요함에도 이러한 관점에서의 정책적 배려가 미흡한 점을 지적할 수 있다.

이렇듯 정부 부처 간의 경쟁적인 사업의 중복은 결국 예산의 낭비와 효율성의 저하를 가져올 수밖에 없기 때문에, 각 기관들 간의 유기적 협력체계를 이룰 수 있도록 법령과 정책의 추진체계의 재점검이 요청되고 있다. 이러한 관점에서 효율적이고 합리적인 다문화정책을 총괄하고 부처 간 시행조정능력을 발휘할 수 있는 「(가칭)다문화사회기본법」의 제정이 필요하다는 의견이 제기되었다.

> 정부나 지방자치단체 등 공기관은 다문화에 대한 시대적 흐름을 자신들의 관할부서에 어떻게든 연결시켜 관련 사업을 만들려고 합니다. 그래서 부처별로 다른 프로그램을 시행하기보다 중복되는 것이 너무 많으니, 전부 다시 개편·조정하면 좋겠습니다. (의정부 외국인 근로자지원센터 통역상담사)

2. 다문화정책에 대한 문제점

결혼이주민에 대한 관리 역시 관계부처 간의 긴밀한 협조체계가 구축되지 않고 있어서 체계적인 관리가 이루어지지 않고 있는 것으로 파악되었다. 결혼이민자에 대한 서비스를 실시하기 위해서 국적취득 후의 현황자료를 파악하고자 하였으나, 부처별 업무영역 범위의 문제로 인하여 어려움을 겪고 있는 것으로 나타났다.

> 정부는 지금 사후적 대처를 하고 있어요. 사실 이 사람들은 들어오자마자 문제를 안고 들어오는 경우가 많아요. 이 문제를 사전에 미

리 예방하는 것이 좋잖아요? 문제를 일으킬 상태에서 사후적으로 대처하려고 하다 보니까 힘도 많이 들어가고 예산도 많이 낭비되고…… 들어와 있는 이주여성들과 남편들이 교육을 받을 수 있도록 하는 강제조항이라도 있었으면 좋겠어요. (광주시 북구 다문화가족 지원센터 담당자)

결혼이민자가 합의이혼을 하면 다시 본국으로 돌아가야 해요. 하지만 합의이혼을 하더라도 들어가지 않고 출입국에 잡혀도 체류기간이 남아 있으면 불법이 아니에요. 전 남편은 또 다른 여자랑 결혼을 해도 법무부에서는 입력된 전산 시스템이 없어요. 원곡동에는 결혼이민자가 많다고 하는데 실제방문을 해보면 사람이 없어요. 이혼을 해서 보이지 않는 허수들이 많은데 이를 일일이 확인할 방법이 없어요. (안산시 외국인주민센터 담당자)

3. 지방자치단체 다문화 관련 서비스의 문제점

현재 외국인정책은 중앙정부로부터 지방으로의 이양을 통하여 지방자치단체 중심의 서비스 전달체계를 구축하고 있다. 지방정부는 지방의 특성을 파악하고 지역주민의 의견을 적극적으로 수렴하여 사업을 실시함으로써 다문화정책의 결정과 집행과정에서 핵심적인 역할이 요구된다. 그러나 지방자치단체가 추진하는 다양한 정책이 중복집행 실행되고 있어서 행정의 비효율적이고 비합리적인 면이 발견되었다.

사업이 너무 중복됩니다. 가장 중복이 많은 것이 이벤트나 행사입니다. 문제가 있어서 조사를 해보니까 우리 지역에서만 40여 개의 이벤트를 실시했고, 우리 시, 자치구, 센터, 민간단체 등 별로 관련이 없는 이상한 단체에서도 하다 보니까 40여 개가 되더라고요. 제일 먼저 이런 것들이 통합되고 조정되어야 할 것 같습니다. 이런 이벤트성 행사가 많다 보니 여기저기 행사 참석해서 기념품을 받

으려는 일명 '다문화쇼핑족'이 생겼다고 할까요? (광주광역시 다문화 담당자)

지방정부는 지역 거버넌스를 구성하고 있는 다양한 이해집단 간 조정역할을 담당해야 한다. 지역에서 다문화가족 문제를 다루는 부서가 사회복지과, 종합사회복지관, 다문화가족지원센터, 농업기술센터, 평생학습센터, 교육청 산하 평생학습관 등 다양하게 전개되고 있는데, 업무를 조정하여 관장할 필요가 있다. 지방자치단체에서 시행되는 모든 정책들이 지역의 시민사회단체와 종교기관에서 이주민을 대상으로 한 다양한 사업들까지 합하면 '이벤트'로, 이주민들은 그러한 다문화 관련 상품들을 소비하는 '다문화 쇼핑족'으로까지 인식되고 있는 것이다. 또한, 지역자치단체는 지역의 요구에 맞는 큰 사업들은 중앙정부 차원에서 맡고, 오히려 지방정부는 지역의 특성에 맞는 차별화된 사업들을 시행하지 못하고 있는 현실과 관련된 어려움이 있는 것으로 나타났다.

Ⅲ. 다문화정책의 추진실태와 개선방향

다문화정책의 올바른 실행을 위해서는 먼저 지자체에 거주하고 있는 외국인 인구수를 정확하게 파악하는 것이 출발점이 될 수 있다. 「지방자치법」36)에는 등록외국인도 주민으로 보고 있으나, 「지방자치단체 행정기구와 정원기준 등에 관한 규정」(대통령령 제21689호)37) 및 「행정구역 조정업무 처리에 관한 규칙」(행정안전부령 제1호)에는 등록외국인을 행정인구수 산정기준에 포함시키고 있지 않고 있어서 상위법인 「지방자치법」과 일치하지 않는 문제가 있다. 특히 외국인 밀집지역의 경우, 지방자치단체가 주민등록이 되어 있는 주민수를 기준으로 기구를 설치하다 보면, 실제 거주하는 주민수와 등록된 주민수 사이의 격차 때문에 지자체의 행정에 혼선이 초래될 수 있다. 결국 지방자치단체가 다문화 관련 정책들을 수행하는 데서 오는 어려움은 지역실정을 고려하지 않은 중앙정부 중심의 사업기획과 예산부족의 문제로 요약된다.

> 센터에서 그 지역의 특성에 맞게 할 수 있는 일을 하고 싶은데 예산 때문에 기본사업 외에 뭐 할 수 있는 일이 없어요. (안산시 다문화가족지원센터 사무국장)

---

36) 지방자치법 제12조 (주민의 자격): 지방자치단체의 구역 안에 주소를 가진 자는 지방자치단체의 주민이 된다.

37) 지방자치단체 행정기구와 정원기준 등에 관한 규정 제7조 (기구설치기준의 적용): 지방자치단체를 폐지하거나 설치하거나 나누거나 합치는 등 행정구역의 개편으로 기구를 설치하는 경우와 지방자치단체의 인구수가 증가하여 기구를 증설하는 경우 제9조에 따른 시·도의 기구설치기준과 제13조에 따른 시·군·구의 기구설치기준을 적용할 때 그 인구수는 전년도 말 현재 해당 지방자치단체에 주민등록이 되어 있는 주민수를 기준으로 한다. 다만, 지방자치단체를 폐지하거나 설치하거나 나누거나 합치는 등 행정구역의 개편으로 기구를 설치하는 경우에는 그 행정구역 개편 예정일의 바로 앞 분기 말 현재 해당 지방자치단체에 주민등록이 되어 있는 주민수를 기준으로 할 수 있다.

농촌지역하고 도시지역을 나눠서 생각해야 해요. 그 현실을 하나의
잣대로 보면 곤란합니다. 중앙에서 하나의 잣대, 하나의 통일된 기
준으로 보면 현실에 맞지 않는 부분이 있어요. (전북도청 다문화
담당자)

또한 중앙정부차원에서 추진해야 할 중요한 사업임에도 불구하고
지방정부 차원에서 이벤트 형식으로 이루어지고 있는 점은 또 하나
의 문제점으로 지적할 수 있다.

1. 다문화가족지원센터의 지정과 지원

다문화가족지원센터의 지정은 「다문화가족지원법」 제12조 및 동법
시행령 제4조에 따라 여성가족부 장관이 할수 있다.[38] 지역사회 내 다
문화가족지원을 위한 전담기관인 다문화가족지원센터는 2009년 현재
100개소에서 2010년 159개소, 2011년에는 200개소에 이르고 있으며
다문화가족을 대상으로 한국어교육, 가족교육·상담, 역량강화지원
등 종합적인 서비스를 제공하여 다문화가족의 조기적응 및 사회·경
제적 자립을 지원하고 있다. 여성가족부 다문화 가족 지원센터 운영지
원 예산은 2010년은 82억 7천 만원이고, 2011년은 113억 7천만원이
다.[39] 농촌지역은 교통편, 이용여건이 열악하여 도시지역보다 이용자

---

38) 개정된 「다문화 가족지원법」 제12조에 따르면 여성가족부 장관은 다문화 가족 지원정책
 의 시행을 위하여 필요한 경우에는 다문화가족 지원에 필요한 전문인력과 시설을 갖춘
 법인이나 단체를 다문화가족지원센터(이하 "지원센터"라 한다)로 지정할수 있다. 〈개정
 2010년 1월18일〉
39) 다문화가족 지원센터의 설치율은 87% (200개/230개시·군·구)에 이르고, 국민 4명중
 3명이 서비스를 인지하고 있으나, 결혼이민자 수혜율은 17% 정도이다.

의 서비스 접근성이 낮기 때문에 농촌지역의 특성에 맞는 서비스가 필요할 수 있고, 그러한 서비스 제공에는 도시지역보다 더 많은 예산이 필요할 수 있다. 그럼에도 불구하고 일률적으로 지원되는 예산은 지방자치단체의 특성에 맞는 서비스를 제공하기 힘들다는 문제점을 갖고 있다.

2. 다문화가족에 대한 사회복지의 문제점

다문화가족은 한국보다 경제적 여건이 낮은 국가로부터 이주한 사람들과의 결합에서 오는 갈등, 또한 그들과 관련된 한국 국적을 갖고 있는 사람이 그들의 체류와 관련하여 대부분의 권한을 갖고 있다는 점, 그런 현실에서 비롯된 부부갈등의 문제점 등이 발견되었다.

> 저는 외국인(인도네시아) 남편과 결혼했다는 인식을 안 했는데 제가 아파서 병원에 간 적이 있어요. 근데 제가 수술을 해야 하는데 남편이 보증인의 자격이 있음에도 불구하고 돈을 미리 다 내야 된다고 하더군요. 당시 내 남편도 기분이 나빴던 것 같아요. 아내가 응급으로 수술을 해야 하는데…… 엄마가 결혼이민자였다가 사회보장의 수급권자가 되면 통장을 하나 만들려고 해도, "엄마라는 것을 어떻게 알아?"라고 묻더라고요. …… 엄마들이 학교에 가서 엄마 역할을 할 수 없을 때 괴롭다고 하더군요. 가족관계등록부에는 '이OO'라는 한국이름만 한 줄 나와 있는 거예요. 외국인 엄마는 아이 여권을 못 만들어요. 동사무소에서도 안 해줘요. 국적취득을 안 하더라도 부모자식 관계라는 것은 증명할 수 있어야 하는데 그게 힘든 거죠. (안산시 외국인주민센터 이주민통역지원센터 김OO 씨)

국제결혼으로 형성된 많은 다문화가족은 한국남성과 동남아시아

여성으로 이루어져 있다. 2010년의 34,235건이라는 국제결혼 총 건수에서 한국남자와 외국여자로 이루어진 부부가 대부분(26,274건)을 차지하고 있고, 한국여자와 외국남자로 이루어진 부부는 23%(7,961건)이다. 안산시 외국인주민센터 이주민통역지원센터에서 일하고 있는 한국인 김○○ 씨는 인도네시아 남성과 결혼한 경우이다. 혼인으로 구성된 남편이 있음에도 불구하고 경제적 후진국 출신의 배우자를 보증인으로 인정하지 않고 있는 것이 현실이다. 한국인과 결혼한 이주여성의 경우, 한국인 남편과 살고 있으나 방문동거비자로 체류자격을 취득해야 하는 신분이기 때문에 복지대상에서 제외되기 쉽고, 어떤 이유라도 국적취득 이전에 결혼사유가 해소되면 불법체류자의 신세로 전락하는 등, 법적으로 매우 불안정한 상태에 놓여 있다. 국제결혼 이주여성은 매년 증가하여 2011년 1월 현재 188,580명이며, 2010년 1월 현재 여성결혼 이민자는 161,999명인데 이 중 국적 취득자는 52,788명이고(33%) 국적미취득자는 109,211명이다. 따라서 이주여성이 한국남성과 혼인하여 국적을 취득하지 않은 상황에서 혼인이 해소된 후 자녀를 양육하게 된 여성은 통상 주민등록번호와 가족관계를 내용으로 하는 가족관계등록부에 자신의 이름만 기재되어 있기 때문에 모-자녀 관계를 증명하기 매우 힘들어지기도 하며, 국제결혼으로 이루어진 부부의 안정성이 확보되지 않는, 그러한 불안정성이 갖는 문제는 이혼 후 극대화되고 있다.

<표 14> 전체 결혼 중 국제결혼 구성비[40]

연도	국제결혼	
	건수	전체 결혼 중 비율
2002년	15,202	5.0
2003년	24,776	8.2
2004년	34,640	11.2
2005년	42,356	13.5
2006년	38,759	11.7
2007년	37,560	10.9
2008년	36,204	11.0
2009년	33,300	10.8
2010년	34,235	10.5

<표 15> 국제결혼 부부 국적 구성별 결혼[41]

(단위: 건, %)

연도	한국인 남성+외국인 여성		한국인 여성+외국인 남성	
	결혼 건수	국제결혼 중 비율	결혼 건수	국제결혼 중 비율
2002년	10,698	70.4	4,504	29.6
2003년	18,751	75.7	6,025	24.3
2004년	25,105	72.5	9,535	27.5
2005년	30,719	72.5	11,637	27.5
2006년	29,665	76.5	9,094	23.5
2007년	28,580	76.1	8,980	23.9
2008년	28,163	77.8	8,041	22.2
2009년	25,142	75.5	8,158	24.5
2010년	26,274	76.7	7,961	23.3

국제결혼이 증가하는 만큼 외국인과의 이혼이 차지하는 비중이 증가[42]하고 있는 현실에서 다문화가족이 갖고 있는 가장 심각한 문제

---

40) 2010, 통계청, 「혼인·이혼 통계」 참조.

41) 통계청, 2010, 『인구동태통계연보』.

42) 2010년 총 혼인건수는 32만 6천100건으로 외국인과의 혼인은 3만 4천2백 건으로 총 혼인 중 차지하는 비율은 10.5%.

로 가정폭력이 지적되고 있다. 이러한 현실은 여성부의 전국가정폭력 실태보고서에서도 실태가 드러난바, 최근 1년 이내에 배우자로부터 폭력을 당한 다문화가족은 47.7%로 한국가족의 부부 폭력률보다 높은 것으로 나타났다. 2010년 1월 현재 국제결혼 이민자는 181,671명이고 이 중에서 국적취득자는 56,584명, 국적미취득자는 125,087명이다. 또, 이들사이에서 태어난 자녀는 121,935명이다. 다문화가족 관련 상담자들에 의하면 부부폭력이라는 부부 갈등은 두 배우자의 결혼의 목적이 애초부터 상이하다는 데서 오는 예정된 문제라는 것이 일반적이다.

> 이주여성과 관련해서는 국제결혼제도에 문제점이 있습니다. 문제는 결혼중개업에 의한 결혼이 매매혼이나 마찬가지라는 겁니다. 거기에서 오는 문제가 많습니다. 그 부분이 정부에서 관리할 수 있는 시스템이 안 되면, 이주여성을 받아들이는 문제는 영원히 해결되지 않습니다. 그 부분이 잘 정리가 되어야 선순환 고리로 넘어갈 수 있습니다. 국가브랜드 차원에서도 크게 마이너스입니다. (전라북도청 다문화 담당자)

전라북도 도청에서 근무하고 있는 실무자는 일부 국제결혼의 성격을 '매매혼'이라고 지적하고, 국가브랜드 차원에서도 결혼중개업의 문제에 국가가 적극적으로 개입해야 함을 강조하였다. 국제결혼 중개행위가 정상적인 상행위로서 인정받기 위해서 가장 기본적으로 요구되는 것은 정확한 정보이다. 그러나 이주여성의 경우 최종 선택되기 전까지 상대방 남성에 대한 정확한 정보를 제공받지 못하며, 통역서비스의 미비로 인하여 결혼당사자들이 결혼과정에서 전문적인 통역자의 조력도 받지 못하고 있는 실정이다. 이에 대해 「결혼중개업의 관리에 관한 법률」제25조43)는 손해배상 책임을 규정하고 있지만, 문제는 이 주여성들이 계약서 등 증명서류를 가지고 있지 않다는 것이다.

결혼중개업법에 관련해서는 결국 결혼 당시의 정보를 어떻게 투명하고 정확하게 할 수 있는가가 관건이라고 할 수 있다.

현재 국제결혼중개업자에 의한 국제결혼의 과정은 베트남의 경우 다음과 같이 구성된다.

한국남성 회원모집→관광형 맞선→성혼 및 결혼식→한국에서의 혼인신고→베트남여성 결혼 비자신청→한국으로의 이주→가족구성

한국남성들은 결혼을 하기 위해 대개 850만 원에서 1,200만 원 정도를 지불한다.44) 맞선-결혼식-합방-신혼여행으로 구성되는 베트남에서의 일련의 과정은 하노이의 경우 비행기 도착과 출발시간을 맞추면 총 3박 4일 만에 맞선부터 결혼까지의 모든 일정이 가능하다. 맞선을 볼 때 여성들은 남성의 신상에 대해 질문을 하기 힘들고, 남성은 통역자를 통해 여성들에게 자유롭게 질문을 한다.

이처럼 현재의 중개시스템은 안정적인 이윤을 확보하기 위해 결혼 당사자들의 의사 결정의 자율성을 막기 쉽다. 무엇보다도 불충분한

---

43) 제25조(손해배상책임의 보장) ① 결혼중개업자는 결혼중개를 함에 있어서 고의 또는 과실로 인하여 이용자에게 손해를 발생하게 한 때에는 그 손해를 배상할 책임이 있다. ② 결혼중개업자는 제1항에 따른 손해배상책임을 보장하기 위하여 대통령령으로 정하는 바에 따라 보증보험에 가입하거나 예치금을 금융기관에 예치하여야 한다. ③ 제2항에 따른 보증보험금 또는 예치금의 청구절차 등에 관하여 필요한 사항은 대통령령으로 정한다.

44) 이 비용은 크게 1차 비용(서류 비용, 남성의 왕복 항공료, 인솔자 항공료), 결혼 진행비(결혼식 · 피로연 진행 비용), 수속 비용(신부 여권, 서류 비용, 식대 호텔 비용, 맞선 비용, 신부 관리비, 패물 및 신혼여행 비용)과 지사 운영비(베트남지사 및 직원 운영비) 그리고 성혼 사례비를 포함한다. 김영옥 외, 『국경을 넘는 아시아 여성들』, 이화여자대학교 출판부, 2009, p.26 재인용.

정보의 제공, 이동의 자율성 제한, 선택 강요 등을 중개업의 주요 업무방식으로 채택하고 있기 때문이다.

결국 한국남성의 가부장적 기대와 이주여성의 코리안 드림이라는 상이한 결혼의 목적과 혼인과정에 개입하는 결혼중개자들의 문제는 남성들로 하여금 이주여성을 삶의 동반자라는 인식을 소홀하게 할 수 있다. 이러한 시작은 결혼이민자 가족의 부부갈등의 잠재적 원인이 된다. 결혼이주여성이 경험하는 가정폭력은 구타 등의 물리적 폭력뿐만 아니라 성적 괴롭힘, 언어폭력 그리고 결혼이주여성의 특수성에서 비롯된 생활비나 용돈을 주지 않거나 송금 통제 또는 외출 통제 등 폭넓은 유형으로 나타나고 있다. 이러한 관점에서 다양한 가정폭력을 경험하는 이주여성들이 가정폭력의 피해자로 인정받기 위하여 「가정폭력 범죄의 처벌 등에 관한 특례법」에서 규정하고 있는 가정폭력의 정의 확대 요구도 제기된다.

> 제가 입법과 관련해서 부탁드리고 싶은 것은 이주여성들이 당하는 가정폭력을 설명하기에는 현행 법률의 가정폭력의 범주가 너무 협소해요. 예를 들면, 혼인파탄의 귀책사유가 이주여성에게 있지 않다는 것을 증명할 경우에 한국에 체류할 수 있게 돼요. 여기서의 '증명'은 주로 이야기되는 것이 진단서. 경찰서 갔을 때 맞은 흔적을 증명해 보여야 하는데 여성의 경우에 며칠이 지나서 오는 경우가 있고…… 남편이 때린 후에…… 폭력에 대해 명확하게 증명할 수 없는 것들…… 그걸 가지고 한국에 체류하거나 쉼터에 가기는 힘들어요. 결국 이런 경우 불법체류가 되는 거죠. 그래서 가정폭력의 범주를 늘리는 것이 필요하다고 생각합니다. (한국이주여성인권센터 대표)

이주여성들은 국적이 다른 남편과의 불평등한 관계에서 다양한 가정폭력을 경험하고 낯선 타국에서 행정처리 과정에 미숙할 수 있기 때문에 가정폭력의 피해자로 인정받기 힘들 수 있다. 결혼 또는 부부 관계가 종료되었음에도 불구하고 가정폭력의 피해자인 경우는 국내 체류권을 인정받을 수 있다. 따라서 현행 법률에서 정의하는 '가정폭력'의 협소함은 체류 또는 국적취득의 문제로까지 연결되고 있다. 이혼할 경우 남편이 아이 양육권을 갖고 이주여성이 면접교섭권을 가질 경우 이주여성은 체류할 수 없다. 또한 이혼의 귀책사유가 남편에게 있음을 명확하게 입증하지 못한 경우에 체류연장이 어렵다. 이혼한 결혼이민자도 국적취득이 가능하지만, 결혼이민자에게 결혼중단에 대한 귀책사유가 없음을 증명해야 한다. 그리고 이혼 후 국적취득이 가능한 자는 한국 국적의 아이를 양육하고 있거나 "자신의 귀책사유 없이 정상적인 혼인생활을 할 수 없었던 자"로서 대한민국에서 2년 이상 주소가 있는 자이다. 이러한 조건은 다양한 가정폭력의 피해를 경험한 결혼이주여성들이 거주권을 보장받을 기회가 제약될 수 있는 문제점을 안고 있다.

3. 출입국 관리 및 불법체류자의 인권에 관한 문제점

체류자격과 관련한 문제점들도 발견할 수 있었는데, 결혼이주여성의 체류자격과 불법체류의 문제, 그것과 관련된 법무부 출입국 관리사무소 정책의 문제점으로 요약된다. 우선 결혼이주여성의 체류자격과 관련한 모든 권한이 남편에게 달려 있다는 문제점이 지적되었다. 외국인이 한국인과 결혼하여 2년이 지난 후에는 한국 국적 신청을 하거나 영주비자(F-5)를 신청하는 둘 중 하나의 방법을 선택하여 한국에서 안정적인 신분을 보장받을 수 있다. 2년이 지난 뒤 한국 국적 신청을 하지 않은 외국여성은 1년에 한 번씩 체류기간이 만료하기 전에 관할출입국관리사무소를 방문하여 구비서류를 제출하여 연장하여야 한다. 원칙적으로 출입국사무소에서는 정상적인 혼인생활을 전제로 한 체류연장 신청은 혼인생활 중 출생자녀가 없는 경우 한국인 배우자와 동행할 것을 요구하고 있다.

> 이주여성의 체류와 관련된 모든 문제가 남편에게 달려 있는 거예요. 이 여성들에게는 가장 큰 협박이 남편의 "내가 너를 너희 나라로 돌려보내겠다"라는 말이니까요. 여성들이 한국어 공부를 하고 싶어도 남편이 차단하면 하기 힘들고. 체류 연장할 때도 남편이 동행해서 신원보증을 해줘야 하고. 남편하고 이혼한 뒤에 신원보증을 취소하면 바로 출국해야 해요. (이주여성 긴급전화 1366센터 ○선생님)

남편이 체류연장에 동의하지 않아서 연장이 어렵다고 호소하는 여성이 많으며, 한국인 남편에게 체류에 대한 결정권이 있기 때문에 대부분 이주여성들은 남편의 말에 순종해야 하는 등 어려움을 겪게 된다. 그리고 체류연장과 관련한 대부분의 문제는 남편의 무관심과 불성실로 인해 일어나는 경우가 많다. 체류연장 신청 시 부부가 출입국사무소를 함께 방문해야 하는데 남편의 비협조로 출입국 방문을 하지 못하면 여성은 갑자기 불법체류자 신분이 되는 것이다. 결혼이주여성의 체류가 남편의 신원보증에 의하여 이루어지고 있기 때문에 이주여성은 남편과 평등한 관계를 맺는 데 어려움을 가질 수밖에 없다. 뿐만 아니라 이주여성의 체류와 관련한 문제점은 이혼 후에 심각하게 나타난다. 2009년 현재 출입국관리법에 의거하여, 국민인 배우자가 사망하거나 국민인 배우자에게 귀책사유가 있는 이혼이나 별거

시 거주 자격으로 체류허가와 취업이 가능하다. 그러나 문제는 이미 지적한 것처럼 가정폭력 정의의 협소함으로 인하여 극심한 폭력 이외에는 귀책사유가 남성에게 있다는 것을 증명해내기가 매우 힘들다는 것이다. 더 심각한 문제는 법원에서 남편의 귀책사유가 인정되어 이혼을 한 경우에도 이것이 출입국관리사무소에서 남편의 귀책사유로 인한 체류연장의 입증자료로 인정되지 않는다는 점이다. 즉, 출입국 관리소와 법원과의 일관성이 결여되어 있다는 문제점이다. 가령, 이주여성의 인권과 관련한 단체는 남편의 귀책사유로 법원에서 이혼 판결을 받았거나 이혼 후 자녀양육권을 갖고 있음에도 불구하고 체류권이 확보되지 않는 문제점을 말하고 있다. 국적취득의 경우 배우자 일방의 국민인 배우자가 사망한 경우 등은 남편을 대신하여 부모, 형제, 쉼터 활동가 등이 신원 보증하여 체류연장을 하기도 한다.

4. 이주노동자 문제

이주노동자 문제는 한국사회의 다문화정책과도 관련이 깊고 영향을 많이 받지만, 국내 다문화정책은 결혼이민자 가족에 집중되어 있는 편이다. 따라서 이주노동자 문제는 상대적으로 결혼이민자만큼 정책적 관심과 혜택을 받지 못하고 있는 상황이다. 외국인 근로자 상담 및 지원 담당자는 정부의 다문화 관련된 정책이 '혈족주의'에 기반한다는 문제점을 지적하며 이주노동자 문제에 대한 관심과 지원 부족을 다문화정책의 문제점으로 지적하였다.

정부 관련해서는 경제적 지원보다는 정책적 지원, 이주노동자, 고용허가제, 사업장 이동문제, 출입국 관련문제, 제도적인 개선이 이루어지면 저희 같은 단체가 노동부를 찾아가서 구제를 해달라고 하거나 그럴 필요가 없는 거죠. 출입국과 관련된 문제는 혈족주의라고 봅니다. '저 나염하는 기술 있어요'라고 말하는데 그냥 무시하고 한국남성과 결혼해서 아이를 낳은 여성만 인정하는 거예요. 다문화는 무조건 국적취득이 바탕되지 않으면 소용없어요.(서울외국인 노동자센터 상담실 ○선생)

2010년 9월 현재 외국인근로자현황을 살펴보면, 총 외국인근로자는 546,954명으로 합법체류자는 495,886명이고 불법체류자는 48,311명(전체의 9.7%)으로 파악되었으나, 2011년에는 국내체류 외국인 근로자가 77만 명(모든 취업활동 인원이나, 법무부 '2011년 2분기 취업자격 체류외국인현황'에 의하면 합법체류자는 54만 737명이며, 그중 '전문인력'은 4만 3064명이다.)을 넘어선 가운데 불법체류 외국인 근로자가 2011년 9월 현재 17만 614명이다. 그중 고용허가제를 통해 비전문취업비자(E-9)로 입국한 외국인 근로자들 중 불법체류자 수는 2008년 1월 9,153명에서 2010년 12월 13,725명으로 같은 기간 약 50% 증가했다. 불법체류자 중 단순기능 인력이 95%를 차지하고 있으며 외국인 근로자들이 취업하여 노동하고 있는 사업장은 근무조건이 열악한 곳이 많다고 할 수 있다. 그러나 현재 고용허가제를 통하여 국내에 체류하게 되는 외국인은 처음 근로계약을 맺은 사업장에서 3년간 일하여야 하는 것을 원칙으로 한다. 외국인 노동자의 사업장 변경은 원칙적으로 금지되나 특별한 사유가 있으면 고용지원센터를 통하여 사업장 변경이 가능하다. 사업장의 변경은 3년 동안 3회를 초과하지 못한다. 그러나 외국인의 귀책사유가 없이 사업장을 변경한 경우에는 1회 추가적으로 사업장 변경 허가를 허용한다. 다른 사업장으로 변경을 신청하지 않은 외국인 노동자는 불법체류자가 된다.

Ⅳ. 다문화사회를 위한 인식전환 및 관련정책 개선방향

앞서 살펴본 바와 같이 각 부처에서의 다문화 관련 정책은 결혼이민자 또는 이주여성에만 국한하여 실시하고 있으며, 대국민 인식개선을 위한 지원 사업은 미미한 실정이다. 다문화에 대한 이해 증진 정책은 법무부와 문화체육관광부가 「재한외국인 처우 기본법」 제18조를 근거규정으로 하여 실시하고 있지만, 주요 사업계획으로는 잡혀 있지 않음을 알 수 있다. 보건복지부와 여성가족부는 「다문화가족지원법」을 통하여 이민자 관련 주요사업을 진행하고 있지만 역시 대국민 인식개선을 위한 사업의 내용을 주요 사업에 포함하고 있지 않다.

문화의 다양성을 인정하고 동등한 인간으로서 다문화사회의 구성원들을 포용할 수 있는 사회적 분위기의 조성을 위하여 정부는 대국민 인식을 개선하기 위한 적극적인 홍보정책을 실시하여야 할 것이다. 우리 사회 내부에도 일부 존재하는 유색인종에 대한 차별적 시각을 개선하고 국제결혼을 통한 이주민이 우리와 동등한 사람이라는 시각으로 바라볼 수 있도록 홍보 및 캠페인 등 다양한 정책적 노력을 기울여야 할 것이다.

1. 다문화 구성원의 개념 확장

이러한 정책적 노력은 인권적 측면에서 사각지대가 발생하지 않도록 주의하면서 진행하여야 한다. 현재까지 다문화사회를 위한 정부정책은 결혼이주자의 지원의 측면이 강조되어 온 면이 적지 않다. 다문화사회의 구성원은 어느 특정부류의 이주민만이 될 수 없는 것이다. 한국인으로 국적을 취득하여 우리와 동반자로 살아가야 하는 모든 대상, 즉 이주노동자, 이주여성 및 새터민 등 한국사회에 적응하기 위해 준비하는 사람들 모두를 다문화사회의 구성원으로 받아들이려는 정책적 배려도 병행하여야 할 것이다.

2. 다문화사회를 위한 법체계 정비 및 정책 거버넌스 구축

1) 다문화사회를 위한 '기본법' 제정 필요

우리나라는 다문화정책과 관련하여 「국적법」, 「출입국관리법」, 「재한외국인 처우 기본법」, 「다문화가족지원법」, 「외국인 근로자의 고용 등에 관한 법률」, 「결혼중개업의 관리에 관한 법률」 등을 골자로 하여, 「법교육지원법」, 「문화예술진흥법」, 「국어기본법」, 「도서관법」, 「박물관 및 미술관 진흥법」, 「가정폭력방지 및 피해자 보호 등에 관한 법률」, 「여성발전기본법」, 「경제단절여성 등의 경제활동 촉진법」 등의 각종 법률조항을 근거로 다문화정책을 실시하고 있다. 다문화사회란 다양한 인종과 문화가 공존함을 인정하는 것이 그 전제가 되기 때문에, 다문화가족에 대한 지원 차원에서의 법률적 토대만이 아니라 보다 넓은 틀에서의 다문화사회를 대비하는 법령의 준비가 아쉬운 대목이다. 다문화사회를 대비하기 위한 법령의 미비는 곧 추진 체계의 혼란을 유발하고, 나아가 부처별 경쟁적 업무추진으로 인한 업무 중복 및 다문화서비스의 연계체제의 미비 등의 정책혼란으로 가시화될 수밖에 없기 때문이다. 이에 다문화사회를 대비하기 위한 종합적이고도 체계적인 법령정비의 필요성에 부응하기 위하여 다문화사회를 위한 '기본법' 제정 필요성의 목소리도 높아지고 있다.

이러한 기본법 제정 주장에는 대한민국에 거주하는 개인이 성과 인종, 피부색, 종교 또는 민족이나 종족의 기원, 사용하는 언어에 따라 차별받지 않고, 문화적 특성을 보존하고 개발할 수 있도록 하기 위한 통합법도 필요하다는 주장도 제기된다. 그리고 이러한 통합법에는 다문화정책을 수립하고 추진해나가기 위한 법적·제도적 기반을 마련하고, 특히 다문화의 보호 및 인종 및 문화적 차별 금지 등에 대한 규정을 명문화할 필요가 있다는 것이다.

2) 「(가칭)다문화사회기본법」 제정 시 필요 최소한의 내용에 앞서 살펴본 부처별 업무중복이나 통합 거버넌스의 부족으로 인한 다문화정책의 문제점을 초기부터 바로 잡기 위해서 '기본법' 제정의 논의는 일정부분 수긍이 가는 주장이기도 하다. 그러나 '기본법'의 내용에 담겨야 할 부분에 대하여는 심도 깊은 이론적 검토와 함께, 우리나라 행정부처에서 추진해온 사업들과의 연계성을 분석하여서 필요 절실한 내용을 담아야 할 것이다.

1980년대 후반부터 우리나라 법체계에 내재되어 있는 여러 종류의

'기본법'은 대체로 기금의 조성이나 부처 간의 조정을 넘어서는 말 그대로의 '소관법률로 배속'시키기 위한 기본법이 많았다. 사실상 '기본법'이라는 용어는 독일의 헌법, 즉 독일 기본법이라는 용어에서 비롯되었다고 볼 수 있기 때문에, '헌법'이 모든 법률의 기본법이 된다고 할 수 있는 것이다. '다문화' 역시 그 근간이 되는 최상의 규범은 「대한민국헌법」이 되는 것이지, 「(가칭)다문화사회기본법」을 제정하였다고 하여서 다문화와 관련된 모든 법률들을 이 법의 체계 안으로 넣기는 어렵기 때문이다.

맺음말

　건강한 다문화사회 정착을 위한 초석으로 기존의 정부부처에서 다문화에 관련된 구성원들의 법적 영역이나 혜택 범위를 제한적이고 모호한 기준으로 한정해서 시행해오던 다문화정책의 대상을 그 범위의 확장에 대해 검토할 필요가 있다. 현재까지 지속 유지되어 추진해온 다문화의 정책기조가 '지원'의 측면이었다면, 이제부터는 '어울림' 또는 '상호교류'의 개념에서 출발하는 원칙이 담겨져야 할 것이다.

　이 외에도 법적인 측면을 재검토하고, 고려사항으로는 '인종에 대한 차별금지조항'이나 '다문화관련 행정서비스'를 위한 기본적이지만 꼭 필요한 사항에 관하여도 심도 있는 논의와 현실적인 실행이 동반되어야 될 것이다.

　다문화 구성원이 되는 자의 범위가 명확해지고 정책시행의 원칙이 분명해지면, 정책에 대한 국가의 추진주체를 명확히 할 수 있으며 이는 곧, 중복투자 또는 예산낭비의 방지효과를 얻어낼 수 있기 때문이다. 또한 이러한 기본법의 제정 이후에도 각 부처에서 효과적으로 분야별 업무영역에 대한 끊임없는 대화와 논의를 통한 세부법령의 개정작업이 후속적으로 이루어져서 유기적인 관계를 통한 향후 '다문화사회정책'에 대한 일관된 대응책이 마련되어야 할 것이다. 「재한외국인 처우 기본법」이나 「다문화가족지원법」에서, 대상으로서의 외국인이 한국사회로의 무조건적인 적응이나 용이한 통합적 동화의 시각보다는 보다 인권적이고, 상호교류적인 다문화주의적 관점에서 접근할 수 있도록 개정작업이 이루어져야 하고, 그 보호대상의 범위 확대 등을 통한 다양한 방식의 포용력 있는 그러나 합법적인 절차를 수반한 수용적인 태도가 동반되어야 할 것이다. 그러기 위해선 가장 기본적인 다문화의 정의 및 다문화사회의 주체가 되는 구성원에 대한 정의를 확실히 한 이후에 중앙부처가 관련 업무의 조정과 협조를 이끌어낼 수 있는 정책 거버넌스 체계를 구축해야 될 것이다. 중복된 업무나 서로 이해가 엇갈린 상충된 사업의 목적이 관련 부처 간 충돌시 조정기능을 담당하는 통합적이고 기능적인 기관이 빠른 시일 내에 발족되어야 한다.

정책 거버넌스 체계의 구축에는 중앙정부와 지방자치 단체의 역할이 각각 효과적으로 분담해야 됨이 필수적인 요소라 할 수 있다. 또한 지역별 특이성에서 오는 문제를 해결하려면 지역민의 특성과 의견을 적극적으로 수렴하여 중앙에 전달하고 중앙의 의지를 전파할 수 있는 시스템이 따로 마련되어야 한다. 통합적이고 일관된 정부기관의 효율적인 업무지시를 통한 정책적 시행이나 사업이 지방별 효과 면에서 너무 차별화되지 않게 해야 될 것이며 그러기 위해서는 다수의 국민적 합의를 도출할 수 있는 전략적이고 수익적인 프로그램 개발에도 속도를 내야 할 때이다. 반면에 다문화 관련 사업 중에서 과연 정부가 반드시 책임지고 운영해야 되는 분야와 비정부기구나 시민단체가 접근해서 발전시켜야 될 부분은 무엇인지에 대한 영역의 효율적인 역할 분배가 보다 더 선명해지길 제안한다. 다문화 관련 정책이나 사업 역시 고수익 저비용의 효과적인 기능 제고 없이 섹터 (sector)만 서로 경쟁적으로 차지하려는 시각도 건강한 민주사회의 공공의 역할 측면에서 반성해야 될 것이다. 아울러 연계된 시민단체나 비영리 단체가 '이익집단화'에 의한 활동의 변질성 역시 주지해야 될 것이다.

킴리카(Kymlica, 1995)가 제시한 대로 다문화주의는 일종의 열려 있는 텍스트이며 이를 현실화시키려 했던 다인종 국가들은 다양한 정책과 그 결과를 경험한 바 있다. 프랑스 같은 국가는 서로 다른 문화와 인종을 사회에 포함시키려는 모험적인 과감한 시도를 통해 다문화주의의 이상과 멀어지는 결과를 낳기도 했다. 그러므로 현재 한국사회에서 다문화주의에 대한 여러 각도의 관점으로 심도 있게 논의 되는 것은 심각한 사회문제 안에 다문화가 요인이라는 화두가 던져지기 전에 당연히 필요한 절차이기도 하나 반면에, 다양한 논쟁을 벌이는 것은 또 하나의 혼란을 가중시킬 수 있는 작업이 될 수도 있다. 지난 몇 년간 한국사회의 다문화주의의 이상과 실천이 기관주도의 정부에 의해 실행됨으로써, 다문화주의의 기본적 인간중심의 윤리적 의미를 희석시키고 자율성에 기초한 선택을 다문화주의가 여성결혼이민자와 그의 가족을 우리 식으로 관리하기 위한 통합의 방법론적 '대상화정책'이 일관화되고 있음을 주지해야 한다. 또한 다문화주의 논의가 사회적 소수자와 문화적 '타자'들에 대한 권리 옹호와 상호이해 측면의 기여보다는 '다문화'라는 이름 아래 수익의 구조를 우선하는 관련단체들의 보여주기 행사와 부처 간 개별정책의 일관성 없는 중복된 교육의 대상이었을 뿐 아니라 다수자 교육이 없는 국내 체류외국인들은 국민들 의식 속에 현실과는 거리감이 있는 추상적인 이방인들로 여전히 남아 있음을 지적한다.

참고문헌

강기정, 변미희, 「지방자치단체의 다문화가족 정책 비교분석」, 『한국가족자원
　　경영학회지』 14, 2010, pp.37-51, 한국가족자원경영학회.

김유경, 「다문화가족의 변화전망과 정책과제」, 보건복지포럼/175, 2011,
　　pp.45-62, 한국보건사회연구원.

구차순, 「결혼이주여성의 다문화가족 적응에 관한 연구」, 한국가족복지학/-,
　　2007, pp.319-359, 한국가족사회복지학회.

김범수, 「다문화사회 십계명: 다문화가족과 좋은 이웃으로 더불어 사는 법
　　=Ten rules in multicultural society」, 2010, 리북.

김민정 외, 2006, 「국제결혼 이주여성의 딜레마와 선택: 베트남과 필리핀 아내
　　의 사례를 중심으로」 한국문화인류, 39(1): pp.159-193.

김광억 외, 2005, 「종족과 민족: 그 단일과 보편의 신화를 넘어서」, 아카넷.

김상임, 2004, 「상담사례를 통해 본 국제결혼 이주여성의 삶」. 이주여성인권센
　　터 창립 3주년 심포지엄: 이주의 여성화와 국제결혼, pp.17-48. 한국이
　　주여성인권센터.

김성숙, 「다문화가족지원센터의 종사자 관점에서 본 사업 운영에 대한 평가와
　　개선방안」, 『한국가족자원경영학회지』 14, 2010, pp.35-58, 한국가족자
　　원경영학회.

김영란, 2006, 「한국사회에서 이주여성의 삶과 사회문화적 적응관련정책」, 아
　　세아여성연구, 45(1): pp.143-189.

김이선 외 , 2006, 「여성결혼이민자의 문화적 갈등 경험과 소통증진을 위한 정
　　책과제」, 한국여성개발원.

김정선, 「이주노동자 남성과 한국여성의 '가족' 만들기를 통해 본 지역(local)
　　가부장제의 변형 및 재구성」, 창립 118주년 기념 학술대회: 국가횡단
　　시대 변화하는 아시아의 여성/2004, pp.5-41, 이화여자대학교 한국여성

연구원.

김혜순, 2008, 「결혼이주여성과 한국의 다문화사회 실험: 최근 다문화담론의 사회학」, 한국사회학 42(2).

신영화, 「다문화가족의 역량강화접근」, 한국『가족치료학회지』18, 2010, pp.161-192, 한국가족치료학회.

석현호 외, 「외국인 노동자의 일터와 삶」, 2003, 지식마당.

송기정, 「인터-미디어와 탈경계 문화」, 2009, 이화여자대학교 출판부.

오경석 외, 2007, 『한국에서의 다문화주의』, 서울: 한울.

이애련, 「한국다문화가족의 실태와 개선을 위한 정책방향」, 『한국여성교양학회지』17, 2008, pp.1-30, 한국여성교양학회.

이영주, 「다문화가족지원법에 관한 고찰」, 『법학연구』제31권, 한국법학회, 2008, p.209. p.236.

이선주, 「세계화와 아시아에서의 여성 이주에 관한 연구」, 2005, 한국여성개발원.

이용승, 「호주의 다문화주의」, 『동아시아연구』제8호, 고려대학교 동아시아교육연구소, 2004.

이순태, 「다문화사회의 도래에 따른 외국인의 출입국 및 거주에 관한 법제연구」, 국법제연구원, 2007, p.10.

윤인진, 2008, 「한국적 다문화주의의 전개와 특성: 국가와 시민사회의 관계를 중심으로」, 『한국사회학』42(2).

원숙연, 2008, 「다문화주의시대 소수자 정책의 차별적 포섭과 배제: 외국인 대상 정책을 중심으로 한 탐색적 접근」, 『한국행정학보』42(3).

장명선, 이옥경 「서울시 다문화가족 실태 및 지원체계 구축방안 연구」, 2008, 서울시여성가족재단.

장석준, 「일반논문: 지방자치단체 다문화가족지원센터의 제도화에 관한 실증연구」, 『한국사회와 행정연구』22, 2011, pp.175-200. 서울행정학회.

전경수 외, 2008, 『혼혈에서 다문화로』, 서울: 일지사.

정상우, 「호주의 다문화주의 정책과 법」, 『최신외국법제정보』, 2008-10, p.89.

정상우, 「일본에서의 다문화사회 지원을 위한 조례연구」, 『최신외국법제정보』, 2008-7, 한국법제연구원, p.88.

정영태, 「서구다문화사회의 국제이주민 정책과 실태」, 『한국학연구』제20집, 인하대학교 한국학연구소, 2009.

조혜영·서덕희·권순희, 2008, 「다문화가정 자녀의 학업수행에 관한 문화기술적 연구」, 『교육사회학 연구』18(2): pp.105-134.

최호림, 2009, 「한국행 베트남 노동이주의 근원과 경로: 이주의 문화」, 제1차

한국동남아학회-교토대동남아연구소 공동기획국제학술대회, "한국, 일본과 동남아시아: 인간, 자본, 문화의 이동" 발표문, 6월 19-20일, 경상대학교.

한건수, 2006, 「농촌지역 결혼이민자 여성의 가족생활과 갈등 및 적응」.『한국문화인류학』 39(1): pp.195-243.

한승준, 박치성, 「외국인 정책의 사회적 형성에 관한 연구-결혼이주자와 외국인 근로자의 사례를 중심으로-」,『韓國政策學會報』 20, 2011, pp.51-82, 한국정책학회.

권영호 · 지성우 · 강현철, 한국법제연구원, 「사회통합을 위한 다문화가정 관련법에 대한 입법평가: "다문화가족지원법"에 대한 입법평가를 중심으로」, 2009, 한국법제연구원.

생명과 인권, 「이주노동자들의 권리신장: 삶의 질 개선과 아시아의 국제협력 증진: 제5회 아시아 인권포럼=Advancement of human rights for migrant workers: improvement of quality of life and international co-operation in Asia」, 2010, 생명과 인권.

Estin, A. L., "Toward a Multicultural Family Law", Family law quarterly/38, 2004, pp.501-528, THE AMERICAN BAR ASSOCIATION.

Perez, B. E., "Woman Warrior Meets Mail-Order Bride Finding an Asian American Voice in the Women's Movement", Berkeley Journal of Gender, Law & Justice/18, 2003, pp.211-236, THE UNIVERSITY OF CALIFORNIA PRESS,

A Multicultural-Ecological Assessment Tool: Conceptualization and Practice With an Asian Indian Immigrant Woman.

Roysircar, G.; Pignatiello, V. (JOURNAL OF MULTICULTURAL COUNSELING AND DEVELOPMEN, Vol.39 No.3, [2011]).

Mora, K., "Multicultural Children's Publishing: A Family Affair", MULTICULTURAL REVIEW/13, 2004, pp.28-33, GP SUBSCRIPTION PUBLICATIONS.

Eller, Jack David, 1997, Anti-Anti Multiculturalism. American Anthropologist 99(2): pp.249-256.

Parekh, Bhikhu, 2006[2000]. Rethinking Multiculturalism: Cultural Diversity and Political Theory. New York: Palgrave Macmillan.

Will Kimlicka, Contemporary Political Philosophy: An Introduction, Second Ed, New York: Oxford Univ. Press, 2002.

Charles Taylor, "Politics of Recognition", in Amy Gutmann(ed. with intro.), Multiculturalism, Princeton: Princeton Univ. Press, 1994.

통계청, 2011, 2010년 혼인·이혼통계 결과, http://www.kostat.go.kr
통계청, "e-나라지표", http://www.index.go.kr/egams/default.jsp(2011. 4. 2.)
국회입법조사처, 2009, 정책보고서 vol.2, "다문화정책의 추진실태와 개선방향"
국회예산정책처, 예산현안분석 제38호, "다문화가족지원사업과 문제점" 2010, 11.
문화체육관광부한국법제연구원, 「다문화사회 문화적 지원을 위한 법률제정안
        16연구」, 2008, pp.91-104.

지방자치단체 외국계주민현황, 2010(행정안전부).
법무부출입국 외국인정책본부, 2007-2010.
국회 다문화 관련 주요사업 및 예산.
법무부 제출자료, 2009. 11. 18.
보건복지가족부 제출자료, 2009. 9. 17.
교육과학기술부 제출자료, 2009. 11. 9.
문화체육관광부 제출자료, 2009. 10. 5.
노동부 제출자료, 2009. 12. 3.
행정안전부 제출자료, 2009. 11. 25.
행정안전부 외국인 주민현황, 2011(다문화사회지원팀)
여성부 제출자료, 2009. 10. 12.

다문화 경계선상의
외국인 근로자

한국사회는 국내에서 일하고 있는 외국인 근로자
들의 정확한 수치나 현상을 파악하지 못한 채, 어디선
가 각기 저마다의 다른 이유로 노동과 생활을 하고 있
는 그들 역시 우리 사회의 현재 시점을 사는 동일한
영역 속 구성원임을 간과하고 있는 것이다.

지구의 글로벌화에 따른 탈경계 현상으로 국경을 넘나드는 이주노동의 증가는 지역의 성장과 역동성의 징표이자 경제적 논리가 국적이나 종족이 가진 그 어떤 텍스트보다 우선적 대상이 되고 있음을 보여주는 것이기도 하지만, 동시에 여러 가지 복합적인 이슈들을 제기하고 있다. 초국가적 노동이주는 21세기 들어 교통과 통신의 발달에 따라 송출국과 수용국의 지역적·사회적 거리가 줄어 주변국에서 빈번하게 발생하게 되면서 사람들의 정치적·문화적·경제적 양상을 빠른 속도로 변화시켜왔다. 게다가 오늘날 이주는 훨씬 용이해졌고, 많은 지역에서 점차 국경에 구속받지 않고 다양한 방식으로 이주민들이 원래의 거처를 잃어버리지 않으면서 서로 다른 문화적·사회적·경제적·정치적 체계를 오가면서 본국의 문화와 자신이 속한 체류국의 사회와 경제에 동시에 속해 있다.

결국 해당국들은 경제활동의 많은 부분이 초국가적이며 국가 간 거래는 사람들의 국제적 이동을 필요로 하게 된다. 그러나 이 과정에서 관련 국가 혹은 지역 간에 수많은 복합적인 요인에 의한 근본적인 긴장과 갈등이 내재되어 있고 그럼에도 여전히 이에 대한 정치나 시스템적인 관리는 국가적 이익에 결부되므로 지역적 거버넌스에 의해 결정된다.

한국 역시 1988년 이후 경제성장이 국제적으로 알려지면서 빈곤과 가난에서 벗어나려고 한국으로 유입되는 이주노동자의 수는 점점 많아지고 있으며, 전체 이주노동자 중에 '합법'이 아닌 '불법'의 비율이 높아지고 있는 추세이다. 이와 맞물려 현재 한국은 인구의 고령화, 저출산으로 인한 노동 인구의 감소, 3D업종 기피현상으로 인해 외국인 노동자에 대한 수요는 증가하고 있다. 한국사회에서 과연 외국인 노동자가 필요한가에 관한 논의는 한국사회의 유입의 여러 원인이 초국가적·사회적·경제적 맥락에서의 연구가 필요하지만 국내의 현황, 특히 인력난, 자금난을 겪고 있는 중소기업의 경우 많은 부분을 외국인 노동자에 의존하고 있고, 또 의존할 수밖에 없다.

그럼에도 불구하고 합법적인 외국인 노동자는 다문화사회로 진입한 한국사회에서 여전히 결혼이주여성이나 전문직 체류외국인에 비하여 열등하고 왜곡된 시선 아래 법의 관리가 미치지 못하는 곳에서 다양한 다문화의 혜택에서 많은 부분이 제외되고 있다. 한국의 다문화사회에 대한 이주민 교육이나 혜택은 주로 결혼이나 어떤 방식으로건 정착을 통한 새로운 국적취득의 가능성이 있는 이주자 위주로 수행되어 오면서 한국사회 속으로 진입하는 다양한 인종과 문화가 최근 한국남성과의 결혼을 통한 이주여성의 다량 진입 현상으로 그동안 이주에서 소극적 존재로 여겨졌던 여성의 이동연구가 활발히 늘어났지만, 국적을 바꾸지 않은 채 한국에서 고용되어 근로하고 있는 외국인 근로자들과 그들 자녀는 여전히 제도권 경계상의 주변인에 머무르고 있다.

머리말

　교과부는 다문화 교육지원정책의 대상으로 국제결혼 가정, 외국인 근로자 가정을 포함하고 있으나 2008년 제정된 다문화가족지원법은 결혼이민자로 그 대상을 한정해 외국인 근로자 가정은 제외하고 있다.

　외국인 근로자는 국제경쟁시대를 살아가는 우리에게 없어서는 안 될 존재이다. 국내에 체류하는 외국인 근로자는 2000년 28만 명에서 2011년 77만 명(모든 취업활동인원)으로 2배 이상 증가하였고, 향후에도 외국인 근로자에 대한 국내산업의 수요가 지속되는 한 이들은 계속 증가할 전망이다. 그러나 아직 한국사회는 다른 유럽의 주요국가에 비해 외국인 근로자가 차지하는 비율이 낮은 편이다.[1] 외국인 근로자는 일반적으로 산업인력난을 완화하고 중소기업의 비용부담을 줄여주는 등 유입국 산업에 기여하지만 불법체류나 사회적 갈등과 내국인 근로자 근로환경 악화 등의 문제도 발생시킬 수 있다. 또한 외국인 근로자 역사가 길어지면 외국인 근로자 본인 및 산업 내부적인 문제점이 사회적으로 표출될 수 있기에 외국인 근로자의 현황

---

[1] 외국인 근로자 비중은 국가별로 다양하나 2006년 현재 총고용 인구 중 외국인의 비중은 룩셈부르크 43.8%, 스위스 24.4%, 호주 25.6%, 미국 15.8% 등인 데 반해 한국은 2008년 상반기 기준 외국인 근로자가 차지하는 비율은 2.84%로 낮은 편.

과 영향을 점검할 필요성이 제기된다. 현재 이미 유입된 외국인 근로자들은 어떤 식이건 시대적·장소적으로 같은 영토에 머무르는 동안에는 한국사회에 영향을 미치며 사회의 한 부분을 차지하고 있는 구성원이라고 할 수 있다. 뿐만 아니라 상황에 따라서 또는 개인의 주체적 결정에 따라서 한 국가의 국민으로 소속될 수도 있고 반대로 목적만 완성되면 그대로 스쳐지나간 게스트(guest)가 될 수 있는 경계지점에 놓여 있는 집단들이라 할 수 있다. 그들을 인종이나 피부색에 상관없이 또한 경제적 논리에 의한 국가적·개인적인 이주여부의 요인과는 별개로 동시대를 같이 살고 있는 지구촌 가족으로서 그들이 일하는 고용환경과 소수자가 처한 인권차별적인 조항 등에 좀 더 세심한 관리를 통해 선별적이고 점진적으로 현실적인 원칙을 가지고 합법의 범위 안에서 포용하여 앞으로 발생할 수 있는 다양한 다문화적인 문제들 안에 그들이 차지하는 비중이 최소화하도록 한국적 상황에 맞게 합리적이고 실천 가능한 해법을 준비해야 될 것이다.

 제1장 동남아와 유럽의 이주

1. 아시아의 이주

동남아 사람들은 대항해의 시대부터 이미 국경을 넘나드는 일이 빈번하였다. 특히 말레이 세계(Dunia Melayu)의 부분이었던 현재의 인도네시아, 필리핀, 말레이시아, 싱가포르는 이주와 교역을 통해 서로 매우 빈번하게 접촉하였다(Tirtosudarmo, 2004). 대륙부 동남아의 경우 오랜 이주와 재이주를 통해 정착한 사람들에 의해 정치 영역에서 뿐만 아니라 문화적·사회적 유대가 형성되어 왔다(Grundy-Warr 2004; 최병욱, 2006: 119-21). 또한 중국인의 이주는 동남아 사회에 가장 장기적이고 지속적으로 영향을 미쳐왔고, 근대국가 성립 이전 약 200년 동안 동남아 지역으로의 이주민은 주로 유럽에서 온 사람들이었다. 이후에 일본의 점령으로 이주하였던 많은 유럽인들이 나갔다. 독립 후 초기에는 국제이주가 여전히 제한적이었고, 그것도 주로 유럽인들이 식민지배 국가들이나 호주로 이주하는 것이 대부분이었다.

1960년대에 들어 태국과 한국으로부터 대규모 노동자들이 미국과의 군사적 계약을 통해 남베트남에서 고용되었고, 그 이후에는 재건 프로젝트에도 고용되었다. 1970년대 이후 아시아에서 인구이동이 증가하는 과정에서 중국을 제외한 대부분 동아시아 국가가 수용국의 위치에 있고 남아시아 국가의 대부분은 송출국이었다. 동남아에 국한하면 필리핀, 인도네시아, 미얀마, 베트남, 라오스, 캄보디아는 송출국이고, 싱가포르와 브루나이는 수용국이다. 그리고 말레이시아와 태국은 송출국이자 수용국에 해당한다. 아세안 회원국들 대부분은 소득격차, 남녀성비 및 노령인구비율 등의 인구구조상의 특성, 지리적 근접성 및 기타 요소들에 따라 국가별로 상대적인 비율은 다양하지만, 역내 국가 출신의 이주노동자의 상당수를 수용하고 있다.

예를 들어 미얀마 출신 이주노동자의 90%가 아세안 회원국에 수용되었는데, 그 대부분이 1인당 GNP가 미얀마의 8배가 되는 인접한 태국에 있다. 캄보디아와 라오스 출신 이주노동자도 대부분 태국에 입국하였다. 인도네시아의 이주노동자 중 59%가 아세안 회원국으로 갔는데, 그 대부분이 1인당 GNP가 인도네시아의 3배에 달하는 말레이시아에 있다. 말레이시아와 싱가포르 양국 사이에는 상호적인 이주(reciprocal migration)가 뚜렷하다. 말레이시아 출신 이주노동자의 73%가 싱가포르에서 취업하였고, 싱가포르의 23만 이주노동자 중 40%가 말레이시아의 고급기술직에 고용되어 있다.

반면에, 필리핀과 베트남 노동자들이 이주해가는 국가는 대부분 아세안 외부 국가로서 특히 미국에 많다. 필리핀의 경우 아세안에서 가장 많은 360만 명의 해외이주노동자가 있는데, 미국에 44%, 중동 각국에 39%가 있다. 또한 아세안 회원국에는 14%만이 나가 있는데, 주로 말레이시아와 싱가포르에서 일하고 있다. 베트남의 해외이주노동자 중 48%가 미국에 있고, 아세안 국가에는 12%가 있다. 아세안 역내 이주노동력의 주요 수용국은 태국과 말레이시아인데, 각각 전체의

35%씩을 수용하고 있다. 그리고 싱가포르가 21%, 캄보디아가 6%를 수용하고 있다. 역내 국가로 향하는 이주노동력의 최대송출국은 미얀마와 인도네시아인데 각각 전체의 27%와 23%를 차지하고 있다. 이주노동자들은 주로 건설업, 농업, 제조업, 가사노동 등에 흡수되지만, 각 국가별로 산업부문별 이주노동자의 고용현황에 관한 공식적인 통계는 드문 실정이다(최호림, 2010).[2]

2. 유럽의 외국인 노동자 정책

유럽 선진국의 외국인 노동자 수용정책의 배경을 이해하기 위해서는 그 변천을 살펴볼 수밖에 없다. 제2차 세계대전 이후의 상황을 보면, 당초 배출 국가였던 이탈리아를 제외하면 각국 모두 유사한 정책을 취해 왔으며 노동력 부족에 대응하기 위해 외국인 노동자를 적극적으로 받아들여 왔던 독일, 프랑스, 네덜란드는 1970년대 초, 석유위기를 계기로 취업목적의 외국인 수용원칙을 중지하고, 그들의 귀국을 촉진하는 정책으로 전환하였다. 그러나 그 후의 전개상황을 보면 각국 정부의 목표대로 귀국이 촉진되지 않았음을 알 수 있다. 이유를 살펴보면 다음과 같다.

첫째로는 귀국촉진을 꾀했음에도 불구하고 외국인 노동자의 국내 체재가 장기화되었다. 둘째로는 외국인 노동자의 국내체재 장기화와 병행하여 외국인 노동자가 가족을 불러들이는 현상이 진행되었다. 셋

---

2) 최호림(Ho Rim Choi), 「동남아시아의 이주노동자 지역 거버넌스」, 『동남아시아연구』 20, 2010. 한국동남아학회.

째는 외국인 또는 외국인 노동자를 삭감하겠다던 각국 정부의 의도
가 실현되지 않았다. 게다가, 이러한 사태가 장기적으로 이어지는 가
운데, 그들의 정주화(定住化)는 더욱 진행되었으며, 그에 따라 그들의
2세, 3세가 증가했다. 이와 같은 정주외국인의 증가는 새로운 문제를
낳는 온상이 되었으며, 이들에 대한 정책변화의 중요한 계기가 되었
다(労働政策研究・研修機構, 2006).[3]

---

3) 문화예술교육박람회 07-08. '다문화사회·문화정책·문화예술교육' - 다문화사회와 문화정책
세미나발표문.
한국문화예술교육진흥원. 재인용.

 # 제2장 한국사회의 외국인 근로자

1. 외국인 근로자들의 유입 배경과 기본방향

한국은 1988년 서울올림픽을 계기로 한국의 국제적 위상이 높아졌고, 국내에 입국하여 장기체류하는 외국인 노동자가 본격적으로 증가되었다. 이와 함께 국내의 경제성장과 3D업종에 대한 기피현상이 나타나면서 관련 업종의 인력난이 심각해지는 문제가 발생되자 정부 입장에서는 산업계의 인력공급 확대방안이 필요해졌고, 그 일환으로 해외인력 활용방안에 대한 검토가 시작되었다. 그래서 시작된 것이 1991년 해외투자기업 연수생제도를 도입하였고, 이를 1993년 산업연수생제도로 확대하였다. 그러나 이 제도로 유입된 산업연수생은 노동관계법 보호를 받지 못하였고 연수기간이 끝나면 불법체류자가 되었다. 그들 중 일부는 작업장을 이탈하여 불법체류자가 양산되기도 하였다.[4] 노동인력에서 불법체류자의 비율이 80%에 가까워지자, 그 당시의 정부는 2003년에 「외국인 근로자의 고용 등에 관한 법률」을 제정하여 종전의 산업기술연수생제와 고용허가제를 병행 실시하였다.

---

4) 일부 고용주들은 이들의 불법신분을 악용하여 체불임금 및 폭력, 착취 등 비인권적 노동조건들을 강요함으로써 이에 대한 문제가 사회적으로 부각되기도 하였다(박진경, 2010).

그러나 그로 인해 각 제도로 입국한 외국인 근로자 간에 형평성 시비 등 많은 문제가 발생하자, 2007년부터 고용허가제로 일원화하였다. 이러한 외국인 정책은 고용·노동정책의 맥락에서 도입하여 시행한 것으로써 이주노동자를 적절하게 규제하면서 그들을 노동인력으로 활용하는 것을 주요 정책목표로 한 것이었다(한승준, 2010). 이후 이 명박 정부에 들어서는 전문인력에 대한 유치 지원정책에 중점을 두고 글로벌 고급인력 유치방안을 마련하였다. 이 정책에 따라 고급인력으로 판단되는 외국인에게는 고용계약 없이 입국하여 구직할 수 있는 비자가 발급되고, 영주권 발급도 용이하도록 하였다. 외국인 노동자에 대한 한국정부의 이러한 정책은 국가에 도움이 되는 전문외국인력은 국내로 적극적으로 받아들이고, 도움이 되지 않는 단순기능인력은 철저하게 제한하는 원칙을 유지하여 왔다. 외국인 노동자를 일정기간 동안만 국내에 머무르다 본국으로 돌아갈 대상으로 여겨 그들을 인력 측면에서 어떻게 관리할 것인가에 대해서만 고려한 채, 그들을 우리나라 사회의 구성원으로 여기지 않는 자세를 지속적으로 견지하고 있다.

2. 외국인력 기본방향

한국정부는 지식과 정보력을 갖춘 우수한 외국인재를 양성하고 확보하는 것이 국가 및 기업의 경쟁력을 좌우하다 보니, 해외의 우수인력을 적극 유치하여 활용, 통합하기 위하여 선택과 집중의 차별화된 전략적 접근이 필요하다는 인식 아래 향후 인구구조 변화에 따른 장기적 경제활동 인구확보 차원의 중장기적이고 종합적인 외국인 인력 정책 추진이 필요하다는 입장이다. 또한 적정인구의 확충을 위한 외국인 인력정책은 이민정책이라는 종합적인 틀에 입각하여 필요인력을 확충하는 계획이 필요하다고 주장한다.

1) 외국인력 분류

외국인력 분류는 외국인력에 관한 여러 종류의 체류자격을 유사한 처우 유형별로 범주를 설정하여 분류한 것이다. 각국은 일반적으로 기술·기능수준에 따라서 외국인력에 대한 처우를 달리하고 있고, 이러한 관점의 분류방식으로 (준)전문인력, (고급)기술인력, (숙련)기능인력, 단순노무인력 등의 용어가 사용된다. 다만 유효한 분류가 되기 위해서는 각 유형의 처우가 차별적이어야 한다. 또한 각각의 인력 유형에 대하여 처우를 달리하는 것은 이민정책상의 고려에 의한 것으로, 절대적인 원칙을 갖고 있는 것은 아니고, 각 국가의 사회적·경제적 특수성이나 역사적 경험을 반영하고 있다.

2) 외국인력 분류와 체류자격

우리나라의 경우 교수(E-1) 자격부터 비전문취업(E-9), 방문취업(H-2) 등 취업과 관련한 다양한 체류자격이 존재하나, 통상교수, 회화지도, 연구, 기술지도, 전문직업, 특정 활동에 종사하는 체류자격이 전문인력으로 분류되고 비전문취업(E-9), 방문취업(H-2) 자격이 단순노무인력으로 분류된다. 이상과 같이 분류하는 것은 전문인력과 단순노무인력이 다른 처우를 적용받고 있는데 예를 들면, 가족동반 허용이나 체류기간 연장제한 부재 등에서 서로 다르기 때문이다. 현재 「출입국관리법 시행령」 제23조 '외국인 취업과 체류자격'에 따라 국내에서 취업활동이 허가된 체류자격은 취업비자(E), 단기취업(C-4), 거주(F-2), 재외동포(F-4), 영주(F-5), 관광취업(H-1), 방문취업(H-2)사증을 소지한 자로 한정된다. 하지만 모든 거주외국인이나 영주권자가 국내 취업을 목적으로 체류하는 것은 아니고 단기취업 외국인의 경우 국내인력시장에 미치는 영향이 미미하다는 점, 실질적으로 많은 외국인이 불법체류자의 신분으로 국내에서 근로활동을 하고 있는 상황이라는 점 등은 외국인 근로자 규모 산출 시에 고려해야 할 사항이다.

3) 전문인력 관련 정책적 기본방향

세계화에 따른 노동과 자본의 전 지구적인 이동과 지식·정보기반 산업구조의 도래로 기술혁신을 통한 기업이 경쟁력을 갖기 위해서는 전문인력을 적시에 확보하는 것이 가장 시급하다. 그러나 현재 우리나라는 세계적으로 경쟁력 있는 인재들의 입장에서 매력적인 취업처는 되지 못하고 있음이 현실이다. 따라서 전문인력을 적극적으로 유치하는 것이 국가 경쟁력 제고를 위한 최우선 과제로 부상했다. 「재한외국인 처우 기본법」 제16조는 이 점을 고려해서 전문인력을 유치를 위한 처우 개선노력 의무를 규정하고 있다.

> 제16조: (전문외국인력의 처우 개선) 국가 및 지방자치단체는 전문
> 적인 지식, 기술 또는 기능을 가진 외국인력의 유치를 촉진할 수

있도록 그 법적 지위 및 처우의 개선에 필요한 제도와 시책을 마련하기 위하여 노력하여야 한다.

또한 정부는 고급우수인력에 예측가능성을 부여함으로써 체류활동을 보장하고 체류허가의 적정성을 확보하기 위하여 2010년부터 점수제를 시행하고 있다. 이것은 고급인력의 우리 사회적응 능력을 확인하고 정착을 유도하기 위하여 우리 사회에 필요한 역량을 평가할 수 있는 항목을 선정하고 이를 객관적으로 평가할 수 있는 기준을 설정하는 제도이다.

대기업의 경우 글로벌 경영을 통한 현지채용 등으로 전문인력의 양적 확보 측면에서는 큰 문제가 없으나, 보다 우수한 인재를 유치하기 위한 제도 운영을 희망한다. 즉, 취업 분야별 비자체계의 탄력적 운용(비자에 따른 활동범위 제한 등 해소)보다 신속하게 인재를 유치할 수 있는 적극적 행정지원 등을 기대한다.

 # 제3장 외국인 근로자 취업 및 체류자격

　외국인이 대한민국에서 취업하려면 출입국관리법에 따라 취업활동을 할 수 있는 체류자격을 받아야 한다. 또한 외국인의 취업활동은 체류자격에서 정해진 범위에 한정된다.

　외국인 근로자는 경제적 수입을 목적으로 국내에서 근로활동을 하는 외국 국적의 근로자를 의미하며 세계화 및 국내의 인적자원의 구조조정이 이루어지면서 국내에서 외국인 근로자가 증가하고 있다. 앞으로도 고학력화, 고령화에 따른 외국인 근로자의 규모 및 비중이 증가할 전망이다. 외국인 근로자에 관련한 법규에서 정한 "외국인 근로자"란 대한민국의 국적을 가지지 않은 자로서 대한민국에 소재하고 있는 사업 또는 사업장에서 임금을 목적으로 근로를 제공하고 있거나 제공하려는 자를 말한다.5) 따라서, 대한민국의 국민으로서 외국의 영주권을 취득한 자 또는 영주할 목적으로 외국에 거주하고 있는 자인 '재외국민'6)은 외국인 근로자가 아니다.

---

5) 외근로자의 고용 등에 관한 법률(이하 「외고법」이라 함). 제2조.
6) 「재외동포의 출입국과 법적지위에 관한 법률」 제2조 제1호.

1. 외국인 근로자의 취업과 체류자격

외국인이 대한민국에서 취업하려면 「출입국관리법」에 따라 취업 활동을 할 수 있는 체류자격을 받아야 한다(「출입국관리법」 제18조 제1항). 취업활동을 할 수 있는 체류자격을 받지 않은 외국인이 취업을 하면, 3년 이하의 징역이나 금고 또는 2천만 원 이하의 벌금에 처해진다(「출입국관리법」 제94조 제8호).

취업활동을 할 수 있는 체류자격을 받지 않은 외국인을 고용하거나 그 고용을 업으로 알선 또는 권유하면, 3년 이하의 징역이나 금고 또는 2천만 원 이하의 벌금에 처해진다(「출입국관리법」 제94조 제9호 및 제10호).

2. 취업활동이 가능한 체류자격의 종류

대한민국에서 취업활동이 가능한 외국인의 체류자격은 아래 <표 1>과 같다. 이 경우 '취업활동'은 해당 체류자격의 범위에 속하는 활동을 말한다.

<표 1> 외국인의 체류자격

체류자격	체류자격에 해당하는 자 또는 활동범위
1. 단기 취업(C-4)	일시흥행, 광고·패션모델, 강의·강연, 연구, 기술지도 등 수익을 목적으로 단기간 취업활동을 하려는 자
2. 교수 (E-1)	「고등교육법」에 따른 자격요건을 갖춘 외국인으로서 전문대학 이상의 교육기관 또는 이에 준하는 기관에서 전문분야의 교육 또는 연구지도 활동에 종사하려는 자 ※「고등교육법」에 따른 자격요건이란? 「고등교육법」제16조 및 「교수자격기준 등에 관한 규정」 별표에서는 대학, 산업대학, 교육대학, 전문대학, 원격대학, 기술대학 또는 각종 학교의 교원과 조교의 자격기준 및 자격인정에 관한 사항이 규정되어 있음
3. 회화 지도(E-2)	법무부장관이 정하는 자격요건을 갖춘 외국인으로서 외국어전문학원, 초등학교 이상의 교육기관 및 부설어학연구소, 방송사 및 기업체부설 어학연수원 그 밖에 이에 준하는 기관 또는 단체에서 외국어 회화지도에 종사하려는 자
4. 연구 (E-3)	대한민국 내의 공·사기관으로부터 초청되어 각종 연구소에서 자연과학분야의 연구 또는 산업상의 고도기술의 연구개발에 종사하려는 자[교수(E-1)자격에 해당하는 자는 제외]
5. 기술지도 (E-4)	자연과학분야의 전문지식 또는 산업상의 특수한 분야에 속하는 기술을 제공하기 위해 대한민국 내의 공·사기관으로부터 초청되어 종사하려는 자
6. 전문직업 (E-5)	국토해양부장관의 추천을 받은 항공기조종사와 국내의 의(치)과 대학을 졸업한 후 대학부속병원 또는 보건복지가족부장관이 지정한 병원 등에서 인턴·레지던트 과정을 연수하는 자 또는, 남북교류 협력에 관한 법률 규정에 따라 필요한 선박 등의 운수회사 등에 고용되어 선장 등 선박운항의 필수전문요원으로 근무하고자 하는 자
7. 예술 흥행(E-6)	대한민국의 법률에 의해 자격이 인정된 외국의 변호사, 공인회계사, 의사 그 밖에 국가공인 자격을 소지한 자로서 대한민국의 법률에 따라 행할 수 있도록 되어 있는 법률, 회계, 의료 등의 전문업무에 종사하려는 자[교수(E-1)자격에 해당하는 자는 제외]
8. 특정 활동(E-7)	대한민국 내의 공·사기관 등과의 계약에 의해 법무부장관이 특히 지정하는 활동에 종사하려는 자 ※ 법무부장관이 지정한 활동은 출입국·외국인정책본부 홈페이지 (www.immigration.go.kr)를 참고
9. 비전문 취업(E-9)	「외국인 근로자의 고용 등에 관한 법률」에 따른 국내 취업요건을 갖춘 자[일정 자격이나 경력 등이 필요한 전문직종에 종사하려는 자는 제외]
10. 선원 취업(E-10)	내항 정기 여객운송사업, 내항 부정기 여객운송사업 및 내항 화물운송사업(「해운법」제3조 제1호·제2호 및 제23조 제1호)을 영위하는 자 또는 정치망어업(定置網漁業) 및 근해어업(「수산업법」제8조 제1항 제1호 및 제41조 제1항)을 영위하는 자와 그 사업체에서 6개월 이상 노무를 제공할 것을 조건으로 선원근로계약을 체결한 자로서 부원(部員)(「선원법」 제3조 제5호)에 해당하는 자

3. 거주할 수 있는 체류자격 [거주(F-2)]에 관한 사항

1) 국민 또는 영주(F-5)자격을 가지고 있는 자의 배우자 및 그의 미성년 자녀

2) 국민과 혼인관계(사실상의 혼인관계를 포함)에서 출생한 자와 그를 양육하고 있는 부 또는 모로서 법무부장관이 인정하는 자

3) 난민인정을 받은 자

4) 「외국인투자 촉진법」에 따른 외국인투자기업에 종사하려는 자로서 투자금액이 1억 원 이상인 외국법인이 「외국인투자 촉진법」에 따른 외국인투자기업에 파견하는 자 중 기업투자(D-8) 자격으로 3년 이상 계속 체류하고 있는 자로서 그의 종전 체류자격에 해당하는 분야의 활동을 하려는 자

5) 외교(A-1)부터 협정(A-3)까지의 자격 외의 체류자격으로 대한민국에 7년 이상 계속 체류하여 생활근거지가 국내에 있는 자로서 법무부장관이 인정하는 자로서 그의 종전 체류자격에 해당하는 분야의 활동을 하려는 자[다만, 교수(E-1)부터 전문직업(E-5)까지 또는 특정활동(E-7)자격을 가진 자에 대해서는 최소 체류기간을 5년으로 함]

6) 비전문취업(E-9)・선원취업(E-10) 또는 방문취업(H-2) 자격으로 취업활동을 하고 있는 자로서 과거 10년 이내에 법무부장관이 정하는 체류자격으로 5년 이상의 기간 동안 취업활동을 한 사실이 있는 자 중 다음 요건을 모두 갖춘 자로서 그의 종전 체류자격에 해당하는 분야의 활동을 하려는 자

　가. 법무부장관이 정하는 기술・기능자격증을 가지고 있거나 일정

금액 이상의 임금을 국내에서 받고 있을 겟[기술·기능자격증의 종류 및 임금의 기준에 관해서는 「숙련생산기능 외국 인력에 대한 거주(F-2)자격으로 체류자격변경 및 체류관리 업무처리 지침」 참고]

나. 법무부장관이 정하는 금액 이상의 자산을 가지고 있을 것

다. 대한민국 「민법」에 따른 성년으로서 품행이 단정하고 대한민국에서 거주하는 데 필요한 기본 소양을 갖추고 있을 것

7) 연령, 학력, 소득 등이 법무부장관이 정하여 고시하는 기준에 해당하는 자

8) 사목에 해당하는 자의 배우자 및 미성년 자녀

9) 투자지역, 투자대상, 투자금액 등 법무부장관이 정하여 고시하는 기준에 따라 부동산 등 자산에 투자한 외국인

 제4장 외국인 근로자 현황 및 근로상태[7]

　국내 외국인 근로자는 빠르게 증가하고 있으며 대부분 남성이며, 아시아 출신 근로자이고 20대 후반부터 30대 초반 근로자가 다수를 차지한다. 2010년 말 기준 외국인 근로자는 76만 8천 명(장기체류 56만명 포함)을 기록하였다. 성비를 보면 남성 외국인 근로자가 2009년 기준규모는 여성 외국인 근로자의 1.87배 정도이며 이는 2005년의 2.24배보다 하락한 수치이다. 출신 국가별로 중국, 베트남, 필리핀 등 상위 10개국 출신의 외국인 근로자가 전체의 91.8%를 차지하고 있으며, 연령별로는 20대 후반부터 30대 초반의 근로자가 50% 이상을 차지하는 것으로 추정된다(2009년 기준 등록외국인 중 20대, 30대, 40대의 비중은 각각 31%, 26%, 19%를 기록하고 있다). 외국인 근로자의 70% 정도가 전문대 이상의 고학력 인력으로 나타나며 불법체류 외국인 근로자는 지속적으로 감소하고 있는 편이다. 근로실태를 살펴보면, 외국인 근로자 대부분이 단순노동인구로 주로 제조업에 종사하고 있으며 내국인에 비해 낮은 임금을 받고 더 긴 시간 노동을 하고 있

---

7) 현재 법무부에서는 등록외국인과 관련된 통계나 정보를 제공하고 있으나, 최신자료이거나 추정할 수 없는 자료는 허락을 구하고 현대그룹 '현대경제연구원(HYUNDAI RESEARCH INSTITUTE)'의 VIP Report 통권 제477호를 인용 참조했음.

으며 상대적으로 높은 산업재해 및 인권피해를 겪고 있는 것으로 나타났다. 2007년 이후 국내 체류하는 외국인 근로자는 주로 100인 미만의 중소기업장에서 근무하고 있으며 내국인 노동자에 비해 25~50%가량 낮은 임금을 받고 20~46% 정도 긴 시간 근무하며 재해율이나 인권피해율도 높다.

외국인 근로자 출신 국가 대부분은 아시아 지역출신으로 출신 국가별로 중국, 베트남, 필리핀 순으로 비중이 높고, 2011년 9월 말 현재 외국인근로자 중 중국출신이 53.5%를 차지하는 가운데 베트남 출신이 11.7% 필리핀 출신이 5.05%를 차지한다. 중국, 베트남, 필리핀, 태국, 몽골 등 국가 출신 외국인 근로자 비중이 높은 것은 이들 국가가 고용허가제가 규정하고 있는 송출국가로 규정되어 있는 점에 기인한 것이다. 미국과 캐나다의 경우는 영어교육 수요를 충족시키기 위한 외국인 근로자 비중이 높은 것으로 풀이되며, 전체 외국인 근로자 가운데 상위 10개국 출신 외국인 근로자가 91.8%를 차지하는데 다음 <표 2>를 보면 국가를 알 수 있다. 한편 국내 불법체류자는 2010년 3분기 17만 명으로 전체 외국인 근로자의 24%를 차지한다. 이는 2007년 2분기 불법체류자 22만 명 대비 22.2% 하락한 수치이고 불법체류자가 감소하면서 전체 외국인 근로자 중 불법체류자가 차지하는 비중도 38.5%에서 14.5%로 하락하였다. 불법체류자 감소는 국가적으로 외국인 근로자를 효과적으로 관리할 수 있고, 더 많은 근로자가 법으로 보호받을 수 있다는 점에서 긍정적이다.

(단위: 명, %)

	외국인 근로자	불법체류자	전체 외국인 근로자 중 비중
중국	399,102	82,484	53.9
한국계 중국인	328,126	25,156	44.3
일반 중국인	70,976	57,328	9.6
베트남	57,751	14,664	7.8
미국	49,569	4,057	6.7
필리핀	35,073	11,834	4.7
태국	34,570	12,383	4.7
인도네시아	25,910	4,955	3.5
몽골	21,396	12,270	2.9
우즈베키스탄	18.266	7,091	2.5
캐나다	15,019	2,092	2.0
방글라데시	13,795	492	1.9

출처: 법무부 출입국. 외국인정책본부. '2009 통계연보'.

2009년 기준 외국인 근로자의 대다수가 전문대 또는 대학 재학 이상의 고학력 인력인 것으로 나타났는데 그것은 2005년에는 중졸 이하가 12.5%, 고졸은 61.9%, (전문)대졸 이상은 25.6%를 차지하였으며 2009년에는 학력수준이 더욱 높아져서 중졸 이하는 6.0%에 불과한 반면 (전문)대 이상은 70.5%에 달하였다.

〈표 3〉 외국인 근로자의 학력

	2005년	2007년	2009년
중졸 이하	12.5	26.4	6.0
고졸	61.9	40.0	23.4
(전문)대졸 이상	25.6	33.6	70.5

출처: 유승균(2010).[8]

외국인 근로자는 주로 단순노동 외국인 근로자가 다수를 차지하고 있는데 2010년 현재 전체 외국인 근로자 중 단순인력이 차지하는 비중이 94.3%를 기록하였고 반면에 전체 외국인 근로자 중 전문인력[9]이 차지하는 비중은 2005년부터 2010년까지 5%대를 유지하고 있다. 이는 외국인 근로자 유입문인 고용허가제가 단순인력 부족에 시달리는 중소기업을 위주로 외국인 근로자 모집정책을 시행하고 있기 때문이다.

<표 4> 연도별 전문인력 및 단순인력 비중

	2005년	2006년	2007년	2008년	2009년	2010년
전문인력	5.8	5.2	4.9	5.0	5.5	5.7
단순인력	94.2	94.8	95.1	95.0	94.5	94.3

출처: 법무부 출입국. 외국인정책본부, '통계연보' 각년호. '2010년 4분기 통계'.

임금과 노동시간을 살펴보면 외국인 근로자는 내국인 노동자에 비해 낮은 임금을 받고 더 긴 시간 동안 일하고 있는 것으로 밝혀졌다. 다만 외국인 근로자 임금이 상대적으로 낮은 것은 전적으로 외국인 근로자에 대한 차별로 인한 것이 아니라 내국인 근로자 대비 외국인 근로자의 생산성이 낮기 때문인 측면도 있다.[10]

---

8) 유승균, '외국인 근로자의 이문화적응에 관한 연구', 2010.

9) 전문인력은 교수(E-1), 회화지도(E-2), 연구(E-3), 기술지도(E-4), 전문직업(E-5), 예술활동 (E-6), 특정활동(E-7) 비자로 입국한 외국인을 지칭.

10) 국내 근로자 대비 외국인 근로자의 생산성은 약 87% 수준(한국노동연구원, '외국인력 노동시장 분석 및 중장기 관리체계 개선방안 연구', 2007).

〈표 5〉 고용형태별 임금 및 근로시간

(단위: 만 원, 시간)

	정규직	비정규직	외국인
월평균 임금	271.9	127.2	145.6
월평균 근로시간	196.8	160.7	234.9
시간당 평균임금	1.46	0.97	0.72

출처: 한국노동연구원, '외국인과 국내 근로자 임금격차 분석', 2010.

1. 고용허가제

국내 인력을 구하지 못한 종소기업 등이 단순기능 업무에 종사할 수 있는 외국인 근로자를 고용하도록 하는 제도이다(외국인 근로자의 도입, 관리는 정부에서 관장). 외국인력 도입업종 및 규모는 국무총리실에서 외국인력정책위원회를 설치, 매년 국내 인력 수급 동향과 연계하여 적정 도입규모, 업종 결정 및 송출 국가를 선정한다.

1) 외국인 근로자에 대한 일반적 처우

가족동반은 불가하고 1회 취업 및 체류기간 3년 취업을 허용한다. 다만 고용주가 재고용을 신청한 경우 출국하지 않고 1년 10월 범위 내에서 체류기간 연장을 허가한다. 단순기능 인력에 대해서는 정주를 금한다.

2) 외국인 근로자 도입

가. 양해각서(MOU) 체결

당사자는 대한민국 노동부와 송출국가 노동관련 부처의 장으로서 유효기간은 체결일로부터 2년간이다. 근로자연령은 18세~40세이고, 구직자 선발기준, 사전교육, 자진귀국 담보 등 송출국가(기관) 의무, 조난 인프라 구축의무, 한국어능력시험 및 건강진단실시 등 구직자 등록요건 등을 규정한다.

나. 송출국가

사업주 선호도, 송출과정의 투명성, 사업성 이탈률, 귀국 담보가능성, 외교적·경제적 영향력 등을 현지실사 등을 통해 평가하여 선정한다. (MOU)체결 국가는 15개국으로 필리핀, 몽골, 스리랑카, 베트남, 태국, 인도네시아, 우즈베키스탄, 파키스탄, 캄보디아, 중국, 방글라데시, 키르키즈스탄, 네팔, 미얀마, 동티모르이다.

다. 외국인 구직자 선정

매년 3월 외국인력정책위원회에서 결정된 '외국인력도입계획'에 따라 고용허가제 신규도입 규모의 일정비율에 해당하는 외국인 구직자 Pool을 작성하기 위해 개별 송출국가에 업종별 구직자 Pool 규모를 배정한다.

라. 한국어 능력시험 실시

선발과정의 공정성과 투명성 제고 및 국내 조기정착 유도를 위해

2005년 8월부터 EPS-KLT(Employment Permit System-Korean Language Test) 시행하여 듣기와 읽기 각 25문항 씩 총 50문항 200점 만점으로 평가, 총득점 80점 이상 취득자 중 고득점 순으로 선발한다(산업인력공단 시행). 합격유효기간은 합격자 발표일로부터 2년간이다.

이 외에도 외국인 근로자는 건강진단을 받아서 소견에 이상이 없어야 구직자 선발 및 명부에 등재 가능하며 각 송출국가에서 선발된 구직자 명부를 작성하여 한국산업인력공단에 송부하면 한국산업인력공단(한국고용정보원)이 요건 등을 확인, 전산 인증처리한다. 또한 국내 사업자와의 근로계약을 체결한 근로자에 대해 취업능력 배양 및 국내 조기적응 유도를 위해 사전교육을 실시한다.

2. 고용허가서

고용센터장이 추천한 구직자 중 적격자를 선정한 사용자에게 즉시 발급되며 사용자는 발급일로부터 8개월 이내에 외국인 근로자와의 근로계약을 체결하여야 한다. 외국인 근로자와 사용자는 3년의 기간 내에서 당사자 간 합의에 따라 근로계약을 체결하거나 갱신할 수 있다. 근로계약은 외국인 근로자가 입국한 날부터 효력이 발생된다(「외국인 근로자의 고용 등에 관한 법률」 제17조 제1항).

다만, 취업활동기간 3년이 만료되어 출국하기 전에 사용자가 고용노동부장관에게 재고용허가를 요청한 외국인 근로자는 3년의 기간제한(동법 제18조 제1항)에도 불구하고 1회에 한정하여 2년 미만의 범위에서 취업활동기간을 연장 받아, 연장된 취업활동기간의 범위에서 근로계약을 체결할 수 있다. 사용자가 재고용 허가를 받으려면 취업 활동 기간 만료일까지의 근로계약 기간이 1개월 이상인 외국인 근로 자를 대상으로 해당 근로자의 취업활동 기간 만료일의 7일 전까지 취 업기간 만료자 취업활동기간 연장신청서(동법 제12호의3 서식)에 다음의 서류를 붙여 소재지 관할 직업안정기관의 장에게 제출해야 한다(동법 제14조의2 제1항).

◆ 필요서류
1) 사업자등록증 사본
2) 외국인등록증 사본
3) 여권 사본
4) 표준근로계약서 사본

취업활동기간 연장 신청을 받은 소재지 관할 직업안정기관의 장은 연장신청서를 검토한 결과 해당요건을 충족하는 경우에는 신청서를 접수한 날부터 7일 이내에 취업기간 만료자 취업활동기간 연장 확인 서(「외국인 근로자의 고용 등에 관한 법률 시행규칙」 별지 제12호의4 서식)를 발급(동법 14조의2 제2항)한다.

3. 사증발급인정서 신청·발급

근로계약을 체결한 외국인 근로자는 사용자로부터 사증발급인정 서를 송부받아 대한민국대사관 또는 영사관에 비전문취업(E-9) 체류자격 사증의 발급을 신청한다.

> ※ 사용자가 외국인 근로자를 대신해서 사증발급인정서를 발급받
> 으면(「외국인 근로자의 고용 등에 관한 법률」 제10조), 그 외국
> 인 근로자는 별도의 심사절차 없이 사증을 발급받을 수 있음.

> ※ 국가에 따라 사증발급인정서 대신 사증발급인정번호를 부여하
> 기도 하는데, 사증발급인정번호는 전자사증이 발급되는 국가에
> 서 인정된다. <사증발급인정번호 발급국가에 대해서는, 외국인
> 을 위한 전자정부(http://www.hikorea.go.kr)에서 확인할 수 있음>

4. 입국

송출기관의 관계자가 인솔하여 입국하고 입국심사를 마친 후에는
공항에서 대기 중인 출입국대행기관을 거쳐 외국인 취업교육기관 관
계자에게 인계된다. 이후 외국인 근로자 명단 확인 후 직접 인솔하여
교육기관으로 이동한다. 이때, 외국인 근로자는 유효한 여권과 사증
을 가지고 입국해야 한다(「출입국관리법」 제7조).

> ※ 다만, 대한민국 법무부장관의 재입국허가를 받았거나 재입국허
> 가가 면제된 사람으로서 그 허가 또는 면제받은 기간이 끝나기
> 전에 입국하는 경우에는 사증 없이도 입국할 수 있다.

1) 외국인 취업교육 이수

외국인 근로자는 입국한 후 15일 이내에 한국산업인력공단 또는
국제노동협력원에서 실시하는 외국인 취업교육을 받아야 한다. 교육

은 사용자가 신청하고 1인당 교육비용은 사용자가 부담한다. 취업교육은 국가별, 업종별로 분리하여 운영하는데 외국국적동포는 한국산업인력공단에서 제조업은 중소기업중앙회(베트남, 몽골, 태국, 중국 제외), 국제노동협력원(베트남, 몽골, 태국, 중국)에서 실시한다. 또한 농축산업, 일반외국인은 농협중앙회가, 어업일반외국인은 수협중앙회가 실시하며 건설업은 대한건설협회가 맡는다.

2) 교육 내용 및 시간

20시간 이상(2박 3일) 한국생활 적응에 필요한 사항 교육 및 건강검진을 하는데, 사용자는 근로자의 건강보호·유지를 위해 고용노동부장관이 지정하는 기관 또는 「국민건강보험법」에 따라 건강진단을 실시하는 기관(건강진단기관)에서 외국인 근로자에 대한 건강진단을 실시해야 하며, 이에 따라 외국인 근로자는 통상 외국인 취업교육을 받을 때 건강진단을 함께 받게 된다(「산업안전보건법」 제43조). 건강진단 불합격자는 2차 정밀검사를 실시하며 2차 정밀검사 결과가 확정될 때까지 출입국관리사무소와 협의해서 격리수용 후, 이상이 없을 경우에는 사업장에 정상적으로 배치되나 부적격자로 확정될 경우 출국 조치된다.

3) 보험 및 취업교육 수료자 인수인계

사용자는 인수전에 외국인 근로자의 고용관리 및 권익보호를 위해서 출국만기보험 및 보증보험에, 외국인 근로자(동포 포함)는 귀국비용보험, 상해보험에 의무적으로 가입하여야 하고 사용자는 교육기관이 실시하는 사용자교육을 받아야 하며 취업교육 마지막 날 교육기관 또는 별도의 지정된 인도장소를 직접 방문하여 인수하여야 한다.

5. 외국인 등록·사업처(근무처) 변경

취업교육을 수료한 외국인 근로자는 입국한 날부터 90일 이내에 그 체류지를 관할하는 출입국관리사무소 또는 출입국관리사무소출장소에 외국인등록을 해야 한다(「출입국관리법」 제31조 제1항). 또한 고용주는 고용 변동 등의 사유가 발생 시 안 날로부터 15일 이내에 관할 출입국관리사무소와 고용지원센터에 모두 신고를 하여야 한다.

6. 근로 시작

1) 체류기간 연장

외국인 취업교육을 이수한 외국인 근로자는 근로계약을 체결한 사업장에 배치되어 근로를 시작하게 된다. 체류기간 연장허가 신청은 근로계약기간을 갱신하는 경우, 즉 1년의 체류기간을 초과해서 계속 체류하려는 경우에는 그 기간이 끝나기 전에 관할 출입국관리사무소 또는 출입국관리사무소출장소에 체류기간 연장허가를 신청해야 된다(「출입국관리법」 제25조).

2) 사업장(근무처) 변경 신청

국내에 취업 중인 비전문취업(E-9) 체류자격 외국인 근로자가 사업장을 변경해서 취업하려는 경우의 절차를 살펴보면, 외국인 근로자가 다음의 어느 하나에 해당하는 경우가 발생해서 그 사업 또는 사업장에서 정상적인 근로관계를 지속하기 곤란한 경우에는 근로계약 종료 후 1개월 이내에 고용지원센터에 다른 사업 또는 사업장으로의 변경을 신청해야 한다(「외고법」 제25조 제1항·제3항 및 「외고법 시행령」 제30조 제1항).

> 가. 사용자가 정당한 사유로 근로계약기간 중 근로계약을 해지하려
> 거나 근로계약기간이 만료된 후 갱신을 거절하려는 경우
> 나. 휴업·폐업 그 밖에 외국인 근로자의 책임이 아닌 사유로 그
> 사업장에서 근로를 계속할 수 없게 되었다고 인정되는 경우
> 다. 외국인 고용허가의 취소 또는 고용제한 조치가 행해진 경우
> 라. 사업장의 근로조건이 근로계약조건과 상이한 경우, 근로조건
> 위반 등 사용자의 부당한 처우 등으로 인하여 사회통념상 근로
> 계약을 유지하기 어려운 경우
> 마. 상해 등으로 외국인 근로자가 해당 사업 또는 사업장에서 계속
> 근무하기는 부적합하나 다른 사업 또는 사업장에서의 근무는
> 가능하다고 인정되는 경우

3) 근무처 변경허가 신청

외국인 근로자는 위와 같은 사유로 새로운 사업장에서 근무하게 되는 경우 고용지원센터에 사업 또는 사업장 변경을 신청하는 것과는 별도로 근로가 시작되기 전 미리 관할 출입국관리사무소 또는 출

입국관리사무소출장소에 근무처 변경허가를 신청해야 한다(「출입국관리법」 제21조 제1항). 사업 또는 사업장 변경 신청일부터 3개월 이내에 근무처 변경허가를 받지 못하면 강제출국 대상자가 되는데 다만, 업무상 재해, 질병, 임신, 출산 등의 사유로 근무처 변경허가를 받을 수 없거나 근무처 변경신청을 할 수 없는 경우에는 그 사유가 없어진 날부터 3개월 이내에 근무처 변경허가를 받거나 1개월 내에 근무처 변경신청을 해야 한다(「외고법」 제25조 제3항).

4) 사업 또는 사업장 변경의 제한

외국인 근로자의 사업 또는 사업장 변경은 입국한 날부터 3년 이내의 취업가능 기간 중에는 원칙적으로 3회, 재고용절차에 따라 체류기간이 연장된 경우에는 2회를 초과할 수 없다. 다만, 외국인 근로자가 근로계약을 체결하고 입국하여 최초사업 또는 사업장에 배치되기 전까지 사용자의 귀책사유로 사업 또는 사업장을 1회 변경한 경우가 위 3회에 포함되어 있는 경우, 직업안정기관의 장은 예외적으로 1회를 추가하여 사업 또는 사업장 변경을 허용할 수 있다(「외고법 시행령」 제30조 제2항). 또한 휴업, 폐업, 그 밖에 외국인 근로자의 책임이 아닌 사유로 그 사업장에서 근로를 계속할 수 없게 되었다고 인정되는 경우, 이러한 사유로 사업 또는 사업장을 변경한 경우는 위의 변경 횟수의 제한을 받지 않는다. 취업활동기간 3년이 만료되어 출국하기 전, 사용자의 재고용허가 요청에 의해 취업활동기간이 연장된 외국인 근로자의 경우 연장된 기간 중 사업 또는 사업장 변경은 2회를 초과할 수 없다(「외고법」 제25조 제4항).

5) 체류지 변경신고

사업장이 변경됨으로써 외국인 근로자의 체류지도 함께 변경되는 경우 그 외국인 근로자는 새로운 체류지로 전입한 날부터 14일 이내에 새로운 체류지를 관할하는 시장·군수·구청장 또는 출입국관리사무소장·출입국관리사무소출장소장에게 전입신고를 해야 한다(「출입국관리법」 제36조 제1항).

7. 외국인 근로자 고용허가 취소

사용자가 입국 전에 계약한 임금 그 밖의 근로조건을 위반하거나 임금체불, 노동관계법 위반 등으로 근로계약 유지가 어렵다고 인정되거나, 거짓 기타 부정한 방법으로 고용허가를 받은 경우 고용허가를 취소할 수 있다. 고용지원센터의 장은 취소 사유 발생 시 사용자에게 고용허가 취소를 문서로 명하고 사용자는 통지를 받은 날로부터 15일 이내 근로계약을 종료한다.

8. 외국인 근로자 귀국 지원

사용자는 외국인 근로자가 근로관계 종료, 체류기간 만료 등으로 귀국하기 전에 임금 등 금품관계 청산 등 필요한 조치를 취하여야 한다. 귀국비용보험, 출국만기보험, 보증보험, 상해보험 등 요건충족 시 보험금을 수령한다.

 제5장 방문취업제

1. 목적

중국 및 독립국가연합 동포들에 대한 자유왕래 및 취업활동 등을 보장하여 재외동포 포용 및 국내 노동인력 충원이 목적이다.

　　가. 일정한 요건을 갖춘 동포들에 대해 5년간 유효한 복수사증 발급(H-2), 사증의 유효기간의 범위 내에서 자유로운 출입국 허용
　　나. 국내 취업을 원할 경우 취업교육 및 구직신청 등 절차를 거쳐 출입국관리법시행령에서 정한 단순노무분야 허용업종에서 취업활동 가능

2. 방문취업 사증발급 기본대상

중국 및 독립국가연합(CIS) 6개 국가의 국적을 보유한 외국국적동포인데 독립국가연합(CIS) 6개 국가는 러시아, 우즈베키스탄, 카자흐스탄, 우크라이나, 키르기즈스탄, 타지키스탄이다. 외국국적동포에 대한 정의는 「재외동포의 출입국과 법적 지위에 관한 법률」 시행령 제3

조에서 다음 중 어느 하나에 해당하는 자라고 정의하고 있다. 연령은 방문취업사증 발급신청서 접수 시에 만 25세 이상의 외국국적동포가 해당된다. 한국어시험 및 전산추첨 대상인 중국동포의 경우 한국어시험 응시연도의 12월 말 기준으로 만 25세가 되면 전산추첨 및 사증발급대상에 포함된다.

※ 외국국적동포
1. 대한민국의 국적을 보유하였던 자로서 외국국적을 취득한 자
2. 부모의 일방 또는 조부모의 일방이 우리 국적을 보유하였던 자로서 외국 국적을 취득한 자

3. 사증 및 사증발급인정서 발급기준

국내 친족이 있는 연고동포 및 유학생의 부모, 배우자 등은 국민 및 일정요건을 갖춘 유학생의 초청이 있을 경우 사증 등을 발급한다. 국적취득자에 대해서는 국적취득 후 2년이 경과한 이후부터 친족초청 관련 사증 등을 발급한다. 국민 1인당 친족초청 허용 인원을 3명 이내로 제한하고, 1년에 1명에 한하여 사증 등 발급한다.

국민 1인당 초청인원 3명 기준은 방문취업 자격으로 간주받은 자 (H-2-A) 및 직계존비속 등 일가족을 합산하여 계산한 것이다. 그러나 만 30세 이하의 자가 친족을 초청하는 경우 방문취업 사증 등 발급이 불허된다.

혼인귀화 등으로 인한 국적취득자의 경우 본인과 배우자의 초청인원을 합산하는데, 외국인 배우자가 국적취득을 신청하여 대기 중인

경우 방문취업 목적의 친족 초청은 억제된다. 초청일 현재 3명 이상을 방문취업 목적으로 초청한 경우에는 방문 취업 목적으로 추가 초청을 제한한다(친지방문 초청 등은 가능). 초청일 현재 3명의 기준은 국내 체류하고 있는 경우(재입국 허가를 받고 출국한 자 포함) 및 방문취업 사증 소지 후 국내 입국여부를 불문, 사증 유효기간이 만료되지 않은 경우도 초청인원에 합산한다. 과거 허위초청으로 처벌받은 사실이 있는 자, 초청일 현재 피초청자가 불법체류 중인 경우에는 초청을 억제한다. 유학생의 경우에도 부모, 배우자를 초청하는 경우 1년에 1명만 초청이 허용된다. 방문취업 사증발급 대상자에 대한 사증발급은 체류기간 1년 및 5년간 유효한 복수사증, 다만, 유학생 부모, 배우자에 대해서는 체류기간 1년 및 1년 유효한 복수사증이 발급된다.

4. 사증발급인정서 발급 대상 및 절차

세부대상은 국내 주소를 둔 대한민국으로부터 초청을 받은 3촌 이상 8촌 이내의 혈족 또는 3촌 이상 4촌 이내의 인척이거나 대한민국에 특별한 공로, 국익에 기여한 자이거나 유학(D-2) 자격으로 재학 중인 자(2학기 이상 등록 자)로부터 초청을 받은 부·모 또는 배우자이다. 이때 초청을 빙자한 유학방지를 위해 초청 연도의 평균학점이 B+ 이상인 경우에 한하여 초청권을 허용한다. 친족 초청 관련 방문취업 사증 발급인정서는 홈페이지 Hi-Korea(외국인을 위한 전자정부)를 통해 방문예약 신청이 필수이다.

5. 방문취업 체류관리

방문취업 자격으로 최초로 입국한 자에 대하여는 입국일로부터 원칙적으로 3년까지 체류를 허가한다. 다만 고용주의 재고용 요청이 있는 경우에는 입국일로부터 4년 10개월 범위 내에서 체류를 허가한다. 방문취업 자격으로 체류자격 변경허가를 받은 자에 대해서도 동일하게 적용한다. 방문취업 자격으로 입국, 최초 3년 체류 후 완전 출국하여 재입국한 경우 최초 발급받은 방문취업 사증의 유효기간 만료일 때까지 체류가 허가된다. 또한 90일 이내 단기사증 등으로 입국한 자에 방문취업 자격으로서 체류자격 변경허가는 원칙적으로 불허된다.

 # 제6장 외국인 근로자 활용의 영향

1. 외국인 근로자의 영향

외국인 근로자가 단순노동 등 내국인 기피업종에 인력을 제공하고 영세기업의 비용부담 완화를 도모하여 국내 산업에 기여하는 점이 긍정적으로 평가되고 있는데, 외국인 근로자는 내국인근로자 대비 70~80% 낮은 임금으로 근로함에 따라 영세사업체의 비용부담을 완화해줄 수 있다. 이에 따라 외국인 근로자를 고용하는 100인 이하 사업체의 비중은 2004년 84.5%에서 2009년 88.4%로 증가하였고, 이 가운데 10~29인 사업장의 비중이 33.6%에서 39.6%로 상대적으로 크게 늘었다.

반면에 외국인 근로자의 고용은 내국인의 임금 및 근로조건을 악화시킨다는 응답이 24.7%, 향상시킨다는 응답이 10.3%로 내국인의 근로조건을 악화시키고 필수적인 산업구조조정을 지연시킬 위험이 있는데 이는 내국인 근로자보다 낮은 임금으로 근로하는 등, 상대적으로 열악한 근로환경을 잘 감내하는 외국인 근로자가 유입되면서 사업주들이 전체 임금 및 근로환경을 하향평준화하면서 발생한 결과로 유추된다.

<표 6> 외국인 근로자 고용이 내국인의 임금 및 근로조건에 미치는 영향

(%)

	전체	경공업	중공업	건설업	음식업	1~9인	10~29인	30인+
크게 악화시켰음	6.7	4.4	4.5	20.0	2.0	5.9	7.3	6.8
다소 악화시켰음	18.0	16.2	17.4	20.0	20.0	15.1	20.4	18.2
거의 영향 없음	65.0	70.6	66.7	58.0	60.0	63.9	63.5	72.7
다소 향상시켰음	9.3	8.8	10.6	2.0	14.0	12.6	8.8	2.3
크게 향상시켰음	1.0	0.0	0.8	0.0	4.0	2.5	0.0	0.0

출처: 노동부, '외국인고용허가제시행 3주년 평가 및 제도개선방안 연구', 2007. 10.

2. 외국인 근로자 활용의 문제점

외국인 근로자 활용과 관련하여 전문인력 부족 등이 고질적인 문제점으로 지적되는 가운데 외국인 근로자 학력의 미스매치, 사업장 교육 부족 등이 문제로 제기된다.

국내의 부족한 전문인력을 채우기에는 그 수가 매우 적고 국내 산업 발전에 직접적인 도움을 줄 수 있는 인력은 아니라는 것이다 다시 말하면, 국내 유입되는 전문인력은 전체 외국인 근로자의 5% 정도에 불과하며 이마저도 주로 교육서비스 업계에 종사하고 있다. 외국인력 고용사업체 중 교육서비스 분야가 10.7%를 차지하여 제조업(76.2) 다음으로 많은 외국인 근로자를 활용하고 있으며 2010년 기준 전문인력의 53.5%가 회화지도 자격으로 입국하고 있어서 전문인력의 다수가 영어교육 수요를 충족시키기 위함임을 알 수 있다. 국내 유입되는 외국인 근로자들의 빠른 적응을 지원하고 안전한 작업 환경을 조성하기 위해서는 외국인 근로자에게 교육훈련을 제공하는 것이 필요한

다문화시대 문화를 넘어서 그리고 한국

데 외국인 근로자에게 교육훈련을 실시하는 기업은 50% 정도에 불과하고 또한 열악한 소규모 업체의 외국인 근로자 산업재해율 및 인권 피해 침해가 높지만 그것을 최소화하기 위한 외국인 근로자에 대한 교육훈련이나 내국인근로자에 대한 타문화 이해 교육은 절대적으로 부족한 상황이다.

한편 외국인 근로자는 사업체가 요구하는 학력보다 높은 학력을 지니고 있음을 알 수 있는데, 2009년 외국인 근로자의 70.5%가 (전문)대 이상의 고학력자로, 사업체 요구수준에 비해 외국인 근로자의 학력이 높은 측면이 있다. 이는 많은 외국인 근로자들이 능력에 비해 낮은 수준의 업무를 담당하고 있을 가능성을 제시하며 잦은 사업장 이탈에 대한 우려를 발생시킨다.

〈표 7〉 외국인 근로자의 학력과 사업체의 요구 학력 비교

(%)

	외국인 근로자 학력			사업체 요구 학력 (2007년 기준)
	2005년	2007년	2009년	
중졸 이하	12.5	26.4	60.	16.3
고졸	61.9	40.0	23.4	55.0
(전문)대졸 이상	25.6	33.6	70.5	4.0

출처: 한국노동연구원, '외국인과 국내 근로자 임금격차 분석', 2010(학력무관하다고 답한 사업체의 비중은 24.7%).

맺음말

세계화시대에 국가 간 경계와 거리, 문화적 차이를 초월하여 지구가 하나의 거대 가족으로 엮이고, 최신의 정보가 현장에서 바로 공유되는 초고속사회가 급속하게 전개되고 있다. 21세기처럼 지식과 정보가 중시되는 사회에서 콘텐츠의 다양화와 파급속도는 국가의 경쟁력을 강화시키고 사회를 단결하는 데 무한한 장점을 지니고 있지만 반면에 탈경계로 인한 이주와 문화의 혼용은 국가정책이나 시스템에 따라서는 역효과가 나타날 수도 있다. 한국은 다양한 유형의 이주자들이 국내로 유입되어 체류 외국인이 140만 명의 시대에 접어들고 있는데 과연 국가나 국민이 어떻게 그들을 수용하고 어떤 방식으로 활용하여 국가의 발전에 기여하게 할지에 대해서는 지속적인 연구와 조사가 현실적인 정책의 실행과 병행이 되어야 될 것이다.

일반적으로 해외 노동시장에서 일하는 이주근로자는 동종 직무에 종사하는 해당 국가 출신 근로자보다 교육수준이 높다는 것이 중론(OECD)이다. 한국에 최근 들어 유입되는 외국인 근로자들의 교육수준 역시 높아지고 있는 추세이며 아시아의 많은 나라 근로자들이 탈국경을 감행하여 주변국과 한국으로 진입하고 있다. 국내에 유입된 많은 외국인 근로자들이 단순노동에 머무르고 있는 상황을 비춰볼 때 국내 기업들이 외국인 인적자원을 충분히 활용하고 있지 않음을 알 수 있는데 이는 많은 외국인 근로자들이 능력에 비해 낮은 수준의 업무를 담당하고 있을 가능성을 제기한다. 이것은 외국인 근로자의 임금과 종사업종 측면에서 기대수준과 실제 취업 현실상의 차이가 발견되며 이에 따라 생산성 하락 및 사업장 이탈 등의 우려 가능성을 제시한다. 외국인 근로자들이 내국인 기피업종에 인력을 제공함으로써 영세기업의 비용부담을 완화하여 국내 산업에 기여하고 산업 구조의 가장 기본적인 토대가 되는 제조업의 활성을 기대하지만 국내 근로자에 비해 낮은 임금과 열악한 근무 환경을 잘 수용하는 것이 사업장에 체질화되면 사업주들이 전체 임금 및 근로환경을 하향평준화 하려는 경향은 결국 국내 산업에 이어져서 국내 근로자들에게도 부정적인 영향을 미치게 될 것이라는 점도 꾸준히 제기되고 있다.

한국사회는 이미 고령화, 고학력화 등에 따라 산업 전반에 걸쳐서 적재적소에 알맞은 노동력을 배치할 수 없는 상황이 현실이고 그것을 채우기 위한 대안으로 택한 것이 외국인 근로자라면 그들이 유입된 개별적 이유와 사회의 구조적 흐름과는 별개로 이미 같은 공간 안에서 자의적 의지와는 상관없이 한국의 다수자가 지니는 규범과 문화에 대한 발언권이 약한 소수자로서 수동적인 지배를 당할 수밖에 없다. 문제는 바로 그 점이 역으로 작용하여 주로 100인 미만의 중소기업장에서 근무하면서 내국인에 비해 훨씬 낮은 임금과 20~46%의 긴 시간을 근무해도 오히려 재해나 인권피해를 받으면 적절한 보상이 지체되거나 원만한 해결이 어렵고 그런 일이 생기면 한국에 입국하기 위하여 많은 경비를 이미 들였던 외국인인 경우에는 본인이 그런 일로 근로처를 잃게 되거나 예상보다 앞당겨 귀국하는 일이 발생되는 것이 두려워서 사건 자체를 은폐하기도 한다. 이것은 또한 합법적인 체류기간을 초과하여 불법체류자로 여전히 국내에 남아 근로하면서 기대했던 경제적 수익을 위해 더 열악한 사업장이라도 떠도는 결과로 이어진다. 한국의 합법적인 절차를 거쳐서 정상적으로 입국한 외국인 근로자라면 산업재해와 인권피해로부터 보호받을 수 있게 하기 위하여 정부는 불법 외국인 근로자 근절에 더 힘쓸 필요가 있다고 제안한다. 더불어 외국인 근로자에 대한 긍정적 인식을 제고하기 위한 노력으로 정부와 기업은 같은 사업장에서 근무하는 내국인근로자들에 대한 상호문화이해를 돕기 위한 교육을 정기적으로 실시해야 된다는 것 또한 제안하는 바이다. 내국인에 대해 외국인 근로자의 문화 이해를 돕기 위하여 교육을 실시하는 기업체는 50% 미만이며 그 중 대부분이 그것 역시 부정기적으로 실시한다고 밝혀 내국인근로자에 대한 교육은 미흡하며, 한국어가 어눌한 외국인 근로자들로서는 동료들이나 사업주와의 원활한 소통의 부재가 심한 스트레스로 이어지고 서로의 전혀 다른 문화의 오해에서 빚어지는 사소한 행동양식이나 행태로 인한 인권에 관련된 무시를 많이 받기도 한다는 것은 이미 알려진 바이다.

마지막으로 외국인 근로자에 대한 효과적이고 합리적인 운영과 사회에 미치는 문제의 최소화를 위해 그리고 사회의 다른 연계된 조직과의 상호 협동적이고 효율적인 결과를 위해 정부는 외국인 근로자에 대한 정확한 통계 인프라 구축이 시급하며 각 부처 간 이견을 달리하는 중복되고 산만한 운영체제를 통합된 기관에서 전담함과 동시에 정해진 원칙은 모든 부처에서 동일하게 준수하는 일관성 역시 요구된다. 뿐만 아니라, 외국인을 고용하는 사업체의 환경개선과 긍정적인 인식 전환이 외국인 근로자의 근로만족도 향상과 외국인 인적 자원의 활용 극대화 방안으로 이어져 한국사회가 무제한적인 지구촌 경쟁 시대에 탄탄한 저항력을 가지고 유연하게 대처할 수 있는 강한 국가로 거듭나길 기대한다.

참고문헌

김병록(Kim, Byeong-Rok), 「출입국관리행정과 인권문제」, 『法學論叢』 17, 2010,
pp.179-215, 朝鮮大學校 法學研究所.

김은미, 양옥경, 이해영, 『다문화사회, 한국』 2009, 나남.

김정선, 「이주노동자 남성과 한국여성의 '가족'만들기를 통해 본 지역(local) 가
부장제의 변형 및 재구성」, 창립 118주년 기념 학술대회: 국가횡단 시대
변화하는 아시아의 여성/2004, 5-41, 이화여자대학교 한국여성연구원.

김이선, 「다민족·다문화사회로의 이행을 위한 정책 패러다임 구축(Ⅳ)」, 젠더
리뷰/20, 2011, pp.99-102, 한국여성정책연구원.

김현미(Hyun Mee Kim), 「중국 조선족의 영국 이주 경험」, 『韓國文化人類學』 41,
2008, pp.39-77, 한국문화인류학회.

노재철, 「外國人勤勞者의 法的地位와 權利保護에 관한 硏究＝A Study of Legal
Status and Protection of Rights for Foreign Workers」, 2010, 학위논문(박
사)--, 동아대학교 대학원.

노재철, 「미등록 외국인 근로자의 문제점과 해결방안」, 『노동법논총』 18, 2010,
pp.37-90, 한국비교노동법학회.

노충래, 홍진주, 「이주노동자 자녀의 한국사회 적응실태 연구(Adaptation of migrant
workers` children to Korean society)」, 『가족과 문화』 Vol.20 No.1, 2008.

문영석, 「캐나다 이민정책에 대한 분석과 전망」, 『국제지역연구』 14, 2005,
pp.79-108, 서울대학교 국제학연구소.

민가영, 「교육 소외 경험에 대한 트랜스내셔널 비교연구: 이주노동자 자녀와
한국 빈곤층 청소년에 대한 비교를 중심으로(Transnational comparative
research on educational alienation)」, 『청소년 복지연구』 Vol.11 No.4, 2009.

배은주, 「이주노동자 자녀들의 교육복지 실태와 주요 쟁점(The actual conditions
of educational welfare for the foreign workers' children and the main issues in

elementary school of Korea)」,『아시아교육연구』Vol.7 No.4, 2006.

박수미, 정기선, 「사회적 소수자에 대한 편견적 태도에 관한 연구」, 2007, 70: 5-25, 여성가족연구.

백소영, 『지구지역 시대의 문화경계』 2009, 이화여자대학교 출판부.

설동훈, 「각국의 외국인 근로자 고용관리체계 사례연구」, 2004, 노동부 외국인 력정책과.

설한, 「킴리카(Kymlicka)의 자유주의적 다문화주의에 대한 비판적 고찰」,『한국 정치학회보』 44, 2010, pp.59-84, 한국정치학회.

수라비, 「A Study of Development of South Korean Immigration Policy: 한국 이민 정책의 발전에 대한 연구」, 2011, Thesis(doctoral)--, 인하대학교 대학원.

심규범, 「불법체류자 단속 이후 건설현장의 노동력 수급 실태와 대책」,『건설 산업동향』-, 2004, 2-17, 한국건설산업연구원.

유승균, 「외국인 근로자의 이 문화적응에 관한 연구=Cross-Cultural Adaptation of Foreign Employees in Korea」, 2010, 학위논문(박사)--, 동국대학교, 2010.

In-Jin Yoon(윤인진), 「Korean Diaspora and Transnationalism-The Experience of Korean Chinese」, 문화 역사 지리/20, 2008, 1-18, 한국문화역사지리학회.

이정환, 「외국인 노동자의 임금에 대한 공정성인식」,『한국인구학』 24, 2001, pp.179-206, 한국인구학회.

이용일 , 「이민과 다문화사회로의 도전-독일의 이민자 사회통합과 한국적 함 의-」,『西洋史論』 92, 2007, pp.219-254, 한국서양사학회.

이호경, 「정부의 '여성결혼이민자 가족' 지원 대책 현황과 문제점」,『다문화콘 텐츠연구』-, 2010, pp.187-207, 중앙대학교 문화콘텐츠기술연구원.

임종헌, 「유럽의 인종주의와 제노포비아현상에 대한 연구」,『한독사회과학논 총』 16, 2006, pp.55-82, 한독사회과학회.

류주현 , 「수도권 외국인 노동자의 직주거리에 관한 비교 연구」,『한국도시지 리학회지』 12, 2009, pp.77-90, 한국도시지리학회.

최호림, 「동남아시아의 이주노동자 지역 거버넌스」,『동남아시아연구』 20, 2010, 한국동남아학회.

최창곤, 「기업 및 국가경쟁력의 관점에서 본 외국인 노동자문제」,『한국산업 경제저널』 1, 2009, pp.179-201, 전북대학교 산업경제연구소.

한승준, 「외국인 정책의 사회적 형성에 관한 연구-결혼이주자와 외국인 근로 자의 사례를 중심으로-」,『韓國政策學會報』 20, 2011, pp.51-82, 한국정 책학회.

한승준, 오승은, 정준호, 최무현, 「다민족 · 다문화사회로의 이행을 위한 정책

패러다임 구축. [3-4], 아시아국가의 다문화사회 형성과정과 정책추진 체계연구」, 2009, 한국여성정책연구원.

심규범, 「불법체류자 단속 이후 건설현장의 노동력 수급 실태와 대책」, 『건설산업동향』-, 2004, 2-17, 한국건설산업연구원.

국회예산정책처, 「결혼이민자 관련 사업평가」, 2009, 11.

보건복지부, 「다문화가족 실태조사 및 사회통합도 측정」, 2009.

행정안전부, 「국내거주 외국인 실태조사 결과」, 2009, 행정안전부.

행정안전부, 『2011 외국인정책 관계부터 합동설명회 자료집』, 법무부 · 행정안전부 · 고용노동부 · 여성가족부, pp.61-80.

법무부 출입국 · 외국인정책본부, 『통계연보』, 2009.

법무부 출입국 · 외국인정책본부, 『통계연보』, 2010.

통계청. 2011. 「2010년 혼인 · 이혼통계 결과」, http://www.kostat.go.kr.

통계청. 2010. 「2009년 혼인 · 이혼통계 결과」, http://www.kostat.go.kr.

문화예술교육박람회 07-08, '다문화사회·문화정책·문화예술교육' - 다문화사회와 문화정책 세미나 발표문.

한국노동연구원, 「외국인력 노동시장 분석 및 중장기 관리체계 개선방안 연구」, 2007.

한국노동연구원, 「외국인과 국내 근로자 임금격차 분석」, 2010.

노동부, 「외국인고용허가제시행 3주년 평가 및 제도개선방안 연구」, 2007. 10.

설동훈, 2002b, 「외국인력정책 다시 세워라」, 『경향신문』 17768: 7.

외국인 노동자대책협의회, 『외국인 산업기술연수생 인권백서』, 2000.

Kyu-Young LEE, 「Decentralized Government System of Korea in the era of Decentralization」, 『한독사회과학논총』 16, 2006, pp.341-361, 한독사회과학회.

SAJJAD HASSAN, M, "Multiculturalism in Asia by Will Kymlicka and He Baogang He (eds.):", NATIONS AND NATIONALISM/13, 2007, 170-172, Blackwell Publishers Ltd.

Rosenblum, Marc Ravel, "At home and abroad: The foreign and domestic sources of United States immigration policy", 2000, Thesis (Ph. D.)--University of California, San Diego, 2000, University of California, San Diego.

Castles, S. 2002. "Migration and Community Formation under Conditions of Globalization", The International Migration Review. 36(4): 1143-1168.

Hjerm, M, "Anti-Immigrant Attitudes and Cross-Municipal Variation in the Proportion of Immigrants", Acta sociologica/52, 2009, pp.47-62, UNIVERSITETSFORLAGET.

Hjerm, M, "National Identities, National Pride and Xenophobia: A Comparison of Four Western

Countries", Acta sociologica/41, 1998, pp.335-348, UNIVERSITETSFORLAGET.

Willen, S. S., "Toward a Critical Phenomenology of 'Illegality': State Power, Criminalization, and Abjectivity among Undocumented Migrant Workers in Tel Aviv, Israel", INTERNATIONAL MIGRATION/45, 2007, 8-38, Blackwell Publishing Ltd.

Kristy, S., "An International Field Study Option Within the Tertiary Curriculum is an Effective Means of Increasing Student Acceptance of Cultural Diversity, Increases Empathy for International Students and Reduces Racism Born of Ignorance", CULTURAL DIVERSITY AND HIGHER EDUCATION/1, 1993, pp.138-141, UTS.

Park, Y. -B, "Labour market developments and foreign worker policy in the Republic of Korea", OECD DOCUMENTS/1, 1995, pp.169-182, OECD.

Keldon, R, "Labour market developments and foreign worker policy in Hong Kong", OECD DOCUMENTS/1, 1995, pp.183-194, OECD.

Kajita, Takamichi, "Characteristics of the Foreign Worker Problem in Japan", HITOTSUBASHI JOURNAL OF SOCIAL STUDIES/27, 1995.

Kim, J. K., "Towards a Formulation of the Republic of Korea's Foreign Worker Policy: Lessons from Japan and Germany", Asia-Pacific population journal/19, 2004, 41-68, ECONOMIC AND SOCIAL COMMISSION FOR ASIA AND THE PACIFIC.

Eiien, Sandra R., "Survey of foreign language problems facing the research worker", Interlending review/7, 1979, unknown.

Gender inequality in the labor market during economic transition: changes in India's manufacturing sector.

Campbell, K. M., "Guest Worker Programs and the Convergence of U. S. Immigration and Development Policies: A Two-Factor Economic Model", GEORGETOWN IMMIGRATION LAW JOURNAL/21, 200, 663-684.

Seol, Dong-Hoon, and John D. Skrentny. 2002. "South Korea: Importing Undocumented Workers." Paper presented at the International Conferences on the title of Controlling Immigration: A Global Perspective, held by the Center for Comparative Immigration Studies at the University of California, San Diego. Deutz Seminar Room, Copley International Conference Center, Institute of the Americas Complex, UC-San Diego, pp.17-18 May 2002.

색인

(ㄱ)

가르시아 칸클리니 72, 73, 107~109, 206
거버넌스 233, 252, 266, 267, 270, 279, 285, 323
거주권 261
결혼이민자 214, 216~218, 222, 223, 235, 236, 238, 239, 244, 248, 249, 251, 255, 261, 263, 265, 274, 281, 324
고정관념 7, 8, 185~189, 191, 197
공동체 17, 20, 58, 59, 75, 87~90, 121, 135, 151~154, 158, 159, 162, 163, 165, 166, 168, 204, 205, 230
구드나프 24
구조주의 23, 37, 42~44, 46, 174, 206
국민국가 107, 135, 155, 166, 168, 169
국민정체성 153~158
국수주의 54, 160
국적 17, 64, 144, 154, 155, 190, 216, 218, 219, 226, 227, 229, 234, 241, 255~257, 260~262, 266, 279, 280, 292, 311, 312
국제결혼 215, 217, 218, 227, 239, 245, 255~259, 272, 281
국제이주민 55, 66, 205, 273
권리체계 66
귀국촉진 285
귀책사유 260~262, 264, 309

(ㄴ)

노마디즘 145
니콜라스 로즈 168

(ㄷ)

다문화가족지원법 226, 233, 247, 254, 265, 266, 270, 273, 274, 281
다문화공생 232
다문화정책 56, 205, 213, 226, 227, 229~235, 243, 247, 249~251, 253, 263, 266, 267, 269, 275
다문화주의 21, 53~62, 64~66, 76, 81, 85, 105, 107~109, 111, 132~140, 156, 170, 171, 204~206, 215, 223~225, 228~233, 247, 270, 271, 273, 323
다원주의 58, 105, 107, 141, 229
단일문화 51~54, 56, 77, 132
대상으로서의 자아 35~38
데카르트 42
도덕교육 93, 96, 99, 124, 152, 204

규범적 자아 36
그람시 128~130, 205
그레그 어반 80
근로계약 264, 294, 303, 304, 307~310
기든스 19
길리건 176
까뮈 200, 201

도덕상대주의 141
도덕적 인지 173, 174
독립국가연합 311
동티모르 302
동화정책 223, 224
동화주의 33, 56, 59, 60, 66, 136,
  223, 226
들뢰즈 145, 201, 204

(ㄹ)
랑시에르 87~90, 206
레비나스 7, 93, 95, 96, 98~101,
  103, 205
레비스트로스 45, 46, 206
레지널드 비비 229
롤랑 바르트 44
롤즈 92, 151, 152, 161, 165

(ㅁ)
마그레브 197, 199, 224
메타랑그 45
메타문화 80
면접교섭권 261
무의식 35, 37, 38, 85, 188
문화개념 128, 135, 138
문화공동체 65, 76, 153
문화상대주의 65, 84, 132, 135, 140,
  141, 146, 147
문화인류학 8, 23, 32, 33, 85, 112,
  115, 123, 141, 274
문화집단 15, 30, 53, 56~58, 65, 76,
  135, 138, 177
문화충격 124, 125
문화횡단 78
미셸 푸코 46, 206
민속심리학 115, 117, 119~121
민족공동체 153, 224

(ㅂ)
바흐친 101~103, 205

반사성 54, 201
방문취업 289, 290, 295, 311~314
배려추론 178, 181~183
베레비 141, 142
베르베르인 199
베른트 35
병리현상 89, 190
불법체류자 7, 226, 256, 261, 262,
  264, 287, 290, 298, 299, 320,
  323, 324
비교문화심리학 112, 113
비코츠키 113
비쿠 파레크 63

(ㅅ)
사업장 264, 292, 306~310, 315~317,
  319, 320
사증 290, 305, 311~314
사증발급인정서 304, 305, 312, 313
사회통합 59, 66, 140, 166, 227, 231,
  233~235, 238, 249, 274, 323,
  324
사회통합프로그램이수제 237
산업연수생 287
상상의 공동체 66, 167
상호문화성 82, 83, 107~109, 201,
  206
상호영향론 42
생물학적 관점 36
세계화 5, 19, 54, 57, 65, 71~73, 90,
  108, 109, 131, 133, 201, 203,
  273, 290, 292
소수민족 59~62, 137, 138, 140,
  170, 171, 228, 229
소쉬르 43
손다이크 173
송출국가 298, 302, 303
수용국 66, 279, 284
슈발츠 165
시민권 60, 136, 154, 155, 158, 159,

166, 167, 169, 170, 198, 205, 206, 215, 223, 231
시민사회 129, 231, 273
시민적-영토적 모델 153
식민시대 79
신화소 46
실천이성명령 91

(ㅇ)
아날학파 39, 41, 42, 205
알제리 197~200
애착 157
양육권 261
에드워드 사이드 103
에릭슨 19, 20, 163
예름 156
오리엔탈리즘 100, 103, 104
오베르그 124
왈즈너 159, 164
위험사회 86
윌리엄 제임스 159
유전자 145
이원론 42, 94, 117
이주노동자 155, 158, 224, 263, 264, 266, 272, 274, 280, 284, 285, 288, 322, 323
이주여성 234, 235, 238, 239, 256, 258~263, 265, 266, 272, 280
인종문화집단 60, 170
인종차별 56, 66, 136, 143, 160
인지발달이론 183

(ㅈ)
자기이해 152
자아존중감 184, 186, 192
잡종성 72, 205
정의 5, 17~20, 23~25, 38, 39, 56~58, 65, 82, 87, 103, 104, 132, 151, 152, 154, 155, 160, 164, 172~181, 183, 193, 213,

224, 260, 261, 263, 267, 270, 311, 312
정의론 151, 161, 165, 172
정의추론 175, 176, 178, 181, 182
정체성 6, 7, 15, 17~21, 25, 27~31, 34, 36, 42, 47, 56, 58~61, 63, 76, 89, 100, 106, 110, 128, 133~137, 140, 142, 144, 153~155, 157, 158, 163, 164, 166, 168, 169, 179, 180, 184, 197, 199, 200, 202, 203, 215, 216, 227, 239
정초 93, 96
젠더 52, 79, 85, 104, 193, 205, 322
지각 20, 203
지배계급 130
집단 15, 16, 17, 20, 22, 23, 28, 30, 31, 41, 47, 51, 52, 56, 58~63, 65, 76, 100, 104, 105, 108, 110, 112, 115~117, 119~121, 127, 133~138, 140, 142~144, 146, 151, 153, 154, 156~159, 161~167, 169, 171, 185~187, 193, 197, 282

(ㅊ)
차별 54, 56, 64, 106, 133, 141
차별 보상권 166
체류자격 256, 261, 289, 290, 292~295, 304, 308
초국가주의 195, 203
초월문화성 54, 80
출국만기보험 306, 310
출입국관리법 262, 266, 290, 292, 293, 307, 310

(ㅋ)
칸트 37, 91~93, 118
코엘료 202
콜버그 92, 175~177, 183

퀘벡연대 228
크로머 100
클럭혼 85
키케로 166
킴리카 59~61, 136~138

(ㅌ)

타자 7, 18, 53, 85~87, 99, 154,
    169, 197
타자윤리 93, 95, 96, 98, 99
탈경계 7, 90
탈국경 7, 318
탈근대주의 72
탈식민주의 72, 201
태도 17, 31, 42, 84, 93, 101, 108
테일러 58, 62, 63, 106, 107, 152
텍스트 271, 279
통합 17, 18, 20, 60~62, 116, 127,
    134, 202, 203
통합주의 56, 223
트랜스문화 78, 79

(ㅍ)

파스칼 진 200, 201, 203
포스트모더니티 206
표상 42, 86, 87, 90, 100, 104, 185
피아제 114, 173~175

(ㅎ)

학제 간 40, 87, 105
해리스 162
헤게모니 130, 131
헤르더 51, 53
헤르만 파울 116
헤르바르트 118, 119, 121
헬렌 조페 85, 86
호네트와 마르쿠제 27
혼인귀화 312
혼종문화 72~74, 108
혼종성 54, 71, 72, 76
혼혈성 72
훔볼트 119
히스토리스무스 39

이경윤

한국외국어대학교 불문학 학사
인하대학교 다문화학과 박사과정
노동부산하 외국인근로자지원센터 강사
다문화교육학회 · 아시아프렌즈 강사
한국산업카운슬러 1급(롯데, LG 외부 심리상담사)
이주민방송 MNTV 기자

현) 다문화 · 조직심리연구소 소장
　　기업다문화실천연구회 회장

다문화시대
문화를 넘어서
그리고 한국

초 판 인 쇄 | 2012년 3월 2일
초 판 발 행 | 2012년 3월 2일

지 은 이 | 이경윤
펴 낸 이 | 채종준
펴 낸 곳 | 한국학술정보㈜
주　　　소 | 경기도 파주시 문발동 파주출판문화정보산업단지 513-5
전　　　화 | 031) 908-3181(대표)
팩　　　스 | 031) 908-3189
홈 페 이 지 | http://ebook.kstudy.com
E - m a i l | 출판사업부 publish@kstudy.com
등　　　록 | 제일산-115호(2000. 6. 19)

ISBN　　　978-89-268-3120-5 93330 (Paper Book)
　　　　　　978-89-268-3121-2 98330 (e-Book)

이담 는 한국학술정보(주)의 지식실용서 브랜드입니다.